（西汉）刘安◎著
东篱子◎解译

中国纺织出版社

内 容 提 要

《淮南子》又名《淮南鸿烈》《刘安子》，是我国西汉时期创作的一部论文集，由西汉皇族淮南王刘安主持撰写，故而得名。内容著录内二十一篇，外三十三篇，内篇论道，外篇杂说。今现存只有内二十一篇。该书以道家思想为指导，在吸收诸子百家学说基础上，做到了融会贯通，是战国至汉初黄老之学理论体系的代表作。该书对天文、地理、节令等方面都有广泛深入的探讨，并以道论为根本，解释各种自然现象，为我国古代科技发展作出了不可磨灭的贡献，也对后世研究秦汉时期文化起到了重要的桥梁作用。本书在原典的基础上进行了精准的注释和白话翻译，便于广大读者轻松阅读。

图书在版编目（CIP）数据

淮南子全鉴 /（西汉）刘安著；东篱子解译. —北京：中国纺织出版社，2016.1（2017.4重印）
 ISBN 978-7-5180-2248-9

Ⅰ.①淮… Ⅱ.①刘… ②东… Ⅲ.①杂家－中国－西汉时代②《淮南子》－注释③《淮南子》－译文 Ⅳ.① B234.4

中国版本图书馆 CIP 数据核字（2015）第 295559 号

策划编辑：于磊岚　　特约编辑：朱 方　　责任印制：储志伟

中国纺织出版社出版发行
地址：北京市朝阳区百子湾东里A407号楼　邮政编码：100124
销售电话：010-67004422　传真：010-87155801
http://www.c-textilep.com
E-mail:faxing@c-textilep.com
中国纺织出版社天猫旗舰店
官方微博 http://weibo.com/2119887771
北京佳诚信缘彩印有限公司印刷　各地新华书店经销
2016年1月第1版　2017年4月第2次印刷
开本：710×1000　1/16　印张：20
字数：233千字　定价：38.00元

凡购本书，如有缺页、倒页、脱页，由本社图书营销中心调换

  《淮南子》又名《淮南鸿烈》，鸿，广大也，烈，光明也，意即包含了光明宏大之理。为西汉皇室贵族淮南王刘安招致宾客，在其主持下编著。成书年代大约在景、武之间。刘安（前179～前122），汉高祖刘邦之孙，淮南厉王刘长之子，汉文帝十六年袭父爵为淮南王。善属文辞，才思敏捷。吴楚七国反，曾谋响应，不果。汉武帝即位，刘安暗整武备，欲反，未发而败，自杀。

  《汉书·艺文志》列为杂家，载内21篇，外33篇，今只流传内21篇。全书博奥深宏，融道家、阴阳家、墨家、法家、儒家思想于一炉，为先秦诸子之学的集大成者，也是汉代学者对汉以前古代文化一次最大规模的汇集。该书对宇宙的构成、人与自然的关系、天文历数、礼法制度、社会伦理、医药养生等方面均有论述，并保存了大量古代神话传说，如开天辟地、共工怒触不周山、女娲补天、后羿射日、嫦娥奔月等，而且中国许多传统神话故事均因此书而得以流传，也正因为如此，它又成为了研究中国古代神话的宝典，更是继《吕氏春秋》以来最杰出的一部杂家著作。

  东汉高诱说"其旨近老子，淡泊无为，蹈虚守静，出入经道"。通篇以"道"为主题，既讲自然之道，也讲治世之道，提出了"漠然无为而无不为","漠然无治而无不治"的政治理想，可以看出该书其主流思想与道家学说非常相近。在最后一篇《要略》中，概括全书以阐明宗旨，"言道"与"言事"，即掌握自然界的规律与考究社会历史变化规律，此外，还综述了各家思想及其产生的历史背景和思想渊源，具有很高的学术和文学价值。

　　《淮南子》属集体创作，由于是采百家之长融会贯通而成，故内容显得有些庞杂，近乎一部"先汉学术史"，但它也并非是凭虚蹈空，而是处处紧扣现实，并多用历史、神话、传说、故事来说理，文风新异瑰奇，繁富有序。刘熙载说："《淮南子》连类喻义，本诸《周易》与《庄子》，而奇伟宏富，又能自用其才，虽使与先秦诸子同时，亦足成一家之作。"

　　通读《淮南子》，我们看到的不仅是古老中华文明的智慧和力量，更是中华民族历经上下五千年依然魅力不减的勃勃生机。我们坚信，这种智慧、这种生机，会随着我们祖先留给我们的古老经典一起，代代传承下去。

　　由于篇幅有限，我们在原著基础上精选出最具代表性的内容，由此最大限度地保存原著内容的精华部分，并对其进行生动的解译。相信通过阅读本书，一定能让你更好地感悟和领略中国传统文化的独特魅力。

解译者
2015 年 10 月

目录

◎ 第一卷　原道训 / 1
◎ 第二卷　俶真训 / 38
◎ 第三卷　天文训 / 71
◎ 第四卷　地形训 / 93
◎ 第五卷　时则训 / 106
◎ 第六卷　览冥训 / 131
◎ 第七卷　精神训 / 141
◎ 第八卷　本经训 / 155
◎ 第九卷　主术训 / 166
◎ 第十卷　缪称训 / 182
◎ 第十一卷　齐俗训 / 198
◎ 第十二卷　道应训 / 211
◎ 第十三卷　氾论训 / 220

- 第十四卷　诠言训 / 230
- 第十五卷　兵略训 / 241
- 第十六卷　说山训 / 256
- 第十七卷　说林训 / 267
- 第十八卷　人间训 / 276
- 第十九卷　修务训 / 285
- 第二十卷　泰族训 / 295
- 第二十一卷　要略 / 303

- 参考文献 / 313

第一卷　原道训

【原文】

夫道者①，覆天载地，廓四方，柝八极②；高不可际，深不可测。包裹天地，禀授无形③；原流泉浡，冲而徐盈；混混滑滑，浊而徐清。故植之而塞于天地，横之而弥于四海；施之无穷，而无所朝夕；舒之幎于六合④，卷之不盈于一握。约而能张，幽而能明；弱而能强，柔而能刚；横四维而含阴阳，纮宇宙而章三光⑤。甚淖而滒，甚纤而微；山以之高，渊以之深；兽以之走，鸟以之飞。日月以之明，星历以之行；麟以之游，凤以之翔。泰古二皇⑥，得道之柄⑦，立于中央；神与化游，以抚四方。

【注释】

①夫：句首语气词，表示下文要发表议论。②柝（tuò）：通"拓"，开拓。八极：八方很远的地方。③禀授无形：是说有形的万物是由无形的道产生的。④幎（mì）：本来指帐幔，这里引申为覆盖。⑤纮（hóng）：维系。宇宙：上下四方为宇，古往今来为宙。⑥泰古：远古。泰：同"太"，最。二皇：即伏羲氏、神农氏。⑦柄：比喻根本、枢纽。

【译文】

"道"，覆盖天承载地，扩展至四面八方，高不可触及，深无法测量。它包裹天地，养育着万物苍生。像泉水从源头处渤涌出来，开始时虚缓，慢慢地盈满，滚滚奔流，逐渐由浊变清。所以，它竖直起来能充塞天地，横躺下去能充斥四方，施用不尽而无盛衰；它舒展开来能覆盖天地四方，收缩卷起却又不满一把。它既能收缩又能舒展，既能幽暗又能明亮，既能柔弱又能刚强。它横贯着天地而包含阴阳，维系宇宙而使日月星辰发光。它极其柔和而又细微。因此，山岳依靠它而高耸，潭渊凭借它而变深，野兽依靠它才能奔走，鸟类凭借它才能展翅高飞，日月依靠它才能光明，星辰凭借它才能运行，麒麟依靠它而出游，凤凰凭借它而翱翔。是故远古伏羲、神农两位帝王，掌握了道的枢要，而处在天地的中央；将精神和万物变化相结合，来安抚天下之民。

【原文】

是故能天运地滞①，轮转而无废②，水流而不止，与万物终始。风兴云蒸，事无不应；雷声雨降，并应无穷。鬼出电入③，龙兴鸾集；钧旋毂转④，周而复匝。已雕已琢，还反于朴，无为为之而合于道；无为言之，而通乎德；恬愉无矜，而得于和，有万不同，而便于性。神托于秋毫之末，而大与宇宙之总。其德优天地而和阴阳，节四时而调五行；呴谕覆育⑤，万物群生；润于草木，浸于金石；禽兽硕大，豪毛润泽，羽翼奋也，角觡生也，兽胎不𪊨⑥，鸟卵不毈⑦。父无丧子之忧，兄无哭弟之哀；童子不孤，妇人不孀；虹蜺不出，贼星不行；含德之所致。

【注释】

①滞：停止。②废：休止。③鬼出电入：是说速度极快，没有踪迹。④钧：陶匠制作陶器的转轮。毂：车轮中心可以插轴的部分。这里起比喻作用。⑤呴（gòu）谕：通"煦妪"，这里是关怀培养的意思。⑥𪊨：胎不成兽曰"𪊨"。⑦毈（duàn）：卵不成鸟曰"毈"。

【译文】

　　因此天能运行,大地能得以积蓄,像车轮旋转那样一直不停,像流水一泻千里那样永不休止,并与天地万物一起生长。就像风一兴起云就会翻涌,雷响就开始下雨,这些都是与道相呼应的,这种呼应是没有穷尽的,像鬼神闪电瞬间即逝那样迅速;像神龙兴起、鸾鸟聚集那样气势非凡;还像钧轮旋转车毂运行那样,周而复始。虽然经过雕琢刻画,却仍然保持着质朴本色。二王不加做作而做出的事

情,都符合道的规律,不加修饰而发表的言论,都和德相通;恬静愉悦而不自傲,上下都能和谐;万事万物虽有不同,但都符合人的天性。精神虽然有时处在细微之处,但扩大时却能超过整个宇宙之和。其美德使天地柔顺而阴阳和谐,节制四时而调和五行;煦育万物,让万物一起生长。滋润草木,浸透到金石之中;飞禽走兽长得硕大肥壮,羽毛丰泽光亮,鸟类翅膀强硬,鹿麋之类得到生养;野兽不怀死胎,鸟儿孵卵无不出;父无丧子悲痛,兄无失弟哀伤;孩童不会成孤儿,女子不会成寡妇;虹霓不会出现,彗星不会运行。这些都是二王含怀的德泽造成的。

3

【原文】

夫太上之道①,生万物而不有,成化像而弗宰②。跂行喙息③,蠉飞蠕动④,待而后生,莫之知德;待之后死,莫之能怨。得以利者不能誉,用而败者不能非;收聚畜积而不加富,布施禀授而不益贫;旋县而不可究⑤,纤微而不可勤;累之而不高,堕之而不下;益之而不众,损之而不寡;斫之而不薄,杀之而不残;凿之而不深,填之而不浅。忽兮怳兮,不可为象兮;怳兮忽兮,用不屈兮;幽兮冥兮⑥,应无形兮;遂兮洞兮⑦,不虚动兮;与刚柔卷舒兮,与阴阳俯仰兮。

【注释】

①太上:最高的。②化像:自然形成的物象。③跂行:用足行走。喙息:用嘴呼吸。④蠉(xuān)飞:指虫类飞行。⑤旋县:微妙的样子。县,同"悬"。⑥幽兮冥兮:渺茫的样子。⑦遂兮洞兮:幽深难测的样子。

【译文】

最高的道,生育了万物却不据为己有,化生成万物的形象却不去主宰。各种奔走、飞翔、蠕动、爬行的动物靠道而生,但是没有什么动物感戴它的恩德;依赖它而后死去,也没有哪一物类怨恨它。而因道得利者也不赞誉"道",用道失败者也不非议"道";也不因收敛积聚而增加财富、施舍救助他人而增加贫穷;道理有时是极其细微而无法探究的,极其渺细而难以穷尽的。累积它也不会变高,堕毁它也不会倒下;使它增加却不见多,使它削弱而不会减少;砍削它不会变薄,伤害它不会变残;开凿它不会变深,填充它不会见浅。惚惚恍恍,难见形象;恍恍惚惚,功能无限;幽幽冥冥,感应无形;幽深难测,不会虚妄行动;随刚柔一起伸屈,和阴阳一起升降。

【原文】

昔者冯夷、大丙之御也①,乘云车,入云蜺;游微雾,骛怳忽②;历远弥高以极往,经霜雪而无迹,照日光而无景;扶摇抮抱羊角而上③,经纪山川,蹈腾昆仑;排阊阖,沦天门。末世之御,虽有轻车良马,劲策利锻,不能与之争先。

【注释】

①冯夷、大丙:都是古代得道能够驾驭阴阳的人。御:乘驾。②骛:奔驰。③抮(zhěn):旋转。

【译文】

从前冯夷、大丙,乘坐雷公之车,用六条彩虹为马,遨游于微雾之中,驰骋在浩渺的太空,历经高远而驰往无极;经过霜雪而不留痕迹,日光照射而没有影子;随着旋转的扶摇、羊角大风向上飞行,经过高山大川,跨越昆仑之巅,推开天门,进入天帝的宫廷。末世的驾御者,即使有轻便的车子和上等好马,马鞭很有力,鞭刺极为锋利,也是无法与冯夷、大丙他们两人相比的。

【原文】

是故大丈夫恬然无思,澹然无虑;以天为盖,以地为舆;四时为马,阴阳为御;乘云凌霄,与造化者俱;纵志舒节,以驰大区;可以步而步,可以骤而骤;令雨师洒道,使风伯扫尘;电以为鞭策,雷以为车轮;上游于霄雿之野①,下出于无垠之门;刘览偏照,复守以全;经营四隅,还反于枢。故以天为盖,则无不覆也;以地为舆,则无不载也;四时为马,则无不使也;阴阳为御,则无不备也。是故疾而不摇,远而不劳,四支不动,聪明不损,而知八纮九野之形埒者②,何也?执道要之柄,而游于无穷之地。是故天下之事,不可为也,因其自然而推之；万物不变，不可究也，秉其要归之趣。夫镜水之与形接也，不设智故，而方圆曲直弗能逃也。是故响不肆应，而景不一设；叫呼仿佛，默然自得。

【注释】

①霄霓：虚无幽深的样子。②八纮（hóng）：即八极。九野：中央及八方。形埒：构形，界域。

【译文】

所以大丈夫应该恬淡安适，无忧无虑；把苍天作为车盖，将大地作为车子，将四季看成良马，以阴阳为御手；驾驶着白云飞上高空，与自然造化一起生存。放开思绪，随心舒性，驰骋于太虚之区，想缓行就缓行，想疾驰就疾驰，随心所欲。让雨师来清洒道路，让风伯来打扫尘埃；用闪电来鞭策，以雷霆做车轮；向上周游于虚无缥缈的原野，向下出入于没有边际的门户。虽然观览照视高渺之境，却始终保守着纯真；虽然周游经历四面八方，却仍然返还这"道"之根本。所以，用天作车盖就没有什么不能覆盖了；以地做车厢就没有什么不能承载了；用四季作良马就没有什么不可驱使的了，用阴阳做御手就没有什么不完备的了。所以疾行而不摇晃，远行而不疲劳，四肢不会感到疲惫，耳目不损伤而能知道整个宇宙天地的界域。这是什么原因呢？是因为掌握了"道"的根本而畅游于无穷无尽之

中。所以天下之事是不能有意人为地去做的，只能顺着事物的自然规律去推导；万物的变化是不能凭人的智慧去探究的，只能按事物发展趋势来把握其真谛。镜子和明净的水能映照物体的外形，没有任何奥妙的设置就能将方圆和曲直都照得清清楚楚。因此回音也不是声音要它回应，影子也不是物体特意设置，这回音呼声、影子都是自然而然产生的。

【原文】

人生而静，天之性也；感而后动，性之害也；物至而神应，知之动也；知与物接，而好憎生焉。好憎成形，而知诱于外，不能反己，而天理灭矣①。故达于道者，不以人易天；外与物化，而内不失其情。至无而供其求，时骋而要其宿②；小大修短，各有其具。万物之至，腾踊肴乱③，而不失其数④。是以处上而民弗重，居前而众弗害，天下归之，奸邪畏之。以其无争于万物也，故莫敢与之争。

【注释】

①灭：衰灭。②要：即"邀"，从中拦截，这里有对其加以控制让其朝着一定方向发展的意思。③肴：通"淆"，杂乱。④数：法度，规律。

【译文】

人天生喜欢恬静，这是人的天性。受了外物感化而后有活动，这样本性也就受到了伤害。与外物接触使精神上有了反应，这是人的智慧活动所造成的。智慧与外界事物接触后，好恶、爱憎之情也就产生，而好恶、爱憎之情一旦形成，这说明人的智慧已受到外物迷惑，人也就不能返回本性而天性就要泯灭了。所以，通达于道的人是不以人间利欲而改变天性的，即使外随物化而内心都不会丧失原有的本性。要知道这"道"尽管虚无至极，但它却能满足万物之需求，时时变化却能使万物归返自身。这"道"又具备应付万物的大小长短之能力，所以当万物纷至沓来、纷乱腾涌时,"道"都能处置有序。所以,得"道"者身居上位时民众不会感到有欺压之感,身处前面时民众不会感到有伤害之感,这样天下能归附他,奸邪要惧怕他。正因为他不和万物争先,所以也就没有什么能与他争。

【原文】

夫临江而钓,旷日而不能盈罗①。虽有钩箴芒距②,微纶芳饵,加之以詹何、娟嬛之数③,犹不能与网罟争得也。射者扞乌号之弓,弯綦卫之箭,重之羿、逢蒙子之巧④,以要飞鸟,犹不能与罗者竞多。何则?以所持之小也。张天下以为之笼,因江海以为之罟,又何亡鱼失鸟之有乎!故矢不若缴,缴不若无形之像⑤。

【注释】

①罗:通"箩",竹制的盛器。②钩箴:一种像针一样的钩子。芒距:一种尖利的钩抓。③詹何:战国时楚国的隐士,非常善于钓鱼。娟嬛:战国时楚国的哲学家,相传是老子的弟子。④羿、逢蒙子:都是传说中善于射箭的人。⑤缴:拴在箭上的丝绳。

【译文】

到江边钓鱼,一整天可能也不会钓满一鱼篓。虽有锋利的钓钩、细细的钓线、芳香的鱼饵,再加上有詹何、娟嬛那样的钓技,但所钓获的鱼还是无法与用大网捕捞的鱼相比。射鸟的人张开良弓,搭上綦卫这样的利箭,再加上羿、逢蒙子那样的射技,来射取飞鸟,但所射得的飞鸟还是无法与用罗网捕捉的鸟相比。这是什么原因呢?因为钓鱼者、捕鸟者所用的器具太小。假如张开天穹做笼子、用江海做网鱼,哪还会有漏网的鱼、飞逸的鸟?所以说箭头不如带绳的利箭,而带有丝绳的箭又不如无形的天地之笼、江海之网。

【原文】

夫释大道而任小数,无以异于使蟹捕鼠、蟾蜍捕蚤,不足以禁奸塞邪,乱乃逾滋。昔者夏鲧作三仞之城①,诸侯背之,海外有狡心②。禹知天下之叛也,乃坏城平池,散财物,焚甲兵,施之以德,海外宾服,四夷纳职。合诸侯于涂山,执玉帛者万国。故机械之心藏于胸中③,则纯白不粹,神德不全,在身者不知,何远之所能怀!是故革坚则兵利,城成则冲生④,若以汤沃沸,乱乃逾甚。是故鞭噬狗,策蹄马,而欲教之,虽伊尹、造父弗能化⑤。欲寅之心亡于中,则饥虎可尾,何况狗马之类乎!故体道者逸而不穷,任数者劳而无功。

【注释】

①夏鲧(gǔn):夏禹的父亲。②狡心:叛逆之心。③机械之心:巧诈之心。④冲:古代用来攻城冲锋用的战车。⑤伊尹:商初重臣之一,辅佐汤夺取天下的开国元勋,还是后来三任商王的功臣。造父:周穆王时候的大臣,擅长驾驭。

【译文】

放弃大道而用小技来治理天下,无异于用螃蟹去捉老鼠,用蛤蟆去捉跳蚤,不能够用来禁止奸人,堵塞邪道,混乱反而更加滋长。过去夏鲧建造了极高的城墙来防范,但结果反而是诸侯叛乱,海外各国的人也都离心离德。夏禹看到这点,就拆毁城墙,填平护城河,散发财物,焚烧兵器盔甲,对人民广施仁德,结果四海臣服,夷族纳贡,禹在涂山会见成千上万带着玉器锦缎来朝会的诸侯。所以胸中藏有机巧奸诈之心,那么纯白的东西也被认为不纯粹了,精神专一的道德也被认为不全备了;对于自身的情况都不懂得,又怎么能安抚感化其他远处的事和人?所以皮革铠甲坚硬,这兵器也随之锋利,城墙一旦筑起,这攻城战车也随之产生;如果用热水来浇息滚烫的水,非但不能制止沸腾,反而使水沸腾得更厉害。所以想靠鞭打咬人的狗、鞭打踢

人的马来调教它们,即使有伊尹、造父这样的人,也是无能为力,达不到教化的目的。如果心中不存害人的欲念,那么就是尾随饥饿的老虎也不可怕;更何况对付狗、马之类的动物!所以领悟道的人安安逸逸而没有办不到的事,玩弄巧诈之术的人辛辛苦苦却一事无成。

【原文】

夫峭法刻诛者①,非霸王之业也;箠策繁用者,非致远之术也。离朱之明②,察箴末于百步之外,不能见渊中之鱼;师旷之聪③,合八风之调,而不能听十里之外。故任一人之能,不足以治三亩之宅也;修道理之数,因天地之自然,则六合不足均也④。是故禹之决渎也⑤,因水以为师;神农之播谷也,因苗以为教。

【注释】

①峭法:严厉的刑法。刻:苛刻。②离朱:黄帝的臣子,视力特别好。③师旷:春秋时晋平公著名乐师,善辨音。④六合:四方上下曰六合。⑤渎(dú):大河。古代长江、黄河、淮河、济水称为"四渎"。

【译文】

实行严刑苛法治理国家,不是成就霸王之业的人所应该做的;经常使用鞭子棍子,不是御马到达远方的办法。离朱的眼力尽管能看到百步之外的针尖,却看不到深渊中的鱼;师旷的耳力尽管能听辨各种声调,却听不见十里之外的声响。所以说单凭一个人的才能不能够治理三亩大小的田宅。遵循道的规律,顺应天地自然,那么天地四方也不够他治理。所以夏禹疏通江河正是凭借水流低处这一自然特性来进行的;神农播种五谷正是遵循苗之自长这一自然特性来进行的。

【原文】

夫萍树根于水，木树根于土；鸟排虚而飞，兽蹍实而走；蛟龙水居，虎豹山处，天地之性也。两木相摩而然，金火相守而流；员者常转，窾者主浮①，自然之势也。是故春风至则甘雨降，生育万物；羽者妪伏②，毛者孕育；草木荣华，鸟兽卵胎；莫见其为者，而功既成矣。秋风下霜，到生挫伤；鹰雕搏鸷③。昆虫蛰藏；草木注根，鱼鳖凑渊，莫见其为者，灭而无形。木处榛巢④，水居窟穴；禽兽有芄⑤，人民有室；陆处宜牛马，舟行宜多水；匈奴出秽裘，干、越生葛絺⑥；各生所急，以备燥湿，各因所处，以御寒暑，并得其宜，物便其所。由此观之，万物固以自然，圣人又何事焉！

【注释】

①窾（huǎn）：空。②妪伏：指孵卵。③搏鸷（zhì）：猛烈搏击。④榛：丛生。⑤芄：兽穴里的垫草。⑥葛：一种植物，纤维可以做衣服。絺（chī）：用葛纤维织成的细布。

【译文】

浮萍扎根在水中，树木在土里生长；鸟类排空而飞，兽类着地而跑，蛟龙居住在水中，虎豹生活在山上，这是天地生成的特性。两根

木头相互摩擦就会起火,金与水厮守就会熔化,圆的物件容易转动,空的器具容易漂浮,这也都是自然之势。所以当春风吹拂甘露降临之时,万物就生长,长羽翼的开始孵卵,长毛发的开始怀胎,草木开花,鸟产卵兽怀胎:这些并未发现春季在干什么而却恰恰在无形中化育万物。同样,当秋风乍起霜降大地之时,草木就开始凋零,鹰雕搏击,昆虫伏藏,草木根部忙于吸储营养,鱼鳖开始凑潜深水之中:这些也并未发现秋季在干什么而却恰恰在悄然中挫灭万物。居于树上的筑巢,处于水中的靠窟,兽类卧草,人类居室;陆行适用牛马,水深适宜舟行;匈奴地产粗糙的皮毛,吴越地产透风的葛布:各自生产急需的东西来防备燥湿,各自依靠所处的环境来防御寒暑,并各得其所、各适其宜。由此看来,万物都是按其本性生存和发展,那么,人又何必去干预呢!

【原文】

九疑之南①,陆事寡而水事众,于是民人被发文身,以像鳞虫;短绻不绔②,以便涉游;短袂攘卷③,以便刺舟,因之也。雁门之北狄不谷食④;贱长贵壮,俗尚气力;人不弛弓,马不解勒,便之也。故禹之裸国⑤,解衣而入,衣带而出,因之也。今夫徙树者,失其阴阳之性,则莫不枯槁。故橘树之江北,则化而为枳;鸲鹆不过济⑥,貈⑦度汶而死。形性不可易,势居不可移也。

【注释】

①九疑:因其山九峰相似,故曰九疑山。在今湖南宁远南,传说为舜所葬之地。②短绻:短衣。③袂:袖子。攘:挽起。④雁门:古县名,在山西代县西北。⑤裸国:传说中南方的古国,那里的人裸身。⑥鸲鹆:鸟名,即八哥。⑦貈(hé):同"貉"。一种哺乳动物。

【译文】

九疑山以南的民众,从事陆地的活动少而从事水中的活动多,所以这里的民众剪发文身，模仿鱼龙形象；同样只围短裙不着长裤，以便于涉水游渡，着短袖衫或卷起袖子，以方便撑船，这些是由他们在水上生活的特点所决定的。雁门以北的狄人不以谷类为主食，轻视老年人而看重青壮年，他们崇尚勇力，人不解下弓箭，马匹不解下马笼头，这是由其游牧生活的特点所决定的。因此禹到南方裸国去，脱掉衣服入境，出境后再穿上衣服，这是由适应当地习俗所决定的。现在移植树木的人，如果不顾及树木对环境四时阴阳寒暖的适应性，那么树没有不被弄死的。因此橘树如果被移到长江以北种植就会因环境改变而变成枳树；八哥不能渡过济水，貉越过汶水便会死去。这些都说明它们的形性特点是不能改变的，生活居处的环境也是不能转移的。

【原文】

是故达于道者，反于清净；究于物者，终于无为。以恬养性，以漠处神，则入于天门①。

所谓天者，纯粹朴素，质直皓白，未始有与杂糅者也。所谓人者，偶差智故，曲巧伪诈，所以俯仰于世人而与俗交者。故牛歧蹄而戴角，马被髦而全足者，天也。络马之口，穿牛之鼻者，人也。循天者，与道游者也；随人者，与俗交者也。夫井鱼不可与语大，拘于隘也；夏虫不可与语寒，笃于时也；曲士不可与语全道②，拘于俗，束于教也。故圣人不以人滑天，不以欲乱情，不谋而当，不言而信，不虑而得，不为而成，精通于灵府③，与造化者为人。

【注释】

①天门：指天然的境界。②曲士：见识短浅的人。③灵府：即精神之宅，这里指心。

【译文】

所以通达大道的人，可以返回到人的清净的天性中去；探究事物本性的人，最终可以达到顺应自然的要求。用恬静来培养人的性情，用淡泊来使精神安适，人就能进入天然的境界。所谓天然，是指纯粹朴素，质地纯正洁白，没有掺入杂质。所谓人为，是指参差错乱，虚伪奸诈，并依靠这些来和世人周旋，与俗物来往。所以牛蹄分趾而头上长角，马儿披散鬃毛而长单只蹄子，这就是天然。而用马笼头络着马嘴，用绳子穿过牛鼻，这就是人为。遵循天然的人，就能和道一起往来；顺从人为的人，就必定与世俗交往。那井中小鱼，无法与它谈论大海，是由于它受环境的局限；生活在夏季的虫，就不要与它谈论寒冬，是因为它受季节的限制；寡闻少见的书生，无法与他谈论大道，是由于他受习俗、教义的束缚。所以，圣人从来不会让人为来扰乱他们的本性，不用欲望来扰乱性情；圣人能够做到不用谋划就能将事处理得当，不必信誓旦旦就能显现信用，不必思虑就能得心应手，不必大动干戈就能大功告成；这是因为他精气与心灵融会贯通，而和天地互相依存。

【原文】

夫善游者溺，善骑者堕；备以其所好，反自为祸。是故好事者未尝不中①，争利者未尝不穷也。昔共工之力，触不周之山②，使地东南倾；与高辛争为帝，遂潜于渊，宗族残灭，继嗣绝祀。越王翳逃山穴③，越人熏而出之，遂不得已。由此观之，得在时，不在争；治在道，不在圣；土处下，不争高，故安而不危；水下流，不争先，故疾而不迟。

【注释】

①好事：这里指的是好为世俗之事。中：伤害。②触：指与南方

火神大战，没有胜利，于是头触不周山。不周之山：在西北，传说中的天柱之一。③越王翳：战国初期的越国国君，越王勾践四世孙，越王朱勾之子，很有贤德。

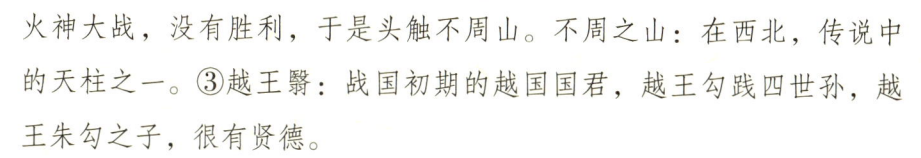

【译文】

善于游泳的人容易淹死，善于骑马的人常会落马摔伤，他们各自都是因自己的爱好特长而招致灾祸。所以放纵情欲的人没有不损害自身的，争名夺利的人没有不穷困潦倒的。以前共工力大无比，一怒之下头撞不周山，使大地往东南倾斜，起因是与高辛氏争夺帝位，结果变成异物潜入深渊中，他的宗族也因此而被灭绝，后代死尽。越王翳为太子时，不愿继承王位而躲进山洞，但越国人用火将他熏出来，终于被迫为王。从这里可以看出，得天下，在于天时，而不在争夺；治理天下，在于得道，不在于智巧。土处低而不争高，反而安全没有危险；水下流而不争先，所以能够流得很快而没有停滞。

【原文】

昔舜耕于历山①，期年而田者争境埆②，以封壤肥饶相让；钓于河滨，期年而渔者争处湍濑，以曲隈深潭相予。当此之时，口不设言，手不指麾，执玄德于心，而化驰若神。使舜无其志，虽口辩而户说之，不能化一人。是故不道之道，莽乎大哉！夫能理三苗③，朝羽民④，徙裸国，纳肃慎⑤，未发号施令而移风易俗者，其唯心行者乎！法度刑罚，何足以致之也？是故圣人内修其本，而不外饰其末；保其精神，偃其智故，漠然无为而无不为也，澹然无治也而无不治也。所谓无为者，不先物为也；所谓无不为者，因物之所为。所谓无治者，不易自然也；所谓无不治者，因物之相然也。

【注释】

①舜：古代传说中的帝王，受尧禅让。历山：在山东济南历城南，

舜曾在这个地方耕种。②境（qiāo）埆（què）：土地贫瘠之处。③三苗：古代生活在长江中游、洞庭湖一带的少数民族，后被尧流放。④羽民：南方羽民国。⑤肃慎：生活在东北、华北的古老民族。

【译文】

过去舜在历山亲自耕种，一年后种田的人争着要贫瘠的山地，而把肥沃的田地让给别人。舜在黄河边钓鱼，一年后渔民都争着要去水流湍急的地方打鱼，而将河湾深潭让给乡邻。那时的舜没有喋喋不休的说教，也没有指手画脚地干预，而是怀着天然的德性，因此像神灵驱使一样感化了民众。假如舜没有这种信念和德行，即使能言善辩并挨家挨户去劝说，也不能感化一人。所以不能用言语表达出来的道，真是浩大无限啊！舜帝能治理三苗之乱，使羽国民众都来朝见，让裸国来归顺，接纳北方肃慎之国，都未曾发号施令便能移风易俗，大概就是凭着这种自然无为的信念和德行来做事吧！而依靠法度刑罚，哪能收到这样的效果呢？所以圣人注重对内在本性的修养，而不喜欢粉饰外在的末节，做到使他的精神得到保养，抛开他的智巧；清静无为按自然本性去办事，因而没有什么事办不成，坦然地不去刻意有为治理什么，反而什么都能治理好。所谓自然无为，是

指不超越事物的本性人为地去做；所谓没有什么事办不成，是说顺应了事物的本性。所谓不去治理，是说不改变事物的本性；所谓没有什么治理不好，是指顺应于事物的必然性。

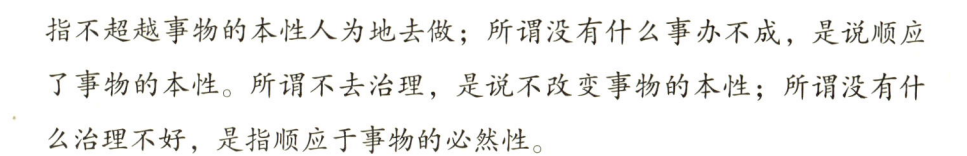

【原文】

万物有所生，而独知守其根；百事有所出，而独知守其门。故穷无穷，极无极，照物而不眩，响应而不乏，此之谓天解①。故得道者，志弱而事强，心虚而应当。所谓志弱而事强者，柔毳安静②，藏于不敢，行于不能；恬然无虑，动不失时；与万物回周旋转，不为先唱，感而应之。是故贵者必以贱为号，而高者必以下为基。托小以包大，在中以制外；行柔而刚，用弱而强；转化推移，得一之道，而以少正多。所谓其事强者，遭变应卒，排患扞难③；力无不胜，敌无不凌；应化揆时④，莫能害之，是故欲刚者，必以柔守之；欲强者，必以弱保之；积于柔则刚，积于弱则强；观其所积，以知祸福之乡。强胜不若己者，至于若己者而同；柔胜出于己者，其力不可量。故兵强则灭，木强则折，革固则裂，齿坚于舌而先之敝。

【注释】

①天解：指理解得很明确。②毳（cuì）：通"脆"，脆的东西容易毁坏。③扞（qiān）：通"捍"，抵御。④揆（kuí）：测度。

【译文】

万物都有其产生、生存的各种具体特性，百事都有其出现、存在的各种具体根据；圣人能够做到掌握这些根本、关键的东西。所以圣人能够探究无穷无尽的事物，并能做到明察万物却不受迷惑，响应万物而不会困乏。这就叫作理解得很明确。所以得道之人意念柔顺而办事稳妥，心胸虚静而处事得当。所说的志弱，是指把柔弱安静，隐藏在不敢有所作为之中，行动上好似无能为力，恬静得像没有思虑，而行动却不会失掉时机。和万物一起随着自然变化，不去首先倡导，感而顺应事物。因此，高贵的总以谦卑的字眼来称呼自己，高大的建筑总以底下的东西为基础。寄存于小处却能包容广大，保持于中间却能控制四方；行动看似柔弱而实际刚强，以此推移变化，掌握了一的道理，就能以少制多。所说的其事强，是指在遭遇变故、应对突变时，能排除祸患，抵御困难；没有什么力量是不可战胜的，没有什么敌人是不可制服的；应对变化揣度形势，没有什么能够伤害他。所以，要想刚强有力，必须保守柔弱。积聚柔弱就会刚强，观察这种积聚的过程、状况，就可以预知祸福之所在。以强力取胜，只能胜过力量不如自己的，碰到和自己一样刚强的就只能势均力敌了。柔弱的人可以战胜超出自己的，他的力量是无法计量的。所以逞强军队一定会遭灭亡，如同坚硬木材容易折断，坚固皮革容易开裂一样，坚实的牙齿就比柔软的舌头先脱落。

【原文】

是故柔弱者，生之干也；而坚强者，死之徒也；先唱者，穷之路也；后动者，达之原也。

何以知其然也？凡人中寿七十岁，然而趋舍指凑①，日以月悔也，以至于死。故蘧伯玉年五十②，而有四十九所非。何者？先者难为知，而后者易为攻也③，先者上高，则后者攀之；先者谕下，则后者蹶之；先者颓陷，则后者以谋；先者败绩，则后者违之。由此观之，先者，则后者之弓矢质的也④。犹鐏之与刃⑤，刃犯难而鐏无患者，何也？以其托于后位也。此俗世庸民之所公见也，而贤知者弗能避，也。所谓后者，非谓其底滞而不发，凝结而不流，贵其周于数而合于时也。夫执道理以耦变，先亦制后，后亦制先。是何则？不失其所以制人，人不能制也。时之反侧⑥，间不容息；先之则太过，后之则不逮。夫日回而月周，时不与人游，故圣人不贵尺之璧而重寸之阴，时难得而易失也。禹之趋时也，履遗而弗取，冠挂而弗顾，非争其先也，而争其得时也。是故圣人守清道而抱雌节⑦，因循应变，常后而不先，柔弱以静，舒安以定，攻大磨坚，莫能与之争。

【注释】

①指凑：行为举止。②蘧伯玉：春秋时的卫国大夫。③攻：通"功"，成功。④质的：箭靶。⑤镎（chún）：古代矛戟柄末上的金属箍。⑥反侧：原意指翻身，在这里引申为一瞬间。⑦雌：柔弱。

【译文】

所以说柔弱是生存的支撑根本，而坚强和死亡是同属一类的。首先倡导，容易导致穷途末路，后来行动，却是通达的源泉。怎么知道是这样的呢？一般人的寿命是七十岁，但是人们对自己的追求取舍、所作所为，每天都生活在自我悔恨中，以至到死都是这样。所以蘧伯玉活了五十岁，觉得前四十九年都做得不对。为什么会这样呢？因为先行者难以做得明智，而后继者则容易取得成效；先行者爬上高处，后继者就可以跟着攀登而上，先行者越过低处，后继者则可以跟着踩踏前进，先行者跌进陷阱，后继者则可以考虑避开陷阱，先行者遭遇到失败，后继者就可以免蹈覆辙。由此看来，先行者就是后继者射箭的箭靶，犹如那矛戟的柄套和锋刃，锋刃受损而柄套却可以安然无事，这是因为什么呢？因为是这柄套处在后面位置的缘故。这些现象和道理，世俗普通的民众都能看出来，也是贤者智者不能回避的。这里所说的居后，并不是停滞不动、凝结不流，而是要求居后者要言行符合道数，适宜时势。如果能符合事物变化的道理和形势，那么先行者就可以制驭后继者，后继者亦可以制驭先行者，这是什么道理呢？因为这样的人掌握着驾驭人的东西，所以别人可能就无法驾御他。时间流逝快速短暂，快速短暂得呼吸间就能引起变化，所以你如果在它前面行动就会超越它太远，如果在它后面行动就又会达不到目的。日月不停地运转，时间不停地流逝而不迁就任何人。所以圣人不看重一尺长的玉璧而会珍惜一寸光阴，因为时光难得而易失。夏禹为追随时机，鞋子掉了也顾不上拾取，帽子挂在树枝上都顾不上回头看一眼，他并不是和谁在争先后，只是为了能够争得大好时光而已。所以圣人固守清纯之道柔弱之节，因循变化，处后而不争先，柔弱而清静，安定而舒逸，然后能攻克巨大的难关，没有人能同他抗争。

【原文】

天下之物，莫柔弱于水，然而大不可极，深不可测；修极于无穷，远沦于无涯；息耗减益，通于不訾①；上天则为雨露，下地则为润泽；万物弗得不生，百事不得不成；大包群生，而无好憎；泽及蚑蛲②，而不求报；富赡天下而不既③，德施百姓而不费；行而不可得穷极也，微则不可得把握也；击之无创，刺之不伤；斩之不断，焚之不然，淖溺流遁，错缪相纷④，而不可靡散⑤；利贯金石，强济天下；动溶无形之域，而翱翔忽区之上，遭回川谷之间，而滔腾大荒之野；有余不足与天地取与，授万物而无所前后。是故无所私而无所公，靡滥振荡⑥，与天地鸿洞；无所左而无所右，蟠委错紾，与万物始终。是谓至德。夫水所以能成其至德于天下者，以其淖溺润滑也⑦，故老聃之言曰："天下至柔，驰骋天下之至坚。出于无有，入于无间。吾是以知无为之有益。"

【注释】

①訾（zī）：通"赀"，计量。②蚑（qí）蛲（náo）：小虫。③赡：满足。④错缪：错乱。⑤靡散：散灭。⑥靡滥：泛滥。⑦淖（nào）溺：这里是柔软的意思。

第一卷 原道训

【译文】

　　天下万物，没有什么东西能比水更柔软的。然而它大无边际，深不可测；长无尽头，远至无涯；它的生息消耗，减损增益很难计量；它蒸发上天成雨露，降落大地滋润草木。万物得不到它就不能生存，百事缺少了它就难以办成；它滋润万物而无偏心，恩泽小虫而不求回报；它使天下变得富足，可是自己却没有枯竭，德泽遍施百姓而自己却无所耗损；它行踪不定而无法查寻，细微柔软而无法把握；砍它不显痕迹，刺它不留印迹，斩它斩不断，烧它不起燃；它柔软地流向任何地方，错杂纷绕而不消散；它锋利得能穿刺金石，它强大得能浮载天下；它荡漾在无边无际的地方，自由翱翔在无边无际的太空，激荡在山川和峡谷之间，奔腾在广袤的原野之上；它的多少，全由天地来决定，它施予万物恩泽而不分先后远近。所以它没有私念也无公心，泛滥激荡和天地相通；它没有左也无右，纷绕错杂，随万物始终。这就是水至高的德行。水之所以能获得天下最高的德行，全是因为它生性柔软而润滑。所以老子说："天

21

下最柔弱的东西，可以驱使天下最坚强的东西。在从不存在的地方出现，进入到没有空隙的地方。我因此知道无为是有利的。"

【原文】

夫无形者，物之大祖也①；无音者，声之大宗也②。其子为光，其孙为水，皆生于无形乎！夫光可见而不可握，水可循而不可毁。故有像之类③，莫尊于水。出生入死，自无蹠有，自有蹠无，而以衰贱矣。

【注释】

①大：太。②宗：根源。③有像：有形。

【译文】

无形是万物的始祖；没有声音是声音的根源。无形的儿子是光，它的孙子是水，光和水都由无形化育而成！这光看得见而抓不住，水摸得着而毁不掉。所以在有形物类中，没有比水更尊贵的了。至于那些有生也有死，从无到有从有到无以至衰亡的事物，就属于衰贱的了。

【原文】

是故清静者德之至也；而柔弱者道之要也，虚无恬愉者，万物之用也。肃然应感，殷然反本①，则沦于无形矣。所谓无形者，一之谓也。所谓一者，无匹合于天下者也。卓然独立②，决然独处；上通九天，下贯九野；员不中规，方不中矩；大浑而为一叶，累而无根；怀囊天地，为道关门③；穆忞隐闵④，纯德独存；布施而不既，用之而不勤。是故视之不见其形，听之不闻其声，循之不得其身；无形而有形生焉，无声而五音鸣焉，无味而五味形焉，无色而五色成焉。是故有生于无，实出于虚；天下为之圈，则名实同居。音之数不过五，而

五音之变不可胜听也。味之和不过五，而五味之化不可胜尝也。色之数不过五，而五色之变不可胜观也，故音者，宫立而五音形矣。味者，甘立而五味亭矣；色者，白立而五色成矣；道者，一立而万物生矣。是故一之理，施四海；　　之解，际天地。其全也，纯兮若朴；其散也，混兮若浊。浊而徐清，冲而徐盈；澹兮其若深渊⑤，泛兮其若浮云。若无而有，若亡而存。万物之总，皆阅一孔；百事之根，皆出一门。其动无形，变化若神；其行无迹，常后而先。

【注释】

①殷然：严正坚决的样子。②卓然：特异不凡的样子。③关门：关键，要害。④穆忞（mín）隐闵：这里都是用来说无形的。忞：不明的样子。⑤澹：平静。

【译文】

因此说清静是道德的最高体现，而柔弱是道的关键所在；虚无恬淡愉悦，正是万物之所用。恭敬地感应外界，毅然地返回到根本，就能进入无形的境界。所说的无形，就是达到浑然一体的状态。所谓浑然一体，就是天下独一无二。它很高傲地昂然挺立，又很孤独地默然独处；它向上可以通达九天，向下可以贯通九野；说它圆但无法用圆规度量，说它方，也无法用短尺测量；它的形貌大同而为一，集聚贯通而没有根底；它包裹天地，为道把守门户；它无形无迹，只有纯粹的德性独自存在；它布施万物而不会穷尽，作用万物而不会用尽。因此难以见到它的形状，无法听到它的声响，无法触摸它的身子。它无形却能产生有形，无声却能形成五音，无味却能生成五味，无色却能形成五色。所以说有形来自无形，实体出自虚空。如果把天下作为一个圈，那么名实就统一在一起了。音调的数量不过就是宫、商、角、徵、羽，但用这五音调配出来的声音却美妙动听；味道不过就是甜、酸、苦、辣、咸，但用这五味调配出来的味道却美味可口；颜色不过就是赤、黑、青、白、黄,但用这五色调配出来的颜色却美妙无比。所以就音调来说,只要宫调确立,五音便形成了;就味道来说,甜味确立则五味便形成了;就颜色来说,白色确立则五色便形成了;而在道之中,只要"一"确立,万物就自然形成了。所以说"一"的道理放之四海而皆准;"一"如果扩散,可包容天地。它处于一个整体时,纯粹得像没有雕凿过的木材;它分散开来时,混杂得像一池浑水。但是浑浊可以渐渐澄清,空虚可以渐渐充满;它平静不动时像莫测的深潭,飘荡时像空中的浮云;似有似无,似存似亡。万物的所有变化,都聚集在道的孔洞之中;各种事物的根源,都出于道的门庭之内。它活动时没有具体的形体,它的变化就像神灵一样奇妙。它行动起来没有任何踪迹,常常在后面有时又出现在前面。

【原文】

是故至人之治也,掩其聪明,灭其文章①;依道废智,与民同出于公。约其所守,寡其所求,去其诱慕,除其嗜欲,损其思虑。约其所守则察,寡其所求则得。夫任耳目以听视者,劳形而不明;以知虑为治者,若心而无功。是故圣人一度循轨,不变其宜,不易其常,放准循绳②,曲因其当③。

【注释】

①文章:原指色彩花纹,这里指礼法制度。②放:仿效,依从。③曲因:千方百计地顺从。

【译文】

所以具有最高道德的人他们是这样治理天下的,掩盖起他们的聪明智慧,消灭他们的文饰,遵循道的规律行事,废除人为的智巧,与民众同出于公正之心。抛弃名利权势的诱惑,消除自己的贪欲,摒弃自己的思虑。简化职守就容易明察,减少自己的需求就能使精神安逸。

相反，如果放任耳目去追求音乐声色，只会使形体劳累且自己还不容易察觉；如果过分凭借智巧来治理天下则劳损心神且无功效。因此圣人统一法度，遵循原则，不变动那些适宜的办法，不改易常规，依据一定的准绳，并能够做到有所变通，采取适当的途径。

【原文】

夫喜怒者，道之邪也；忧悲者，德之失也；好憎者，心之过也；嗜欲者①，性之累也。人大怒破阴，大喜坠阳；薄气发喑②，惊怖为狂；忧悲多恚③，病乃成积；好憎繁多，祸乃相随。故心不忧乐，德之至也；通而不变，静之至也；嗜欲不载，虚之至也；无所好憎，平之至也；不与物散，粹之至也。能此五者，则通于神明。通于神明者，得其内者也。是故以中制外，百事不废；中能得之，则外能收之。中之得，则五藏宁，思虑平，筋力劲强，耳目聪明，疏达而不悖，坚强而不鞼，无所大过，而无所不逮；处小而不逼，处大而不窕，其魂不躁，其神不娆④；湫漻寂漠，为天下枭。

【注释】

①嗜欲：情欲。②薄：迫近，接近。喑：哑。③恚（huì）：愤怒不平。④娆：烦恼。

【译文】

喜怒无常是对道的偏离；忧伤悲痛是对德的丧失；喜好憎恶是对心的伤害；所以嗜好欲念是天性的累赘。人大发脾气就会破坏阴气，人高兴过分就会损伤阳气；气短急迫导致喑哑，惊慌恐怖导致发狂；忧悲过分导致怨恨，疾病也由此积成；好恶太多，祸也就随之产生。所以圣人保持内心无忧乐，这是德的最高境界；通达而不多变，这是静的最高意境；无嗜好欲念，是虚无的最高表现；没有爱憎，是平正的最高表现；不与外物相混杂，是纯粹的最高表现。能做到上述五点，就能与神明相通。和神明相通的人，是内心得到充实的缘故。因此可以用内心去控制外部的情欲，那么各种事情都不会被废弃；修养好心性，就能保养好外形。内心充实，人体五脏便会安宁，思虑平静，筋骨强健，耳聪目明；通达而不会受到阻乱，坚强而不会被折断；没有什么太过分也没有什么不能达到的，处在小的地方不会觉得逼迫，处在大的地方也不会感到空旷；它的灵魂不会感到急躁，它的精神也不会感到烦扰；清静恬淡，这才能成为天下的枭雄。

【原文】

迫则能应，感则能动，物穆无穷①，变无形像；优游委纵，如响之与景；登高临下，无失所秉；履危行险，无忘玄仗②。大道坦坦，去身不远，求之近者，往而复反。能存之此，其德不亏。万物纷糅，与之转化，以听天下，若背风而驰，是谓至德。至德则乐矣。

【注释】

①物穆：深邃的样子。②玄仗：指大道。

【译文】

得道者，迫近时就能应对，感触后就有行动；深邃无穷，变化没有形迹；优游悠闲，委曲顺从，就像声响与回声，又如物体和影子一样相随；登临高山、面对平地，都不会丢弃所掌握的道；遭遇危机也不会忘记持守道义；大道平坦正直，离自身是不远的；要向自身去寻求道，离开了还可以回来。能够保守住道，人的德性就不会亏损。万物虽然纷纭错杂，也能与之周旋变化；凭道处事，就像顺风奔跑轻松快捷，这就是最高的德性。有了这最高的德性，人是非常快乐的。

【原文】

古之人有居岩穴而神不遗者①，末世有势为万乘而日忧悲者。由此

观之，圣亡乎治人，而在于得道；乐亡于富贵，而在于德和②。知大己而小天下，则几于道矣。所谓乐者，岂必处京台章华③，游云梦沙丘④，耳听《九韶》《六莹》，口味煎熬芬芳，驰骋夷道，钓射鹔鹴之谓乐乎？吾所谓乐者，人得其得者也。夫得其得者，不以奢为乐，不以廉为悲，与阴俱闭，与阳俱开。故子夏心战而臞，得道而肥，圣人不以身役物⑤，不以欲滑和。是故其为欢不忻忻，其为悲不惙惙⑥。万方百变，消遥而无所定，吾独慷慨遗物而与道同出，是故有以自得之也。乔本之下，空穴之中，足以适情，无以自得也。虽以天下为家，万民为臣妾，不足以养生也。能至于无乐者，则无不乐，无不乐，则至极乐矣。

【注释】

①神不遗：指人的精神矍铄。②德：通"得"，得到。③章华：楚国的两大台观。④云梦：楚地的云梦泽。沙丘：纣王的台名。⑤役物：受制于物。⑥惙惙（chuò）：忧愁，心神不定的样子。

【译文】

古时候有人住在山洞里，但他们的精神仍然饱满。随着世道衰败，有人虽然身居高位却整天忧愁悲伤。由此看来，圣贤不在于治人，而在于得道；快乐不在于富贵，而在于道德和洽。懂得重视自身修养而看轻身外之物，那就接近于道了。所谓快乐，难道一定是住京台、章华，游玩云梦、沙丘，耳听《九韶》《六莹》这些古乐，口尝美味食品，奔驰在平坦大道上，或者钓射奇异鸟禽那种快乐吗？我说的快乐，是指每个人能得到他应得的满足罢了。但这里所说的"能得到他应得的满足"，是不以奢侈为快乐，不以清廉为清苦；他身处阴暗逆境能够做到忍让避开，身处光明顺境能够做到开放顺应。所以，子夏在面对仁义与富贵内心斗争激烈而形体消瘦，又因为先王之道战胜了富贵而变胖。圣人就是不让自身受外物役使，不让贪欲来搅乱自己的中和天

性。所以，他高兴时不忘乎所以，悲伤时不愁云满面。万物尽管变化莫测，我只管胸襟坦荡不予理睬而和道共进出。因此，能够做到自得其所，即使住在深山老林之中，栖身空旷山洞之内，也足以惬意舒心；如果不能自得其所，即使君临天下，把万民作为奴仆，也不足以保养性命。能够达到没有快乐境地的人，就没有什么不快乐；无不快乐就是最大的快乐。

【原文】

夫建钟鼓，列管弦，席旃茵①，傅旄象②，耳听朝歌北鄙靡靡之乐③，齐靡曼之色④，陈酒行觞，夜以继日，强弩弋高鸟，走犬逐狡兔：此其为乐也，炎炎赫赫，怵然若有所诱慕。解车休马，罢酒撤乐，而心忽然若有所丧，怅然若有所亡也。是何则？不以内乐外，而以外乐内；乐作而喜，曲终而悲；悲喜转而相生，精神乱营，不得须臾平。察其所以，不得其形，而日以伤生，失其得者也。是故内不得于中，禀授于外而以自饰也；不浸于肌肤，不浃于骨髓⑤，不留于心志，不滞于五藏。故从外入者，无主于中，不止；从中出者，无应于外，不行。故听善言便计，虽愚者知说之；称至德高行，虽不肖者知慕之。说之者众，而用之者鲜；慕之者多，而行之者寡。所以然者何也？不能反诸性也，夫内不开于中而强学问者，不入于耳而不著于心，此何以异于聋者之歌也？效人为之而无以自乐也，声出于口，则越而散矣。夫心者，五藏之主也，所以制使四支，流行血气，驰骋于是非之境，而出入于百事之门户者也。是故不得于心而有经天下之气，是犹无耳而欲调钟鼓，无目而欲喜文章也，亦必不胜其任矣。

【注释】

①席：以之为席，这里名词用作动词。旃（zhān）茵：垫子。旃，通"毡"。②旄（máo）：用旄牛尾巴装饰成的旗子。③朝歌：商纣王

时期的都城。北鄙：郊外。④靡曼之色：美色，美女。⑤浃：被液体浸泡。

【译文】

设置钟鼓，摆列管弦乐队，铺上毡毛毯子，陈列旄牛尾和象牙装饰的仪仗，耳听朝歌郊外的靡靡之音，面前排列着妖艳的歌女，口品香甜的美酒，通宵达旦地饮酒取乐；或者用强弓硬弩来射杀高飞的鸟，用善跑的猎犬来追逐狡兔，这样作乐寻欢真是十分盛大，很有诱惑力。然而，一旦遣散车马，停撤宴饮，心里就会感到惆怅若有所失。这是什么原因呢？因为这不是以内心的欢乐去感受外界的欢快之境，而是以外界这种的欢快来刺激内心，所以奏乐则喜，曲终则悲，悲喜转换变化，扰乱了人的精神，让心境没有片刻的平静。究其原因，是没有得到快乐的根本，因而日复一日地损害着身体，丧失了本该有的平和本性。所以在你自身不能把持心性归向，只以外界刺激来装饰自我，这种外界刺激不可能浸滋肌肤，渗浃骨髓，不可能留存于心间，停滞于五脏的。所以从外界刺激感受到的欢乐不可

能在心中占据地位，留下而不散逸；而从内部心性所产生的欢乐，因为不产生于外界的刺激，所以也不会散失。因此我们可以看到：当听到良言妙计，蠢人也懂得喜悦；谈到高尚道德，品行恶劣者也知道仰慕。可是为什么喜欢良言妙计的多而真采纳的少、仰慕高尚道德的多而真实施的少，原因是这些人不能够返回自己本性的缘故。那种不是从本性产生学习愿望的人勉强去学习，所学的东西是不会进入耳中留于心里的，这不就像聋子唱歌？聋子唱歌只是仿效人而无法自得其乐，歌声一出口便很快散逸了。心是五脏的主宰，它控制着四肢的活动，使气血流通，并能辨别人间是非和弄清事物的缘由。所以如果心里没有得到大道的主宰，而有治理天下的气魄，这就像没长耳朵的人想要调整钟鼓的乐音，没有眼睛的人想喜欢文采，也一定是不能够胜任的。

【原文】

故天下神器①，不可为也②，为者败之，执者失之。夫许由小天下而不以己易尧者③，志遗于天下也。所以然者何也？因天下而为天下也。天下之要，不在于彼而在于我，不在于人而在于我身。身得，则万物备矣。彻于心术之论，则嗜欲好憎外矣。是故无所喜而无所怒，无所乐而无所苦。万物玄同也，无非无是；化育玄耀，生而如死。夫天下者亦吾有也，吾亦天下之有也；天下之与我，岂有间哉！夫有天下者，岂必摄权持势，操杀生之柄，而以行其号令邪？吾所谓有天下者，非谓此也，自得而已；自得则天下亦得我矣。吾与天下相得，则常相有，己又焉有不得容其间者乎？所谓自得者，全其身者也；全其身，则与道为一矣。

【注释】

①天下神器：指国家政权。②为：指人为地干预，致力去取得。③许由：传说中尧帝时的贤人，尧帝禅让给他天下，他不接受。

【译文】

因此天下权柄是神圣之物，不能够求取它。人为地去治理就要败坏它，人为地把持就会失去它。许由以天下为小而不愿接受尧让出的王位，就是因为心中把天下之权抛开了。他这样做是什么原因呢？就是按照天下的自然规律来对待天下。要取得天下，不取决于他人而取决于自身。自身能够得道则万物均为我所备。透彻地理解心性之术，这嗜欲好恶就不会侵入内心。所以这样的人无所谓喜也无所谓恶，无所谓乐也无所谓苦。万物玄同，无所谓是与非，这均由天道来化育，生死一回事。天下为我所有，我也为天下所有，我与天下之间哪有什么界限！统治占据天下，哪里是一定要抓住权势、操生杀大权而发号施令？我所说的占有天下，不是这样的，而是指自己得到心灵满足。自得其所那么天下也就对我满足了。我和天下融为一体：天下为我拥有，我为天下拥有，又怎么不能容身于天下呢！所说的自己得到满足，是指保全自身完整无缺；保全自身完整，那么就与道融为一体了。

【原文】

故虽游于江浔海裔①，驰要褭②，建翠盖，目观《掉羽》《武》《象》之乐，耳听滔朗奇丽《激》《抮》之音③，扬郑、卫之浩乐，结《激楚》之遗风④，射沼滨之高鸟，逐苑圃之走兽，此齐民之所以婬泆流湎；圣人处之，不足以营其精神，乱其气志，使心怵然失其情性。处穷僻之乡，侧豁谷之间，隐于棒薄之中，环堵之室，茨之以生茅，蓬户瓮牖⑤，揉桑为枢；上漏下湿，润浸北房，雪霜滚灖⑥，浸潭苽蒋⑦；逍遥于广泽之中，而仿洋于山峡之旁，此齐民之所为形植黎黑，忧悲而不得志也；圣人处之，不为愁悴怨忽，而不失其所以自乐也。是何也？则内有以通于天机，而不以贵贱贫富劳逸失其志德者也。故夫乌之哑哑，鹊之唶唶，岂尝为寒暑燥湿变其声哉！

【注释】

①江浔：江边。海裔：海边。②要褭：骏马名，能日行万里。③《激》《抮》：激越婉转。④《激楚》：高亢凄凉，另一种说法认为是指音乐名。⑤瓮牖（yǒu）：用破瓮做的窗户。⑥潈（suī）灖（mǐ）：降霜飘雪的样子。⑦苽蒋：草名，生长在水边。

【译文】

所以到江边海滩游览，驰骋骏马，乘坐华丽的车子，眼睛观赏《掉羽》《武》《象》之类的乐舞，耳朵听高亢奇妙的《激》《抮》音乐；耳边回荡着郑、卫歌女悲壮而美妙的歌声，回旋着楚国《激楚》的余音，射杀水边的飞鸟，逐猎苑囿内奔跑的野兽，这些都是凡夫俗子所纵情放荡留恋沉溺的东西。有道德的人面对它们，精神意志不会被惑乱，不会因为受诱惑而失去本性；处穷乡僻壤，置深山溪谷，居草野丛林，住简房陋室，茅草盖顶，柴草编门，揉弯了桑条作为门枢；上面漏雨、下面潮湿，浸湿了住室，降霜飞雪，浸湿而长出了苽蒋；游荡在沼泽之中，徘徊在山峡之旁，这些都是使凡夫俗子形体黑瘦疲惫，忧忧寡欢而感不得志的境遇，但是圣人处在这种环境中不会忧愁怨恨，不会失掉内心的愉悦。这是为什么呢？在于他们内心已领悟天机，因而不因贵贱、贫富、劳逸的不同而丧失天性。这就像乌鸦哑哑、喜鹊喳喳，哪会因寒暑燥湿的变化而改变它们天生的叫鸣声！

【原文】

是故夫得道已定，而不待万物之推移也①，非以一时之变化，而定吾所以自得也。吾所谓得者，性命之情，处其所安也。夫性命者，与形俱出其宗，形备而性命成，性命成而好憎生矣，故士有一定之论，女有不易之行，规矩不能方圆，钩绳不能曲直。天地之永，登丘不可为修，居卑不可为短。是故得道者，穷而不慑，达而不荣；处高而不机②，持盈而不倾；新而不朗③，久而不渝；入火不焦，入水不儒。是故不待势而尊，不待财而富，不待力而强；平虚下流④，与化翱翔。若然者，藏金于山，藏珠于渊，不利货财，不贪势名。是故不以康为乐，不以慊为悲⑤；不以贵为安，不以贱为危；形神气志，各居其宜，以随天地之所为。

【注释】

①推移：指受到影响而随之发生变化。②机：通"几"，危险。③朗：光亮。④下流：本指水的下游，这里引申为低下的地位。⑤慊：不足，简约。

【译文】

因此，一旦已经坚定地得道，就不要受到外物变化的影响，不因外物一时变化而来决定自我得道的态度。我所说的得到满足，是指将生命中的本性处在安适的位置上。生命和形体同出一源；形体全备了性命就形成了。性命一旦形成，好恶之情也就容易产生。所以士人有确定的道德观点，女子有不能改变的原则，规矩不能随意改变方圆，绳墨也不能随便改变曲直。如同天地是长久不变的，登上山丘不能使它加长，处在低处也不能使它变得矮小。所以得道的人，穷困时不颓惧，显达时不炫耀；处高位而不危险，持满时而不倾覆，新的东西不显得有光亮，使用长久的东西也不会改变；放入火中烧不焦，下到水中打不湿。所以不凭权势而尊贵，不靠财富而富有，不以有力而强大，像水流向平坦空虚之处一样，遵循自然变化。如果能够这样，就能埋金子于山中，藏珍珠于渊底，不以钱财为利，不贪权势名位。所以不以康安为乐，不以清俭为苦；不把尊贵看成安逸，不把贫贱看作危难；形、神、气、志，各得其所，以顺遂天地的运转变化。

【原文】

夫形者生之舍也，气者生之充也，神者生之制也。一失位则三者伤矣。是故圣人使人各处其位、守其职而不得相干也。故夫形者非其所安也而处之则废，气不当其所充而用之则泄，神非其所宜而行之则昧，此三者，不可不慎守也。夫举天下万物，蚑蛲贞虫①，蠕动蚑作②，皆知其所喜憎利害者，何也？以其性之在焉而不离也。忽去之，则骨肉无伦矣。今人之所以眭然能视③，誉然能听，形体能抗，而百节可屈伸，察能分白黑、视丑美，而知能别同异、明是非者，何也？气为之充而神为之使也。何以知其然也？凡人之志各有所在而神有所系者，其行也足蹪趎坎④、头抵植木而不自知也，招之而不能见也，呼之而不能闻也。耳目非去之也，然而不能应者，何也？神失其守也。故在于小则忘于大，在于中则忘于外，在于上则忘于下，在于左则忘于右。无所不充，则无所不在。是故贵虚者，以豪末为宅也。

【注释】

①贞虫：这里指小昆虫。②蚑作：虫子爬行的样子。③眭：眼睛深视的样子。④蹪：摔跤。趎：跳着走路的样子。

【译文】

　　人的形体是生命的客舍；元气是生命的根本；精神是生命的主宰。其中一者离开了原来的位置，三者便都会受到损伤。因此圣人能让人民处于自己的位置，各司其职，而不会相互干扰。人的形体如果处于不适的环境就会伤残，元气如果用在不应该充盈的地方，就会泄掉，精神如果使用不当就会昏昧。对此三者，人们不能不谨慎对待。天下万物，小至细微昆虫、爬虫，都有喜好憎恶，都知趋利避害，这是为什么呢？因为它们的本性在身而没有离弃，如果一旦本性从形体中分离，那么骨肉形体也就不复存在了。人眼能看远，耳能听声，形体能承受重力，关节能伸屈，并能辨察黑白美丑，智慧理性能辨别是非异同，是为什么呢？就是因为形体内充满元气，精神在发挥着作用。怎么知道是这样呢？一般说来，人的各种志向行为都与精神相联系，有人走路脚被树桩绊倒，落到土坑而摔跤，头撞到竖起的木头上，但自己却没有感觉，

跟他打招呼视而不见，喊他听而不闻，耳朵、眼睛在他的身体上但却不能响应，这是为什么呢？是因为他的精神失去了应有的司职功能，所以精神集中在小处就会忘掉大处，精神集中在里面就会忘掉外面，精神集中于上面就会忘掉下面，精神集中于左面就会忘掉右面。精神是无不充满又无所不在的，所以说重视修养虚静平和之神的人，就能将精神贯注到极细微的事物之中。

【原文】

今夫狂者之不能避水火之难而越沟渎之险者，岂无形神气志哉！然而用之异也。失其所守之位而离其外内之舍①，是故举错不能当②，动静不能中，终身运枯形于连嵝列埒之门而蹪蹈于污壑阱陷之中③，虽生俱与人钧，然而不免为人戮笑者④，何也？形神相失也。故以神为主者，形从而利；以形为制者，神从而害。贪饕多欲之人，漠眠于势利，诱慕于名位，冀以过人之智，植于高世，则精神日以耗而弥远，久淫而不还，形闭中距，则神无由入矣。是以天下时有盲妄自失之患，此膏烛之类也，火逾然而消逾亟⑤。夫精神气志者，静而日充者以壮，躁而日者牦以老。是故圣人将养其神，和弱其气，平夷其形，而与道沉浮俯仰，恬然而纵之，迫则用之。其纵之也若委衣，其用之也若发机。如是则万物之化无不遇，而百事之变无不应。

【注释】

①外内之舍：这里指形体、身体。②错：通"措"，措施。③连嵝（lǒu）：委曲的样子。列埒（liè）：不平坦。④戮：侮辱。⑤逾：通"愈"，更加。

【译文】

现在那些癫狂的人，他们不懂得避开水火这样的灾难，敢于跨越深沟这么危险的地方，难道他们没有形体、精神、元气吗？不是，他

们的神和气的运用与常人不一样。他们的精神、元气离开了它们本来应该在的位置，与形体分离了，因此他们的举止行为不能做得恰当，动静不合常理，枯朽的形体终身兜转在绵延的山峰沟壑之间，而且不免跌倒在陷阱坑洼之中，虽然他们和常人一样活在世上，然而免不了被人羞辱耻笑，这是为什么呢？因为这些人形神彼此分离。所以以神为主宰，形依从神则对人生命有利；反之，以形为制约，神依从形则对人生命有害。贪婪多欲的人，被权势和利益所迷惑，受名位引诱，希望能超过常人的智慧跻身于社会上层，那么他的精神就会因每日耗损而偏离应处的位置，长久地受到迷惑，不能回归人的本性，形体闭塞而内心不开窍，精神就进不去了。所以天下常有盲目狂妄、丧失自我的病症，患这类疾病的人，就像油灯一样，火烧得越旺，就消耗得越快。精神和气志每天都得到充实的人，身体就会强健；反之，内心烦躁而一天天消耗的人，就会走向衰老。所以圣人善于调养他的精神，柔和他的元气，平静他的形体，和大道一起运转变化，该恬静时就放松它，该急迫时就使用它；放松它就如同垂放衣服那样轻便，使用它就如同击发弓弩那样迅疾。如果像这样，那么万物的变化没有不能顺应对待的，而百事的变迁也一定能适应。

第二卷　俶真训

【原文】

有始者^①，有未始有有始者，有未始有夫未始有有始者。有有者^②，有无者，有未始有有无者，有未始有夫未始有有无者。所谓有始者：繁愦未发^③，萌兆牙，未有形埒垠堮^④，无无蝡蝡，将欲生兴，而未成物类，有未始有有始者：天气始下，地气始上，阴阳错合，相与优游，竞畅于宇宙之间，被德含和^⑤，缤纷茏苁^⑥，欲与物接而未成兆朕。有未始有夫未始有有始者：天含和而未降，地怀气而未扬，虚无寂寞，萧条霄霏，无有仿佛气遂，而大通冥冥者也。

【注释】

①有始：指万物萌动还未形成的时候。②有有者：前一个"有"是动词，后一个是指存在有形的万物。③繁愦：积聚散发的样子。④形埒：明晰的形状。垠堮：边际。⑤被：覆盖，承受。⑥茏苁（cōng）：聚会。

【译文】

宇宙有开始的时候，也有未曾"开始"的时候，更有尚未有那"未曾开始"的时候。宇宙包含着"有"，也包含着"无"，也存在着未曾产生"有"、"无"的东西，更包括尚未有那"未曾产生'有'、'无'"的东西。所谓有开始的时候，是指产生生命的物质正在积聚盈满不过还未迸发开来，如同新芽萌发还没有长出清晰的形态，蠢蠢蠕动，将要生成但是还没有成为物类。所谓未曾"开始"的时候，是指

天上的阳气开始下降,地上的阴气开始上升,阴阳二气互相交合,互相流动在宇宙间飘逸游畅,承受着德泽的滋润和蕴育着谐和之气,杂糅聚集,将要生成万物但还未出现征兆。所谓尚未有那"未曾开始"的时候,是指天蕴含的阳气还没有下降,地怀藏的阴气还没有上扬,天地间虚无冷清,荒远幽深,模糊混沌,气只是生成后在幽深昏暗中流通。

【原文】

有有者:言万物掺落①,根茎枝叶,青葱苓茏②,萑薲炫煌③,蠉飞蠕动,蚑行哙息④,可切循耀把握而有数量⑤。有无者:视之不见其形,听之不闻其声,扪之不可得也,望之不可极也,储与扈冶⑥,浩浩瀚瀚,不可隐仪揆度而通光耀者⑦。有未始有有无者:包裹天地,陶冶万物,大通混冥,深闳广大⑧,不可为外,析豪剖芒,不可为内,无环堵之宇,而生有无之根。有未始有夫未始有有无者:天地未剖,阴阳未判,四时未分,万物未生,汪然平静,寂然清澄,莫见其形。若光耀之间于无有,退而自失也,曰:予能有无,而未能无无也。及其为无无,至妙何从及此哉!

【注释】

①掺:树木众多的样子。②苓茏:茂盛。③萑(huán)薲(hù):草木荣华。④哙:通"喙",指鸟兽虫鱼的嘴。⑤切循:抚摩。⑥储与扈(hù)冶:广大。⑦揆度:度量,考察。⑧深闳(hóng):精深而广大。

【译文】

宇宙中所谓的"有",是指这时万物开始繁茂生长、错落杂乱,植物分出根茎枝叶,青翠斑斓、郁郁葱葱、花儿鲜丽,动物昆虫蠉飞爬行,禽兽用脚行走,用嘴呼吸,这些都可以触摸感觉得到,并可以数量计算。所谓存在着"无",是指这时的宇宙空间,看不见它的具体形状，听不到它的声音，触摸不到它的形体，很难望见它的尽头，广大无边，浩浩瀚瀚，难以用仪器测量计算，且其性质与光相通。所谓有未曾产生"有"或"无"的东西，是指这时天地阴阳二气包孕了整个天地，而且开始化育万物，向上和混沌冥冥的宇宙空间是畅通的，深远广大，无法弄清它的外部界限，深入微细，也无法探明它的内部极限；没有四面八方的界限，但却是有形物质和无形事物的根源。所谓尚未有那"未曾产生有无的东西"，是指这时天地还是混沌一片，阴阳未曾开化，四时不曾分明，万物未生，宇宙寂静，幽深而清澈，也没有一定的形状。就像光耀询问无有一样，退下后便自然消失了。光耀说，我能达到有"无"的境界，却不能达到"无无"的境界。等到达到无无的境界，再玄妙的东西都及不上它了。

【原文】

夫大块载我以形①，劳我以生，逸我以老，休我以死。善我生者，乃所以善我死也。夫藏舟于壑，藏山于泽，人谓之固矣。虽然，夜半有力者负而趋，寐者不知，犹有所遁②。若藏天下于天下，则无所遁其形矣。物岂可谓无大扬攉乎③?一范人之形而犹喜。若人者,千变万化而未始有极也,弊而复新,其为乐也。可胜计邪?譬若梦为鸟而飞于天,梦为鱼而没于渊,方其梦也,不知其梦也,觉而后知其梦也。今将有大觉,然后知今此之为大梦也。始吾未生之时,焉知生之乐也;今吾未死,又焉知死之不乐也。昔公牛哀转病也,七日化为虎,其兄掩户而入觇之④,则虎搏而杀之。是故文章成兽,爪牙移易,志与心变,神与形化。方其为虎也,不知其尝为人也;方其为人,不知其且为虎也。二者代谢舛驰⑤,各乐其成形,狡猾钝愍⑥,是非无端,孰知其所萌?

【注释】

①大块:指大自然。②遁:消亡。③扬攉(huō):约略,大概。④觇(chān):查看。⑤舛(chuǎn)驰:背道而驰。⑥钝愍(mǐn):昏昧,不明事理。

【译文】

大自然用形体负载我,用生存使我劳苦,用年老让我清闲,用死亡让我安息。羡慕我活着和羡慕我死去的原因是一样的。把船隐藏在山谷中,把大山隐藏在深沼中,人们便以为它是足够牢固隐蔽了。虽然如此,深夜时有大力士背着它很快逃走了,而睡觉的人并不知道,可见事物还是会丢失的。假如把天下万物藏在天下这个大库房里面,那么便没有办法使它的形体亡失。万物的变化是非常玄妙的。命运让人因为偶然的原因生成人类,如同大自然造化万物一样,因此人不必沾沾自喜。其实天地造化出的物类千变万化不曾穷极,又何止人这一种。陈旧的去了而新的又出现了,这样的事情是值得快乐的,那么值得快乐的事情能数清吗?比如说你梦中变成鸟儿在天空飞翔,梦中变成鱼儿沉入深渊,当你处在梦里时不知道是在做梦,醒来才知道是一场梦。如果有一天你能彻底觉醒,你就会发觉今天的一切也就是一场大梦。当初我还没降生时,怎么能知道人生的快乐呢?现在我还没有死,又怎么能知道死的不快乐呢?从前公牛哀患了一种病,七天变成了一只老虎。他的哥哥推开房门进去探望他,这老虎扑上来将其咬死。所以说人外表变成了兽类,人的手脚变成了尖爪,人的牙齿变成了利齿,心志、精神和形体都发生了变化。当公牛哀变为虎的时候,并不知道自己曾经是人;当他还是人的时候,并不知道自己将要变成老虎。两者更换代谢、背道而驰,但各自都喜欢自己既成的形体。所以可见狡猾和愚钝、谁是谁非是讲不清楚的,谁知道它们是怎样产生的。

【原文】

夫水向冬则凝而为冰①,冰迎春则泮而为水,冰水移易于前后,若周员而趋②,孰暇知其所苦乐乎?是故形伤于寒暑燥湿之虐者,形苑而神壮③;神伤乎喜怒思虑之患者,神尽而形有余。故罢马之死也,剥之若槁;狡狗之死也,割之犹濡。是故伤死者其鬼娆④,时既者其神漠,是皆不得形神俱没也。夫圣人用心,杖性依神,相扶而得终始,是故其寐不梦,其觉不忧。

【注释】

①向:面临。②趋:归附。③苑:枯病。④娆(ráo):烦扰。

【译文】

水到冬天就凝结成冰,冰到春天又融化成水,水和冰的相互转化,好像是绕圈转,谁有闲工夫去弄清楚它们的苦和乐呢?所以形体遭受寒暑燥湿之类侵害而受伤的人,身形枯衰但精神健盛;精神遭受喜怒思虑折磨而受伤的人,精神被耗尽但身体还是健全的。因此,疲惫之马死后,剥宰它时就像枯木;健壮之狗死后,割宰后它的肉还有光泽。所以受伤夭折而死的人,他的灵魂是不得安宁的;天年寿尽而死的人,他的精神宁静空寂。这两种人皆不能达到形神一起消失的境地。而得道的圣人能够支配自己的心性,所以他睡时不做梦,醒时不犯愁。

【原文】

古之人有处混冥之中①，神气不荡于外，万物恬漠以愉静，搀枪衡杓之气②，莫不弥靡而不能为害。当此之时，万民猖狂，不知东西；含哺而游，鼓腹而熙；交被天和，食于地德③；不以曲故是非相尤；茫茫沉沉，是谓大治。于是在上位者，左右而使之，毋淫其性；镇抚而有之，毋迁其德。是故仁义不布，而万物蕃殖；赏罚不施，而天下宾服。其道可以大美兴，而难以自计举也。是故日计之不足，而岁计之有余。

【注释】

①混冥之中：指上古之世。②搀枪：指彗星。衡杓（biāo）：指北斗。③地德：古代认为土地产百物，人赖以生存，所以土地有德与人。

【译文】

古代的人处在混沌愚昧的环境之中，精神气志不飘散在外面，万物恬淡而安静，彗星及北斗虽然时常出现，但从不造成人间的灾害。这个时期，民众肆意而行、自由自在，也不分东和西；一边咀嚼着食物，一边拍打着肚皮游荡嬉戏玩耍；大家一起沐浴着苍天所赋的和气，享受着大地所赐的恩德；没有因为巧诈和是非引起怨恨，天下浩荡兴盛，这就叫作"大治"。这时处高位的人开始使用民众，让他们劳作，但并不对他们恬静的本性进行干扰；对他们进行安抚，以统治他们，但不改变其大德。所以不必施仁义而万物自然繁衍，不必行赏罚而天下自然归附。他的治道可以使天地万物享受抚育之美德，这些功德是难以计算说明的。因此，短期内看来效果不够明显，但长远看来效果则很明显。

【原文】

夫鱼相忘于江湖，人相忘于道术。古之真人①，立于天地之本，中至优游②，抱德炀和③，而万物杂累焉，孰肯解构人间之事④，以物烦其性命乎？

【注释】

①真人：存养本性得道的人。②中至：中和。③炀（yáng）：烘烤，这里指熏陶。④解构：掺和。

【译文】

鱼类处江湖中而互相遗忘，人在获得道术之时也会忘却一切。古代的得道之人，立身于天地的根本，享受中和之气，优游自得，持抱至德，受到和气的熏陶，而万物也自行得以成熟，谁又肯去干预造作人间之事，让外界事物来扰乱自己的本性和生命？

【原文】

夫道有经纪条贯①，得一之道，连干枝万叶。是故贵有以行令，贱有以忘卑，贫有以乐业，困有以处危。夫大寒至，霜雪降，然后知松柏之茂也；据难履危，利害陈于前②，然后知圣人之不失道也。是故能戴大员者履大方，镜太清者视大明③，立太平者处大堂，能游冥冥者与日月同光。是故以道为竿，以德为纶④，礼乐为钩，仁义为饵，投之于江，浮之于海，万物纷纷，孰非其有？

【注释】

①经纪：纲常，法度。②陈：陈列。③太清：指天空。④纶：钓鱼的绳子。

【译文】

道是有一定的条理秩序的，要是把握住这浑然一体之道，就能贯通千枝万叶。所以只要有了"道"，尊贵的人可以用它来行使指令，低下的人可以用它忘记卑贱，贫穷的人用它来成就事业，困厄的人因为它拥有处理危难的能力。严寒来临，霜雪铺地，这才能看出松柏的茂盛不凋；处境困难，面临危险，利害关系呈现眼前，这时才能看出圣人不会抛开道德。因此，头顶青天才能脚踏大地，以太空作镜子的人才能看得深远，创立太平盛世的人能立于明堂之上，能与天道同游的人，才能像日月一样光明。所以用道作钓竿，用德当丝线，用礼乐作钓钩，用仁义当钓饵，投放到江中，漂浮在海上，纷杂的鱼虾之类赶来吞食鱼饵，哪个能不受到控制呢？

【原文】

夫挟依于跂跃之术①，提挈人间之际②，掸挨挺㨄世之风俗③，以摸苏牵连物之微妙，犹得肆其志，充其欲，何况怀环玮之道，忘肝胆，遗耳目，独浮游无方之外，不与物相弊摋，中徙倚无形之域，而和以天地者乎！若然者，偃其聪明，而抱其太素，以利害为尘垢，以死生为昼夜。是故目观玉辂瑰象之状④，耳听《白雪》《清角》之声，不能以乱其神；登千仞之谿，临嵝眩之岸，不足以滑其和；譬若钟山之玉，炊以炉炭，三日三夜而色泽不变，则至德天地之精也。是故生不足以使之，利何足以动之？死不足以禁之，害何足以恐之？明于死生之分，达于利害之变，虽以天下之大易骭之一毛⑤，无所概于志也。

【注释】

①跂(qí)跃之术：不正之道。②提挈：相持。③掸(dǎn)挟(shàn)：求取便利。挺捔：上下推动。④玉辂：带玉饰的帝王专用的车子。⑤骭(gàn)：小腿。

【译文】

那些用不正当的手段，参与人际关系，从社会风气中上下谋取利益，来探索事物微小变化的人，尚可以放松心志，如愿以偿，并能满足其欲望。更何况那些心怀远大志向，忘记了自己的肝胆，遗忘自己的耳目，独自遨游于没有边际的地方，不与具体事物相混杂，内心只依靠在无形的境地，而和天地自然相融合的人呢？这种人熄灭他们的聪明，怀抱质朴，视个人利害如垃圾尘埃，视死生如昼夜更替。所以他眼见美玉象牙、耳听《白雪》雅乐，是不会扰乱其恬静的精神的；登上千仞之溪的山崖，面对连猿猴都会感到头晕的峭壁，也不会扰乱其平和的心志的；就像钟山出产的美玉投炉火中烧炼，三天三夜玉之色泽都不变。这是因为这种人获得了天地之精华。因此用生存不足以驱使他，利欲不能够触动他，死亡不足以禁锢他，祸害又怎么能够使他感到恐惧呢？他是明白了生死之分，通晓了利害之变，即使用整个天下来换取他小腿上的一根汗毛，他都不会动摇自己的志向。

【原文】

夫贵贱之于身也，犹条风之时丽也；毁誉之于己，犹蚊虻之一过也。夫秉皓白而不黑，行纯粹而不糅，处玄冥而不暗，休于天钧而不伪，孟门、终隆之山不能禁，唯体道能不败，湍濑①、旋渊②、吕梁之深不能留也③，太行石涧、飞狐、句望之险不能难也。是故身处江海之上，而神游魏阙之下④，非得一原，孰能至于此哉！

【注释】

①湍濑（lài）：急流。②旋渊：深潭。③吕梁：水名，今徐州一带。④魏阙：宫门外高大的观楼。

【译文】

富贵、贫贱对自己来说，就像春风从身边刮过一样；诋毁、赞誉对自己来说，就像蚊虻叮一下而已。持守着洁白之行而不会变黑，品行纯洁而不杂糅，身处黑暗的地方而不会感到昏暗，顺从自然而不会毁败；孟门、终隆这样的高山阻挡不住，只有掌握了道的人才能立于不败之地。急流、深潭、吕梁这样的旋流，不能使他停滞，太行、石涧、飞狐、句望这样的险隘，不能使他为难。因此自己虽然处于偏远的江海之上，但精神却能在京城的魏阙遨游，如果不是获得了道的根本，谁又能够达到这样的境界呢？

【原文】

是故与至人居①，使家忘贫，使王公简其富贵而乐卑贱②，勇者衰其气，贪者消其欲，坐而不教，立而不议，虚而往者实而归，故不言而能饮人以和③。是故至道无为，一龙一蛇；盈缩卷舒，与时变化。外从其风，内守其性；耳目不耀，思虑不营；其所居神者，台简以游太清④，引楯万物⑤，群美萌生。是故事其神者神去之，休其神者神居之。道出一原，通九门，散六衢⑥，设于无垓坫之宇，寂寞以虚无。非有为于物也，物以有为于己也。是故举事而顺于道者，非道之所为也，道之所施也。

【注释】

①至人：指道德修养达到很高境界的人。②简：轻视。③饮：给人喝，这里比喻感受。④台：持有，握住。⑤引楯（shǔn）：拔，抽。

⑥六衢：四面八方。

【译文】

因此，与圣人相处，家居贫寒之士会忘掉自身的贫寒，王公贵族会看轻自身拥有的富贵而以卑贱为乐，勇武之人会减弱锐气，贪婪之人会消除欲望。得道的真人，静坐而不去教训别人、立而不发议论，但可以使那些空手去学习的人会满载而归，他不必说话就能使他人感受到祥和的气氛。所以最高的道就是不违背自然规律行事，就像龙或蛇那样，盈缩卷舒，随时顺势变化；外虽随风而变，内却持守本性，耳目不被声色诱惑、思想不被外物扰乱。他能把握持守自己的精神，掌握道的原则遨游在太空，促使万物发展，使各种新事物萌生。因此，扰乱精神的人，精神就会远远地离开他，而善养神者，神与形必相守。大道从本原出发向上通过九天之门，向下散布到四面八方，施放在没有边际的宇宙；它静寂而虚无，不刻意干预万物，因而万物会自然而然有所作为。因此，办事举措顺从道的规律，不是道所强求的，而是道所施予的。

【原文】

夫天之所覆，地之所载，六合所包，阴阳所呴①，雨露所濡，道德所扶，此皆生一父母而阅一和也。是故槐榆与橘柚合

而为兄弟，有苗与三危通为一家②。夫目视鸿鹄之飞，耳听琴瑟之声，而心在雁门之间。一身之中，神之分离剖判，六合之内，一举而千万里。是故自其异者视之，肝胆胡、越；自其同者视之，万物一圈也。百家异说，各有所出，若大墨、杨、申、商之于治道，犹盖之无一橑而轮之无一辐③，有之可以备数，无之未有害于用也。已自以为独擅之，不通之于天地之情也。

【注释】

①呴（gòu）：开口出气。②有苗：舜时的南方的国民。三危：西方山名，在甘肃敦煌一带。③橑：古代伞盖或车盖的骨架。

【译文】

那些上天所覆盖的、大地所承载的、六合所包容的、阴阳二气所孕育的、雨露所滋润的、道德所扶持的，全都产生于一个根源——天地，并共通着和谐之气。所以槐树与榆树、橘树与柚树，可以结合起来成为兄弟，有苗族和三危族可以相通而成为一族。眼看着天鹅飞翔，耳中听着琴瑟之音，而心思却飞到了雁门关一带。人的精神可以飞散到各处，甚至一下子能够飞越千万里远。所以就事物的差异来说，紧挨着的胆、肝就会像胡地和楚越那么遥远；但就事物的相同来看，万物都如同生存在一个角落里那么亲近。战国时期诸子百家学说歧异，各有其产生的缘由。至于像那墨子、杨朱、申不害、商鞅等的学说对于治理国家来说，就像伞盖缺少一个伞弓子，车轮少一根车辐条。有了它可以充个数，没有它也不妨碍使用。如果自以为离开自己的学说主张就不行，那就太不通天地之常情了。

【原文】

今夫冶工之铸器，金踊跃于炉中，必有波溢而播弃者，其中地而凝滞，亦有以象于物者矣。其形虽有所小用哉，然未可以保于周室之九鼎也①，又况比于规形者乎？其与道相去亦远矣。今夫万物之疏跃枝举②，百事之茎叶条蘖，皆本于一根而条循千万也。若此，则有所受之矣，而非所授者。所受者，无授也，而无不受也。无不受也者，譬若周云之茏苁③，辽巢彭濞而为雨④，沈溺万物而不与为湿焉。

【注释】

①九鼎：古代象征着国家的传国之宝，据说是禹所铸造的。②疏跃：布散。③茏苁：聚合。④辽巢彭濞：浓云密集的样子。

【译文】

现在冶炼工匠在铸造器物的时候，金属在熔炉中翻滚熔化，也必定会有熔液翻腾流溢出来，溅落到地下，凝固后也有些和某种器物形状相似，这些器物虽然会有点小用处，然而不可能像周王室的九鼎那样贵重，又何况同有标准的形物相比呢？它和道就相距的更远了。世上万物如同树枝一样布散伸展，各种事物就像茎叶枝条一样繁衍枝蔓，其实都是出自一个根源而变化出千姿百态。如此说来，蓬勃的万物是接受了道后得以发展的，但其实没有谁强行有意授给它们什么。接受道所给予的，正因为不是强迫授予的，因而没有什么不能接受的。打个比方说，就像那浓云密布，翻滚蕴蓄聚集而化成大雨，洒遍大地，淋湿万物，而云本身却没有被沾湿。

【原文】

今夫善射者，有仪表之度①，如工匠有规矩之数，此皆所得以至于妙。然而奚仲不能为逢蒙②，造父不能为伯乐者③，是曰谕于一曲，而不通于万方之际也。

【注释】

①仪表：指法则、标准。②奚仲：古代车子的发明者。逢蒙：古代擅长射箭的人。③造父：周穆王时擅长驾御的人。

【译文】

善于射箭的人，有一定的标准作为法度，就像工匠有圆规直尺作为限定一样，他们都是借助一定的尺度标准最终达到了技艺神妙的境界的。然而善于造车的奚仲却不能像逢蒙那样善射，善御的造父也不能像伯乐那样会相马，这就说明他们只懂得一个方面并不能做到各方面兼通。

【原文】

今以涅染缁①，则黑于涅；以蓝染青②，则青于蓝，涅非缁也，青非蓝也，兹虽遇其母，而无能复化已。是何则？以谕其转而益薄也。何况夫未始有涅蓝造化之者乎！其为化也，虽镂金石、书竹帛，何足以举其数？由此观之，物莫不生于有也，小大优游矣，夫秋毫之末，沦于无间，而复归于大矣。芦符之厚③，通于无垠而复反于敦庞，若夫无秋豪之微，芦苻之原，四达无镜，通于无圻，而莫之要御夭遏者，其袭微重妙，挺挏万物④，揣丸变化⑤，天地之间，何足以论之！夫疾风教木，而不能拔毛发；云台之高，堕者折脊碎脑，而蚊虻适足以翱翔，夫与跂蛲同乘天机，夫受形于一圈，飞轻微细者犹足以脱其命，又况未有类也？由此观之，无形而生有形亦明矣。

【注释】

①涅：涅石，古代用作黑色染料。缁（zī）：黑色丝织品。②青：靛青色。③符：芦苇中的薄膜。④挏：推引。⑤揣丸：和谐。

【译文】

现在用涅矿石做黑色染料，染出的颜色比涅矿石更黑；用蓼蓝做蓝色染料，染出的颜色比蓝色更蓝。黑染料已不是涅矿石，蓝染料也已不是蓼蓝，即便再遇到涅矿石和蓼蓝也不可能变回去。这是什么原因呢？由此知道它们经过转化而变得更加稀薄了。何况那些不曾经过涅矿石、蓼蓝染化的情况呢！它们这些变化，即使雕刻在金石上，书写在竹帛上，也很难说得清楚。由此看来，事物间的变化，新的物体莫不是从有形的事物中产生出来的，这样的事物大小繁多。像秋毫之末这样微小的东西，可以进入到没有空隙的地方，秋毫与无形的"道"相比，又可归为大的一类了；道像芦苇秆里的一层极薄的膜，可以通达到没有边际的地方，但是又可以返回到厚大的芦苇之中。至于说不像秋毫这样微小的东西，芦膜这样极薄的东西，都可以四达无境之地，通往无边无际的地方，而不会受到阻挡和折损，那些在天地之间，比微小还微小，能推引万物，协调变化的道，处在天地之间，又将怎么来评论呢？疾风能将大树刮倒，却不能吹掉长着的毛发；人从高耸入云的高台上摔下来会折断脊骨迸裂脑壳，但蚊虻却能自由自在地飞翔。这些轻微小虫靠着造化的作用，在同一个角落内获得了形体；轻微小虫尚可以靠这造化所赋予的形体寄托生命，更何况没有形体的东西呢？由此看来，无形产生有形的事物这一道理是再明白不过的了。

【原文】

是故圣人托其神于灵府①，而归于万物之初；视于冥冥，听于无声，冥冥之中，独见晓焉②；寂漠之中，独有照焉；其用之也以不用，其不用也而后能用之；其知也乃不知，其不知也而后能知之也。夫天不定，日月无所载；地不定，草木无所植③；所立于身者不宁，是非无所形。是故有真人然后有真知。其所持者不明，庸讵知吾所谓知之非不知欤④？

【注释】

①灵府：指人的内心。②晓：光明。③植：树立。④庸讵（jù）：岂能。

【译文】

因此有道德的人会把精神寄托在心中，而归向到万物开始的时候。这种境界，虽然看上去幽冥昏暗，听上去寂静虚无；但就是在这幽冥昏暗中能看到光明，在寂静虚无中能听到声音。他的"用"在于"不用"，而正因为"不用"才能"用"；他的"知"在于"不知"，也正因为"不知"然后能"知"。上天的位置如果不确定，日月便无法运行，大地如果不确定位置，草木便无法生长；人们如果安身立命的精神不安定，则是非标准就无法辨明。因此有道的人才能做到不巧诈。他所坚持的东西都不明确，又怎么知道自己所认为的"知"不是"不知"呢？

【原文】

今夫积惠重厚，累爱袭恩，以声华呕符妪掩万民百姓①，使知之欣欣䒱然，人乐其性者，仁也。举大功，立显名，体君臣，正上下，明亲疏，等贵贱，存危国，继绝世，决挐治烦②，兴毁宗，立无后者，义也。闭九窍，藏心志，弃聪明，反无识，芒然仿佯于尘埃之外，而消摇于无事之业，含阴吐阳，而万物和同者，德也。是故道散而为德，德溢而为仁义，仁义立而道德废矣。

【注释】

①声华：荣誉，声誉。呕符：怜爱。妪（yù）掩：抚育。②决拏（ná）：解决纷乱。

【译文】

现在积聚恩德、增加财物，厚施恩爱，用声誉和荣耀去怜爱抚育百姓，使他们欣喜地珍爱自己的生命，这是仁的表现。建立丰功伟绩，树立显赫名望，确立君臣关系，端正上下之礼，明确亲疏远近，规定贵贱等级，挽救危难的国家，恢复灭绝的朝代，决断纷乱治理忧烦，振兴被毁的宗庙，择立绝后者的继承人，这就叫"义"；关闭人的九窍，隐藏起心志，抛弃智巧，返回到没有知识的境地，茫然地徘徊在尘世之外，而自由往来于万物开始的时候，呼吸阴阳之气，和万物融为一体，这是德的表现。所以，道要是缺失就只能依靠德，德要是流逝就只得施仁义，仁义树立则意味着道德就废止了。

【原文】

百围之木①，斩而为牺尊，镂之以剞劂②，杂之以青黄，华藻镈鲜，龙蛇虎豹，曲成文章，然其断在沟中，一比牺尊沟中之断，则丑美有间矣，然而失木性钧也。是故神越者其言华，德荡者其行伪。至精亡于中，而言行观于外，此不免以身役物矣。夫趋舍行伪者，为精求于外也。精有湫尽，而行无穷极，则滑心浊神而惑乱其本矣。其所守者不定，而外婬于世俗之风，所断差跌者，而内以浊其清明，是故踌躇以终，而不得须臾恬淡矣③。

【注释】

①围：两臂合抱的圆周长，或者是两手的大拇指与食指合拢的圆周长。②剞（jī）劂（jué）：雕刻用的刀子。③恬淡：宁静。

【译文】

百围粗的大树，砍断制成酒器，用雕刀加以刻镂，涂上青黄相间的颜色，刻上鲜艳华美的花纹，配上龙蛇虎豹的图案。现在拿一段被扔弃在水沟中的木头与这被雕刻华丽的牺樽相比，尽管美丑相去甚远，但两段木头都已失去了树木的质朴本性则是相同的。由此可见，精神流失的人就会表现为言不由衷，道德放纵的人就会表现为行为虚伪；至精至诚的精神一旦从心中流散，呈现在人们眼前的就是浮辞伪行，不免要受外物的役使。人们的言行举止都是精神世界外化的表现，精神有耗尽的时候，而行为却不会终止，如果人神不守舍，就会心神不定迷失生命的根本方向。人的精神守持不定，也就会沉溺于世俗的风气中，一旦失误失足，内在的纯洁本性就将受到污染而浑浊，因而人会彷徨一生，得不到片刻的宁静。

【原文】

是故圣人内修道术，而不外饰仁义；不知耳目之宣，而游于精神之和。若然者，下揆三泉①，上寻九天，横廓六合②，揲贯万物③，此圣人之游也。若夫真人，则动溶于至虚而游于灭亡之野，骑蜚廉而从敦圄④，驰于方外，休乎宇内；烛十日，而使风雨；臣雷公，役夸父，妾宓妃⑤，妻织女，天地之间何足以留其志！是故虚无者道之舍，平易者道之素。

【注释】

①揆：度量。②廓：开扩，扩大。③揲（dié）贯：累积。④蜚廉：一种长毛有翅膀的兽。敦圄（yǔ）：一个仙人的名字。⑤宓（mì）妃：洛河女神名。

【译文】

所以圣人注重内在修养，不注重用仁义来装饰外表；不去关心耳目适宜于何种声色,而只求心灵游弋在精神和谐的环境之中。这样他可以下探三泉、上寻九天、横廓四方上下、贯通天下万物。这些就是圣德之人的行为表现。至于说真人,他们游荡在最空虚的地方,而往来于什么都不存在的境地;他骑着蜚廉神兽,带着敦圄侍从,驰骋于世俗之外,休闲在宇宙之中,让十个太阳照明,使风雨听从使唤,让雷公当臣子、夸父为役仆,纳宓妃为妾,娶织女为妻。天地之间哪有什么可值得留恋的。所以说虚无是道的立足点,平易是道的本性。

【原文】

夫人之事其神而娆其精①,营慧然而有求于外②,此皆失其神明而离其宅也。是故冻者假兼衣于春,而喝者望冷风于秋③。夫有病于内者,必有色于外矣④。夫梣木色青翳⑤,而蠃瘉蜗睆,此皆治目之药也,人无故求此物者,必有蔽其明者。圣人之所以骇天下者,真人未尝过焉;贤人之所以矫世俗者,圣人未尝观焉。夫牛蹄之涔,无尺之鲤,块阜之山,无丈之材,所以然者何也?皆其营宇狭小而不能容巨大也,又况乎以无裹之者邪,此其为山渊之势亦远矣。夫人之拘于世也,必形系而神泄,故不免于虚。使我可系羁者,必其有命在于外也。

【注释】

①神:指人体活动的外在表现,也指人的精神活动。娆:烦恼。②营慧:求索名利的样子。③喝(yē):中暑。④色:容色。⑤青翳:又叫角膜翳。

【译文】

过度劳碌心志而扰乱自己的精神,费尽心思去追求物质利益,这些都会耗损人的精神元气而使精神离开了人的身心。所以,受冻的人希望借助于衣服来使自己温暖,而中暑的人则希望秋天的凉风赶紧到来。体内有病者，必定会在气色上有所体现。秦皮可以治疗角膜翳，蜗牛唾液能治疗白内障，这些均是治疗眼疾的良药，但如果无缘无故使用一定会伤害人的眼睛。当人们没有其他原因而寻找这些药物，必定是眼睛被病状遮住了。圣人所以使天下人惊动的原因，是因为真人未曾过问；贤人之所以矫正世俗风气的原因，是圣人也从来不去过问。就像牛蹄那样小的水坑，不会有一尺长的鲤鱼；块阜这样的小山丘，不会长出一丈高的木材。这是什么原因呢？都是因为狭小的范围容不下巨大的东西，更何况要容纳无形的天地呢？它们离深渊高山的规模和气势还远着呢。人们沉溺于世俗社会，必定会使形体受到羁绊而精神衰竭，所以不免会生病。如果我能被别人束缚住，必定是我的命运和外物有所接触的结果。

【原文】

至德之世①，甘瞑于溷澜之域②，而徙倚于汗漫之宇，提挈天地而委万物，以鸿濛为景柱③，而浮扬乎无畛崖之际④。是故圣人呼吸阴阳之气，而群生莫不颙颙然仰其德以和顺⑤。当此之时，莫之领理，决离隐密而自成，浑浑苍苍，纯朴未散，旁薄为一而万物大优，

是故虽有羿之知而无所用之。

【注释】

①至德：最高尚的道德。②甘瞑：甜睡。澒（hùn）㵓（xián）：无涯的样子。③鸿濛：东方之野，传说是日所出的地方。④畛（zhěn）崖：界限。⑤颙颙然：仰慕的样子。

【译文】

在道德最纯的时代，人们酣睡在混沌无涯的境界之中，自由遨游在广阔无垠的地方，扶持天地而抛弃万物，他们以日出作钟，飘浮在没有疆域的地方。因此圣人呼吸阴阳二气，广大百姓没有不仰慕他的美德而内心和顺的。那时，没有人去刻意治理引导，但人和万物都顺应自然本性悄然形成，自然生长，浑浑然然，纯粹质朴的道德并没有散失，广大无边又浑然一体，世间万物在此悠然自得。因此，即使有后羿的智慧也使用不上。

【原文】

及世之衰也，至伏羲氏①，其道昧昧芒芒然②，吟德怀和，被施颇烈，而知乃始，皆欲离其童蒙之心，而觉视于天地之间，是故其德烦而不能一。

【注释】

①伏羲氏：上古传说中的部落首领。②昧昧：淳厚的样子。

【译文】

等到世道开始衰败，到伏羲氏统治时，道德仍然很淳厚，蕴含的道德和和气布施很广，但人们的智慧开始萌发产生，似乎若有所知，并开始失去童稚朦胧之心，观察起天地间的各种事物。所以道德杂乱烦多而不专一。

【原文】

乃至神农、黄帝,剖判大宗①,窍领天地,袭九薪②,重九熟,提挈阴阳,嫥挽刚柔③,枝解叶贯,万物百族,使各有经纪条贯。于此万民睢睢盱盱然④,莫不竦身而载听视,是故治而不能和。

【注释】

①剖判:分离。大宗:指事物的本源。②九薪:九天之法。③嫥挽:和调。④睢睢盱盱然:直视的样子。

【译文】

到了神农、黄帝时代,他们已经偏离了道的根本,贯通天地,遵循自然法则,掌握阴阳变化,调和阴阳刚柔,分解联贯,让世间万物都有秩序条理。这样百姓无不张目直视,无不踮脚仰视聆听君主命令,仰头察看君王脸色。所以神农、黄帝虽然能治理好天下,但却不能够做到和谐自然。

【原文】

下栖迟至于昆吾①、夏后之世②,嗜欲连于物,聪明诱于外,而性命失其得。施及周室之衰,浇淳散朴,杂道以伪,俭德以行,而巧故萌生。周室衰而王道废,儒墨乃始列道而议,分徒而讼。于是博学以疑圣,华诛以胁众,弦歌鼓舞,缘饰诗书,以买名誉于天下。繁登降之礼,饰绂冕之服,聚众不足以极其变,积财不足以赡其费,于是万民乃始橢觟离跂,各欲行其知伪,以求凿枘于世,而错择名利。是故百姓曼衍于淫荒之陂,而失其大宗之本。夫世之所以丧性命,有衰渐以然,所由来者久矣。

【注释】

①栖迟:停留。昆吾:夏的同盟部落。②夏后:夏朝。

【译文】

到了昆吾、夏后时代，人们的嗜好欲望受到外界的诱惑，聪明才智也受到外界引诱，因而性命便失去了其天然本性和赖以存在的根本。到了周王朝衰亡时期，敦厚淳朴的本性散失了，办事行为背离道德偏离德性，因而奸巧狡诈也随之产生。周朝的衰败使王道被废弛，墨、儒两家开始宣传标榜起自己的学说来，招聚门徒争论是非。这时便运用广博的知识而模仿圣人，用华而不实的言辞来欺骗胁迫民众；他们行施礼乐歌舞，拿《诗》《书》来文饰门面，为的是在天下人面前沽名钓誉。与此同时，他们又制订繁琐的进见礼节，装饰带有佩带和礼帽的服装，并使之等级化；聚集着民众来变化无穷无尽的花样，积聚财富来满足无尽的消费。在这种社会风气下，老百姓也开始不明事理，被引入歧途，各人想要施展自己的智巧，去迎合世俗，并不择手段捞取名利。这时人们都奔波于邪道上，丧失了他们的道德根本。世人之所以丧失性命之本的原因，是因为自身的日益衰败，其产生根源由来已经很久了。

【原文】

是故圣人之学也，欲以返性于初，而游心于虚也；达人之学也①，欲以通性于辽廓，而觉于寂漠也。若夫俗世之学也则不然，擢德攓性②，内愁五藏，外劳耳目，乃始招蛲振缱物之豪芒③，摇消掉捎仁义礼乐④，暴行越智于天下，以招号名声于世。此我所羞而不为也。是故与其有天下也，不若有说也；与其有说也，不若尚羊物之终始也，而条达有无之际。是故举世而誉之不加劝，举世而非之不加沮；定于死生之境，而通于荣辱之理；虽有炎火洪水弥靡于天下，神无亏缺于胸臆之中矣。若然者，视天下之间，犹飞羽浮芥也，孰肯分分然以物为事也？

【注释】

①达人：通达知命的人。②攫：去掉。③招蛲：循环往复。振缱：情意缠绵的样子。④摇消掉捎：奔走鼓动。

【译文】

因此圣人学习，是想要人的性情返归到最初的质朴状态，让心神能在无情无欲的境界中遨游；通达知命的人学习，是想将心性与旷漠无边相通并在寂静淡漠中觉醒。若是世俗之人的学习就不是这样了，他们拔去德性，扰乱心胸，损伤耳目，老是纠结于追求事物的微小利益，为推行仁义礼乐奔走忙碌，在世上自我表现以求获得世俗的名声。这种事情是我感到羞愧而不屑做的。因此与其这样占有天下，还不如舍弃了它；与其舍弃了它，还不如逍遥流连在虚无境地、通达于事物有无之间。因此，全天下的人赞扬他，他也不会受到激励，全天下的人非议他，他也不会感到沮丧。对生死泰然处之，对荣辱通达处之，即使面对天下大火蔓延、洪水泛滥，自己内心的精神也不会有任何损害。如果像这样的话，就会将天下及天下之事看得轻如羽毛、草芥一般，谁还肯忙忙碌碌将外物当回事！

【原文】

水之性真清，而土汩之；人性安静，而嗜欲乱之。夫人之所受于天者，耳目之于声色也，口鼻之于芳臭也，肌肤之于寒燠①，其情一也。或通于神明，或不免于痴狂者，何也？其所为制者异也。是故神者智之渊也，渊清则智明矣；智者心之府也，智公则心平矣。人莫鉴于流沫②，而鉴于止水者，以其静也；莫窥形于生铁，而窥于明镜者，以睹其易也，夫唯易且静，形物之性也。由此观之，用也必假之于弗用也。是故虚室生白③，吉祥止也④。

【注释】

①燠：温暖。②鉴：镜子。沫：泥中的泡沫。③虚：心。室：身。白：指道。④止：栖息。

【译文】

水的本性清澈纯净，泥土掺入使它混浊；人的天性安寂宁静，嗜欲搅乱使它不安。人的天生本性是耳能听声、目能观色、口尝滋味、鼻闻气味、肌肤感受寒暑，这些天性都是一样的。但为什么有的人神志清醒，有的人不免痴狂？这是因为制约他们的精神状况不同而造成的。所以说精神是智慧的渊源，这渊源清静，智慧就可明察；而智慧却是心灵的城府，智慧公正不诈邪，人的心灵就可以获得平静。所以人都不用涌动着泡沫的水做镜，而用相对静止清明的水照形，就是因为它平静；同样人们没有用生铁来照自己的形影，而是对着明亮的铜镜看自己的容貌，也是因为铜镜平整。只有平和静，才能显现出事物的本性。由此看来，"用"必定借助于"不用"。所以说，虚静的心神才能产生道，而吉祥也才会真正降临。

【原文】

夫鉴明者，尘垢弗能薶①；神清者，嗜欲弗能乱。精神已越于外②，而事复返之，是失之于本而求之于末也。外内无符，而欲与物接，弊其玄光③，而求知之于耳目，是释其炤炤而道其冥冥也④，是之

谓失道。心有所至，而神喟然在之，反之于虚，则消铄灭息，此圣人之游也。故古之治天下也，必达乎性命之情；其举错未必同也，其合于道一也。夫夏日之不被裘者，非爱之也，焕有余于身也；冬日之不用翣者，非简之也，清有余于适也。大圣人量腹而食，度形而衣，节于己而已，贪污之心，奚由生哉？故能有天下者，必无以天下为也；能有名誉者，必无以趋行求者也。

【注释】

①薉：玷污。②越：泄散。③弊：通"蔽"，遮蔽。④炤炤（zhào）：光明的样子。

【译文】

镜子明净，灰尘就不会玷污它，精神内守，嗜欲也就难以搅乱它。如果精神心志超越散逸到身心之外，再去想法让它复归回来，这种做法则等于是舍本逐末。外形与内心不能配合，却想同外物交接，实际上是遮蔽住了内心的聪明，却想从耳目那里求得智慧，这就是抛弃了光明之道而走向黑暗，这叫失道。人心向往哪里，精神也会跟着跑去；反之，如果心志返回虚静的境界，精神也就随之宁静，情欲活动也就会跟着停息下来。这就是圣人的行为表现。所以古代有道德的人治理天下，一定是通达性命之情，尽管具体的行为措施不尽相同，但合乎道的原则是一致的。夏天不穿皮衣，并不是爱惜它，而是对身体来说温暖已是足够的了；冬天不用扇子，并不是因为简朴，而是对人来说清凉已是相当充分的了。所以圣人估量自己的饭量而进食，度量自己的体形而裁衣，对自己的物欲有所节制，恰如其分，这样哪会产生贪婪之心呢！因此，能够持有天下者，一定不是以天下作为追求的目标；能够享有名誉者，一定不是靠奔波忙碌追求得到的。

【原文】

圣人有所于达，达则嗜欲之心外矣。孔、墨之弟子，皆以仁义之术教导于世，然而不免于僓①，身犹不能行也，又况所教乎！是何则？其道外也。夫以末求返于本，许由不能行也②，又况齐民乎！诚达于性命之情，而仁义固附矣，趋舍何足以滑心！若夫神无所掩，心无所载，通洞条达，恬漠无事，无所凝滞，虚寂以待，势利不能诱也，辩者不能说也，声色不能婬也，美者不能滥也③，智者不能动也，勇者不能恐也，此真人之道也。若然者，陶冶万物，与造化者为人，天地之间，宇宙之内，莫能夭遏。夫化生者不死，而化物者不化。神经于骊山、太行而不能难，入于四海九江而不能儒，处小隘而不塞，横扃天地之间而不窕。不通此者，虽目数千羊之群，耳分八风之调，足蹀《阳阿》之舞④，而手会《绿水》之趋，智终天地，明照日月，辩解连环，泽润玉石，犹无益于治天下也。

【注释】

①僓（lěi）：疲困。②许由：尧时贤人。③滥：淫乱。④蹀：踏，踩。《阳阿》：古楚曲名。

【译文】

圣人能够于道相通，通晓万物变化之理，因而贪婪之心便被排斥在外了。孔子、墨子的弟子们都拿仁义的道理来教导人，虽然这样自身却免不了疲困。他们自身都不能实行仁义，更何况他们所教导的世人呢？这是为什么呢？因为他们的学说只重视外部。以细枝末节去谋求根本，即使像许由这样的高洁之士都办不到，更何况一般的老百姓呢！如果真能通达性命的情理，那么外部的仁义自然就可归附了，取舍哪能扰乱得了人的思想呢？假如精神不被掩遮伤害，心志没有压力负担，通畅恬静，淡漠无事，没有凝滞郁结，虚寂静漠对待外物，那么利禄权势就不能使他动心，巧辩之人不能说服他，声色不能使他淫乱，美妙之物不会使他丧志，智慧之人不会使他动摇，勇猛之人不会使他恐惧，这就是真人的行为。这样的话，他就能陶冶万物，与自然造化相伴，天地之间，宇宙之内，没有什么东西可以阻止他。如果能像这样，那么就可以化育万物，他的精神经过骊山、太行而不会受到阻拦，进入四海九江而不会被沾湿；处在狭窄之地不会感到挤塞，横贯天地之间不会肆意放纵。不能通达天道者，即使眼睛能够数清一群上千只的羊，耳朵能分辨出八风之调，脚踏着《阳阿》之舞，手合着《绿水》的节拍，智谋能统贯天地，目光像日月那样明亮，口才可以讲清复杂难题，言辞润泽动听如玉石，但对治理天下来说还是没有什么裨益的。

【原文】

　　静漠恬澹，所以养性也；和愉虚无，所以养德也。外不滑内①，则性得其宜；性不动和，则德安其位。养生以经世，抱德以终年，可谓能何道矣。若然者，血脉无郁滞，五藏无蔚气②，祸福弗能挠滑，非誉弗能尘垢，故能致其极。非有其世，孰能济焉？有其人，不遇其时，身犹不能脱，又况无道乎！且人之情，耳目应感动，心志知忧乐，手足之疾痒，辟寒暑，所以与物接也。蜂虿螫指而神不能憺③，蚊虻肤而知不能平，夫忧患之来，攖人心也，非直蜂虿之螫毒而蚊虻之惨怛也，而欲静漠虚无，奈之何哉！夫目察秋毫之末，耳不闻雷霆之音；耳调玉石之声，目不见泰山之高，何则？小有所志而大有所忘也。今万物之来，擢拔吾性，攓取吾情，有若泉源，虽欲勿稟，其可得邪？

【注释】

　　①滑：扰乱，干扰。②蔚气：湿气，邪气。③憺（yán）：愉快，快乐。

【译文】

　　静漠恬淡是用以养性的；和愉虚无是用以养德的。外物不扰乱内心，那么性情便能得到适宜的居所；性情保持平和，那么德就有安处的位置。人能够养性以处世，怀德以享天年，这样就可以说能够体察天道了。像这样的话，人的血脉就不会有郁积阻滞，五脏就不会受病气侵入，祸福也不能扰乱，毁誉也不能玷污，所以能够到达最高的道德境界。但是，如果不是处在一个有道德的时代，哪里能做到这点呢？即使有能得道的人，但如果没有遇上好的世道，自身还是摆脱不了乱世的干扰，更何况那些本身没有道德的人呢？况且人的本能性情是耳目易受外界感应而动，心思天生知道忧愁快乐，手脚会触摸疼痒、躲避凉热，这些都是与外界发生接触时必然会发生的。被蜂蝎刺咬了手指精神就会不愉快，被蚊虻叮咬了皮肤心思就会不平静；而受忧患的骚扰，人更是揪心般的痛苦，就不只是像蜂蝎螫刺蚊虻叮咬那样的皮肉之苦了，因此人想要静寂淡漠，也只能是件无可奈何的事情！眼睛能观察到秋毫之末，而耳朵却难以承受雷霆的巨响；耳朵能听玉石般的圆润乐声，眼睛却难以看到泰山的峰顶。这些是什么原因呢？因为精神专注在小的地方而把重大的事情给遗忘了。现在万事万物纷至沓来，扯拉拔取我们这些人的性情，就像泉水源头流淌过来，那河川即使不想接纳，哪能办得到呢？

【原文】

今夫树木者，灌以潘水①，畴以肥壤②，一人养之，十人拔之，则必无余蘖，又况与一国同伐之哉！虽欲久生，岂可得乎？今盆水在庭，清之终日，未能见眉睫，浊之不过一挠③，而不能察方员。人神易浊而难清，犹盆水之类也，况一世而挠滑之，曷得须臾平乎？

【注释】

①潘（fán）：指水暴涨，古楚语。②畴：壅土。③挠：搅动。

【译文】

今天有植树育林者，给树苗灌上足够的水，并培上肥沃的土，但

如果只有一个人在培育，却有十个人去毁林拔树，那必定是连一枝新芽都保不住的，更何况举国上下一起来砍伐它呢？在这种情形下，要想活得长久些，但哪能做得到？现在把一盆水放在庭院里，用一整天时间来让它澄清，清澈度还不足以照清眉睫毛，而要使它变浑浊，只需轻轻搅动一下，就浑浊得连盆底是方还是圆都看不出来。以此联系到人的精神也是容易被搞浑浊而难以保持清明的，就如上面提到的盆里的水一样，更何况可搅乱人精神的是整个世俗社会，人哪里可得到片刻的平静啊！

【原文】

古者至德之世①，贾便其肆②，农乐其业，大夫安其职，而处士修其道。当此之时，风雨不毁折，草木不夭，九鼎重味，珠玉润泽，洛出《丹书》③，河出《绿图》，故许由、方回、善卷、披衣得达其道。何则？世之主有欲利天下之心，是以人得自乐其间。四子之才，非能尽善盖今之世也，然莫能与之同光者，遇唐虞之时。

【注释】

①世：时代。②贾：做买卖的人，这里指商人。古时特指设店售货的坐商。肆：店铺。③洛：洛水。一指水名，即洛河。又作地名，古都洛阳的简称。

【译文】

在古代德政最好的时代，商人在方便的地方设置店铺做生意，农夫以耕种为乐，大夫安心职责，而隐士则注意修养他的道德。在这个时候，风雨不摧毁万物，草木也不会夭折；九鼎国宝分外厚重，珠玉格外光泽；洛水里出现《丹书》，黄河里出了《绿图》。因此这时的许由、方回、善卷、披衣，这些贤达之士能够实现他们的道德志向。为什么呢？因为一国君主怀有让天下所有人得利的心愿，所以人们能够在这世间自得其乐。许由等人的才德并非尽善尽美但却能超过今世，即使是在今世也没有人能和他们相媲美，是因为许由等四人碰上了唐尧、虞舜这样的好世道。

【原文】

逮至夏桀、殷纣，燔生人①，辜谏者②，为炮烙③，铸金柱④，剖贤人之心，析才士之胫⑤，醢鬼侯之女，菹梅伯之骸。当此之时，山崩，三川涸，飞鸟铩翼，走兽挤脚。当此之时，岂独无圣人哉？然而不能通其道者，不遇其世。夫鸟飞千仞之上，兽走丛薄之中，祸犹及之，又况编户齐民乎！由此观之，体道者不专在于我，亦有系于世者矣。

【注释】

①燔（fán）：焚烧。②辜：受刑，本义指罪行。③为：设置。④铸：铸造。⑤胫：小腿。

【译文】

到了夏桀、殷纣王统治的时代，他们烧死活人，杀死劝谏者，设造炮烙、铸造铜柱之类的刑具，剖开贤人比干的五脏，割掉才能之士的脚骨，将鬼侯奉献的女儿剁成肉酱，砍碎梅伯的骨骸。在这个时候，崤山崩塌了，渭水、泾水和汧水枯涸了，飞鸟折羽，走兽断腿。这个时候难道没有圣贤者出现吗？当然不是了，只是这些圣贤者没有碰上好世道来实现他们的主张罢了。鸟高飞在天空、兽奔走在草丛，灾祸都能涉及它们，更何况被管理得很严的平民百姓呢！由此看来，能否体现道德不仅仅取决于本人，还与人所处的世道好坏有联系。

【原文】

夫历阳之都①，一夕反而为湖②，勇力圣知与罢怯不肖者同命；巫山之上，顺风纵火，膏夏紫芝与萧、艾俱死③。故河鱼不得明目，稺稼不得育时，其所生者然也。故世治则愚者不能独乱，世乱则智者不能独治。身蹈于浊世之中，而责道之不行也，是犹两绊骐骥，而求其致千里也。置猨槛中，则与豚同，非不巧捷也，无所肆其能也④。舜之耕陶也，不能利其里；南面王则德施乎四海。仁非能益也，处便而势利也。古之圣人，其和愉宁静，性也；其志得道行，命也。是故性遭命而后能行，命得性而后能明。乌号之弓，溪子之弩⑤，不能无弦而射；越舲蜀艇⑥，不能无水而浮。今矰缴机而在上，罝张而在下，虽欲翱翔，其势焉得！故《诗》云："采采卷耳，不盈倾筐，嗟我怀人，寘彼周行。"以言慕远世也。

【注释】

①历阳：西汉淮南国县名，在今安徽和县、含山一带，陷而为巢糊。②反：倾覆，陷落。③膏夏：大木名。紫芝：今称灵芝。萧、艾：两种草名。④肆：极尽。⑤溪子：国名，以产弩而著名。⑥舲（líng）：

小船。

【译文】

　　历阳国的都城，一个晚上陷落成为湖泊，使勇敢、智慧和老弱、胆怯、不肖的人一样落得葬身湖底的命运；同样，在高高的巫山上放起火，这其中珍贵的膏夏、紫芝和低贱的萧、艾一起死亡。所以说黄河里的鱼无法做到眼睛明亮，寒霜降临禾苗不能按时发育，这都是由它们所处的环境决定的。因此，世道圣明，愚奸者也不能独个儿搞乱社会；反之世道混乱，明智者也不能独个儿治理好社会；身处浑浊动荡世道，而责备他实行不了道德，这就像用绳索捆住千里马的双腿，却又要它日行千里一样荒谬。把猿猴关在笼子里，那么它将和猪无异，实际上不是它不再灵巧敏捷了，而是在笼中无法施展它的灵敏。当舜还是农夫陶匠之时，不能造福于乡间邻里，而当他接受了尧的禅让后，便施德泽于四海。这可以看出他的仁爱之情并没增加而是所处的地位便于他实施仁义道德而已。所以说，古代圣人尽管有着平和宁静的天性，但他的志向能否实施运用却取决于命运。因此这种天性碰上了好的命运就能实施，好的命运和有着平和宁静天性的人相结合才能表现出清明来。这就像乌号之弓、溪子之弩需要有弦才能发射一样；也如同越国的小船和蜀地的小艇也非得有水才能漂浮一样；现在带有丝绳的利箭在空中乱射，在上面架好了弓箭，下面张开网罗，鸟儿即使想要自由飞翔，面临这样的情况又怎能做到呢？因此《诗》里说："采摘卷耳野菜，采来采去不满一箩筐。叹我想念人，置它大路旁。"这是在思慕远古的清明世道啊！

第三卷 天文训

【原文】

天地未形，冯冯翼翼①，洞洞灟灟②，故曰大昭。道始于虚廓③，虚廓生宇宙，宇宙生气，气有汉垠，清阳者薄靡而为天④，重浊者凝滞而为地，清妙之合专易，重浊之凝竭难，故天先成而地后定。天地之袭精为阴阳⑤，阴阳之专精为四时，四时之散精力万物。积阳之热气生火，火气之精者为日；积阴之寒气为水，水气之精者为月。日月之婬为精者为星辰。天受日月星辰，地受水潦尘埃。昔者共工与颛顼争为帝，怒而触不周之山，天柱折，地维绝。天倾西北，故日月星辰移焉；地不满东南，故水潦尘埃归焉。

【注释】

①冯冯翼翼：盛大的样子。②洞洞灟灟（zhú）：混沌的样子。③道：指宇宙本源。虚廓：空虚，无形。④薄靡：轻微发散的样子。⑤袭精：即合成之精气。

【译文】

天地还没有形成的时候，混沌不分，迷迷茫茫，所以叫作大昭。道产生于虚廓的状态，虚廓之中产生了宇宙，宇宙产生出元气。这种元气是有一定的边涯和形态的，其中清明部分飘逸扩散形成天，浊混部分凝结聚集形成地。清明部分的气汇合容易，混浊部分的气凝聚困难，所以天先形成而地后形成。天和地的精气融合起来产生了阴阳二气,阴、阳二气的精华融合集中产生春秋冬夏四季,四季各自的精气分散便生发出万物。阳气中的热气积聚便产生了火,而火气的精华部分形成太阳;阴气中的寒气积聚便产生了水,而水气的精华部分形成月亮。太阳、月亮溢出之气的精华散逸为星辰。天空容纳着日月星辰,大地接受水潦尘埃。以前共工和颛顼争当天帝,一怒之下头撞不周山。擎天的柱子撞折了,系地的绳子扯断了,天向西北方倾斜,所以日月星辰都向西北运行移动;地向东南方陷塌,所以水流尘土都向东南流泄沉淀。

【原文】

天道曰圆,地道曰方;方者主幽,圆者主明。明者吐气者也,是故火曰外景①;幽者含气者也②,是故水曰内景③。吐气者施,含气者化,是故阳施阴化。天之偏气,怒者为风;地之含气,和者为雨。阴阳相薄④,感而为雷,激而为霆,乱而为雾。阳气胜则散而为雨露,阴气胜则凝而为霜雪。

【注释】

①外景:光芒在外,指火和太阳。②含气:吸收气体。③内景:光芒在内,指水和月亮。④薄:逼近。

【译文】

上天的构成是圆的，大地的构成是方的。方的大地主宰幽暗，圆的天穹主宰光明。光明的天吐散阳气，所以火和日的光照耀在外；幽暗的大地蕴含阴气，所以水和月的光泽会比较内藏。吐散阳气的管给予，蕴含阴气的管化育，因此阴阳二气分别掌管化育和给予。阴阳二气相偏离，形成怒气便产生风；阴阳二气相交合，便形成雨。阴阳二气相迫近，感应即成响雷，激荡而成闪电，散乱便成浓雾。如果阳气强盛，雾便散开成露水，如果阴气强盛，雾便凝结成霜雪。

【原文】

毛羽者①，飞行之类也，故属于阳；介鳞者②，蛰伏之类也③，故属于阴。日者阳之主也，是故春夏则群兽除，日至而麋鹿解；月者阴之宗也，是以月虚而鱼脑减，月死而蠃蚌膲④。火上荨⑤，水下流，故鸟飞而高，鱼动而下。物类相动，本标相应。故阳燧见日，则燃而为火；方诸见月，则津而为水。虎啸而谷风至，龙举而景云属，麒麟斗而日月食，鲸鱼死而彗星出，蚕珥丝而商弦绝，贲星坠而勃海决。

【注释】

①毛羽：即鸟类。②介鳞：指龟和蛇等动物。③蛰伏：指冬眠的动物。④蠃（luǒ）：通"螺"，蚌类。膲（jiāo）：肉少。⑤荨：蔓延。

【译文】

长有羽毛，在天空飞翔的鸟类，都属于阳类。长有鳞甲，在地下冬眠的龟蛇，因而属于阴类。太阳是阳类的主宰，因此春夏两季兽类都要脱掉旧毛，夏至冬至时麋鹿都会脱落旧角。月亮是阴类的根本，因此月亮亏损时鱼的脑髓就会跟着减少，月亮晦死时螺蚌的肉便瘪缩。火往上炎，水向下流，所以属于阳类的鸟往高飞翔，属于阴类的鱼向下潜游。万物因同类而互相触动，本和末互相感应。所以取阳燧置阳光下就会聚光燃艾起火，将方诸放月光下就会气化成液为水。老虎咆哮就有东风吹来，蛟龙升飞就会有祥云出现，麒麟相斗就会发生日食和月食，鲸鱼死去就有彗星出现，蚕吐丝时商弦便会断绝，流星坠落时海水就会漫溢。

【原文】

人主之情，上通于天，故诛暴则多飘风①，枉法令则多虫螟②，杀不辜则国赤地，令不收则多婬雨。

【注释】

①诛暴：暴虐，诛杀。飘风：暴风。②虫螟：食心虫。

【译文】

人间天子的性情和上天是相通的。所以刑法暴虐就会多暴风，法令酷苛就会多虫灾，滥杀无辜就会多旱灾，政令失时就会出现阴雨绵绵。

【原文】

四时者，天之吏也；日月者，天之使也；星辰者，天之期也①；虹霓彗星者，天之忌也。

【注释】

①期：期约，聚会。

【译文】

四季是天的差吏，日月是天的使节，星辰是上天的聚会之处，虹霓彗星是上天的禁忌表现。

【原文】

天有九野①，九千九百九十九隅，去地五亿万里；五星，八风，

二十八宿，五官，六府紫宫，太微，轩辕，咸池，四守，天阿。

【注释】

①九野：即九天。野：分野，即与星宿对应的地区。

【译文】

上天一共划分成九个区域，又分为九千九百九十九个小区，离大地有五亿万里；天上又分五星、八风、二十八宿、五官、六府，和紫宫、太微、轩辕、咸池、四守和天阿等。

【原文】

何谓九野？中央曰钧天①，其星角、亢、氐。东方曰苍天，其星房、心、尾。东北曰变天②，其星箕、斗、牵牛。北方曰玄天③，其星须女、虚、危、营室。西北方曰幽天④，其星东壁、奎、娄。西方曰颢天⑤，其星胃、昴、毕。西南方曰朱天⑥，其星觜嶲、参、东井。南方曰炎天，其星舆鬼、柳、七星。东南方曰阳天，其星张、翼、轸。何谓五星？东方木也，其帝太皞，其佐句芒，执规而治春，其神为岁星，其兽苍龙，其音角，其日甲乙。

【注释】

①钧天：依据高诱注："钧：平也。为四方之主，故曰钧天。"②变天：阴阳始作，万物萌芽，故曰变天。③玄天：北方十一月建子，水之中天。水色黑，故曰玄天。④西北方曰幽天：西方季秋（九月），将接近于阴气（太阴）将盛的冬天，故称"西北方曰幽天"。⑤西方曰颢天：西方属金，色白，故称"西方曰颢天"。⑥西南方曰朱天：南方为火，西南方曰火之末，炎气下降，为少阳，故称"西南方曰朱天"。

【译文】

什么是天的九个区域？中央区域叫钧天，同时这一区域里还分布着角宿、亢宿和氐宿。东方区域叫苍天，这一区域里分布着房宿、心宿和尾宿。东北区域叫变天，箕宿、斗宿和牵牛宿恰好在这一区域里分布着。北方区域叫玄天，须女宿、虚宿、危宿和营室宿就属于这一区域。西北区域叫幽天，这一区域则分布着东壁宿、奎宿、娄宿。西方区域叫颢天，这一区域分布着胃宿、昴宿和毕宿。西南区域叫朱天，这一区域分布着觜巂宿、参宿和东井宿。南方区域叫炎天，这一区域分布着舆鬼宿、柳宿和七星宿。东南区域叫阳天，这一区域分布着张宿、翼宿和轸宿。什么是五星？东方是木星，它的主管天帝是太皞，它的辅佐是木神句芒，手执圆规而管理春天。它的保护神是岁星，它的代表兽物是苍龙，它在五音中属于角，它的代表时间是十干中的甲乙。

【原文】

南方火也，其帝炎帝①，其佐朱明②，执衡而治夏③，其神为荧惑④，其兽朱鸟，其音徵，其日丙丁。

【注释】

①炎帝：神农氏，祭祀时为南方之帝。②朱明：即祝融，炎帝后裔，后人称为火神。③衡：测量水平的工具。④荧惑：因为隐约不定，使人迷惑得名。

【译文】

南方是火星，它的主管天帝是炎帝，它的辅佐大臣是朱明，朱明执掌衡器而治理夏天。它的保护神是荧惑，它的代表兽物是朱雀，它在五音中代表的是徵音，它的代表时间是十干中的丙丁。

【原文】

中央土也，其帝黄帝①，其佐后土②，执绳而制四方③，其神为镇星④，其兽黄龙，其音宫，其日戊己。西方金也，其帝少昊⑤，其佐蓐收⑥，执矩而治秋⑦，其神为太白，其兽白虎，其音商，其日庚辛。北方水也，其帝颛顼，其佐玄冥，执权而治冬，其神为辰星，其兽玄武，其音羽，其日壬癸。

【注释】

①黄帝：少典之子，祭祀为中央之帝。②后土：炎帝之子。③绳：绳尺，木工取直的墨绳和尺子。④镇星：因为二十八年运行一周天，好像镇压二十八星宿一样，所以得名。⑤少昊：黄帝之子。⑥蓐收：少昊之子。⑦矩：画直角或方形的工具。

【译文】

中央是土星，它的主管天帝是黄帝，它的辅佐大臣是后土，后土执掌绳墨而统治四面八方。它的保护神是镇星，它的代表兽物是黄龙，它代表的音是宫音，它的代表时间是十干中的戊己。西方是金星，它的主管天帝是少昊，辅佐大臣则是蓐收，蓐收执掌矩形工具而管理秋季。它的保护神是太白，它的代表兽物是白虎，它代表的音是商音，它的代表时间属十干中的庚辛。北方是水星，它的主管天帝是颛顼，它的辅佐大臣是水

神玄冥，玄冥手执秤锤而治理冬季。北方的保护神是辰星，它的代表兽物是玄武，它在五音中属于羽，它的代表时间属十干中的壬癸。

【原文】

太阴在四仲[1]，则岁星行三宿；太阴在四钩[2]，则岁星行二宿。二八十六，三四十二，故十二岁而行二十八宿。日行十二分度之一，岁行三十度十六分度之七，十二岁而周。荧惑常以十月入太微[3]，受制而出行列宿，司无道之国，为乱为贼，为疾为丧，为饥为兵，出入无常，辩变其色，时见时匿。镇星以甲寅元始建斗，岁镇行一宿，当居而弗居，其国亡土；未当居而居之，其国益地，岁熟。日行二十八分度之一，岁行十三度百一十二分度之五，二十八岁而周。太白元始，以正月建寅[4]，与荧惑晨出东方。二百四十日而入，入百二十日而夕出西方；二百四十日而入，入三十五日而复出东方；出以辰戌，入以丑未；当出而不出，未当入而入，天下偃兵；当入而不入，当出而不出，天下兴兵。辰星正四时，常以二月春分効奎、娄，以五月夏至効东井、舆鬼，以八月秋分効角、亢，以十一月冬至効斗、牵牛。出以辰戌，入以丑未，出二旬而入，晨候之东方，夕候之西方；一时不出，其时不和，四时不出，天下大饥。

【注释】

①太阴：也叫太岁。古代天文学家假设的星名，与岁星相对应，但是与岁星的运行方向相反，主要用来纪年。四仲：即十二辰中的卯、酉、子、午，处于四面之中，也即十二节气中的春分、夏至、秋分、冬至。②四钩：即丑寅、辰巳、未申、戌亥。③太微：即太微垣，在北斗之南，轸宿和翼宿的北面。④正月建寅：指甲寅年六月为一年之首太阴、太岁相同。

【译文】

　　当太阴处在子、午、卯、酉四辰次的时候，那么岁星行三宿。太阴处在丑寅、辰巳、未申、戌亥四角之处，那么岁星行二宿。二乘以八等于十六，三乘以四等于十二，所以十二年就会行完二十八宿。岁星一天运行十二分之一度，一年运行三十又十六分之七度，十二年行三百六十五又四分之一度，即一周天。荧惑星通常在十月进入太微垣，受天帝命令而出巡各星宿，管理无道的国家，使之有动乱、灾害、疾疫、丧亡、饥荒和战争。荧惑星的出入没有常规，它自身的亮度和颜色是不断改变的，时而出现时而藏匿。镇星在甲寅年正月起于北斗，每年镇守巡行一个星宿。如果它应处在某一星宿时而没有处在那里的话，那么这一星宿所代表的国家就要丧失疆土；如果还不该处在某一星宿时而处在那里的话，那么这一星宿所代表的国家就会扩大疆土，粮食丰收。镇星一天运行二十八分之一度，一年运行十三又一百一十二分之五度，环绕一周天所需要的时间是二十八年。太白金星于甲寅年正月和营室宿一起在早晨运行出现在东方。经过二百四十天后消失，消失一百二十天后又于傍晚出现在西方，二百四十天后又消失，消失三十五天后再次出现在东方。它出现时处在辰位、戌位，消失时是在丑位、未位。如果当它应该出现时却没有出现、不该消失时却消失了，那么天下兵戈将会止息。如果当它应该消失时却没有消失、不该出现时却出现了，那么天下将战火燃起。辰星能够掌管四季的节气，它通常在二月春分时运行在奎宿、娄宿之间，在五月夏至时运行在东井宿、舆鬼宿之间，在八月秋分时运行在角宿、亢宿之间，在十一月冬至时运行在斗宿、牵牛宿之间。它出现时在辰、戌的方位，消失时在丑、未方位，出现二旬便要隐没。清晨候望在东方，傍晚候望在西方。如果哪一季它没有按时出现，那么这一季就会发生不和谐事件；如果一年四季它都没有按时出现，那么天下就要闹饥荒了。

【原文】

何谓八风？距日冬至四十五日，条风至；条风至四十五日，明庶风至；明庶风至四十五日，清明风至；清明风至四十五日，景风至；景风至四十五日，凉风至；凉风至四十五日，阊阖风至；阊阖风至四十五日，不周风至；不周风至四十五日，广莫风至。条风至，则出轻系①，去稽留②；明庶风至，则正封疆，修田畴；清明风至，则出币帛，使诸侯；景风至，则爵有位，赏有功；凉风至，则报地德，祀四郊③；阊阖风至，则收县垂④，琴瑟不张；不周风至，则修宫室，缮边城；广莫风至，则闭关梁，决刑罚。

【注释】

①轻系：轻刑。②稽留：指拘留的人。③四郊：指四方之神。④县垂：钟磬等悬挂的乐器。

【译文】

什么叫八风？距离冬至四十五天，立春时条风到；条风到后四十五天，春分时明庶风到来；明庶风到后四十五天，立夏时清明风到来；清明风到后四十五天，夏至时景风到来；景风到后四十五天，立秋时凉风到来；凉风到后四十五天，秋分时阊阖风到来；阊阖风到后四十五天，立冬时不周风到来；不周风到后四十五天，冬至时广莫风到来。条风来临，就要释放关押的轻罪犯；明庶风来临，就要修整疆域田地；清明风来临，就要派使者拿币帛慰问诸侯；景风来临，就要给官员封爵和奖赏有功劳之人；凉风来临，就要报答土地的恩德和祭祀四方神灵；阊阖风来临，就要收起悬挂的钟磬和停止弹奏琴瑟。不周风来临，就要修缮宫室和边疆城池；广莫风来临，就要封闭关卡和桥梁，判决案件和执行刑罚。

【原文】

何谓五官？东方为田①，南方为司马②，西方为理③，北方为司空④，中央为都⑤。

【注释】

①田：主农官。②司马：主兵。③理：主狱。④司空：主土。⑤都：四方官之总管。

【译文】

什么叫五官？东方木星是主持农事的田官，南方火星是主持兵政的司马之官，西方金星是主持刑法的理官，北方水星是主持土木建筑的司空之官，中央土星是四方官之总管。

【原文】

何谓六府①？子午、丑未、寅申、卯酉、辰戌、巳亥是也。

【注释】

①六府：古人认为是天上贮存财物的地方。

【译文】

什么叫六府？是指每两个地支子午相配、丑未相配、寅申相配、卯酉相配、辰戌相配和巳亥相配及其所代表的方位叫六府。

【原文】

太微者，太一之庭也①。紫宫者②，太一之居也。轩辕者，帝妃之舍也。咸池者，水鱼之囿也。天阿者，群神之阅也。四宫者③，所以为司赏罚。太微者主朱雀。紫宫执斗而左旋，日行一度，以周于天。日冬至峻狼之山④，日移一度，凡行百八十二度八分度之五，而夏至牛首之山⑤。反覆三百六十五度四分度之一而成一岁，天一元始，正月建寅，日月俱入营室五度⑥。天一以始建七十六岁，日月复以正月入营室五度，无余分，名曰一纪⁷，凡二十纪，一千五百二十岁大终⁸，日月星辰复始甲寅元。日行一度而岁有奇四分度之一，故四岁而积千四百六十一日，而复合故舍，八十岁而复故曰。

【注释】

①太一：天帝的又一种称呼。②紫宫：也称为紫微，包括北天极附近的天区，大致相当于拱极星区，有十五星。③四宫：即紫微、轩辕、咸池、水鱼。④峻狼之山：指北斗星至冬至时斗柄指向南极之山。⑤牛首之山：指夏至时斗柄指向北极牛首之山。⑥营室：即二十八星宿玄武七宿的第六宿。⑦一纪：纪年的单位，为七十六岁。⑧大终：即一个周期。

【译文】

太微垣，是天子的庭院。紫微宫，是天帝的居室。轩辕是天帝嫔妃的寝宫。咸池是水神的范围。天阿是群神进入天庭的城墙。四守是用来主管奖赏惩罚的。太微垣，主管南方朱雀七宿。紫微宫持北斗斗柄而向左面旋转，每天运行一度，每年在天上轮回一周，冬至这天斗柄指向峻狼山这方位，每天运行一度，六月共行一百八十二又八分之五度，当到了夏至日这天，斗柄指向牛首山这方位。从夏至再到冬至是三百六十五又四分之一度，时间正好为一年。纪年开始的时候，以寅月为岁首（即初一夜里三点至五点），太阳、月亮恰好出现在营室宿五度的部位，为历元之

始。从太一开始确定纪元之时，过了76年，太阳、月亮又在正月份进入营室宿五度的部位，而运行时间没有剩余的小分，称作一纪。共行二十纪，即一千五百二十年叫一终。到三终时日、月、星、辰又开始回到甲寅年正月朔旦的时刻。斗柄每日行进一度，而每年有零数又四分之一度，因此四年便是整数一千四百六十一天，可以回到原来的宿位，经过八十年，又可以回到第一个始用的记日干支。

【原文】

子午、卯酉为二绳[1]，丑寅、辰巳、未申、戌亥为四钩[2]。东北为报德之维也[3]，西南为背阳之维，东南为常羊之维，西北为蹄通之维。

【注释】

[1]二绳：指四辰所代表的冬至与夏至、春分与秋分，把一年用相互垂直的两条线连接起来区分季节。[2]四钩：指把丑与寅、辰与巳、未与申、戌与亥八个辰钩连起来，每钩之间夹一维。钩：连接。[3]报德之维：阴气极于北方，阳气发于东方，自阴复阳，所以称为报德之维。古代把角称为维。

【译文】

子午和卯酉四个星辰组成两条互相垂直的线。丑寅、辰巳、未申、戌亥分别组成东北、东南、西南、西北四角，称为"四钩"。东北位于由阴复阳，所以叫阳气恢复之角，西南位于由阳复阴，所以叫阳气背离之角，东南阳气不盛不衰，所以叫阳气徜徉之角，西北纯阴，阳气将萌，需号使通之，所以叫呼号疏通之角。

【原文】

日冬至则斗北中绳[1]，阴气极，阳气萌，故曰冬至为德[2]。日夏至则斗南中绳，阳气极，阴气萌，故曰夏至为刑[3]，阴气极则北至北极，下至黄泉，故不可以凿地穿井。万物闭藏，蛰虫首穴④，故曰德在室。阳气极则南至南极，上至朱天⑤，故不可以夷丘上屋。万物蕃息，五谷兆长，故曰德在野。日冬至则水从之，日夏至则火从之，故五月火正而水漏，十一月水正而阴胜。阳气为火，阴气为水。水胜，故夏至湿；火胜，故冬至燥。燥故炭轻，湿故炭重。日冬至，井水盛，盆水溢，羊脱毛，麋角解，鹊始巢，八尺之修⑥，日中而景丈三尺。日夏至而流黄泽，石精出⑦，蝉始鸣，半夏生⑧，蚊虻不食驹犊，鸷鸟不搏黄口⑨，八尺之景，修径尺五寸，景修则阴气胜，景短则阳气胜。阴气胜则为水，阳气胜则为旱。

【注释】

①斗北：北斗的斗柄朝北。②德：始生的旺气。③刑：肃杀之气。④蛰虫：冬眠的动物。首穴：把头埋在巢穴中。⑤朱天：西南方为朱天。⑥八尺：测日影的表。⑦石精：一种五色的玉。⑧半夏：中药名，五月开始生，正好在夏天的一半，所以叫半夏。⑨黄口：即雏鸟。

【译文】

冬至的时候，斗柄向北与子午经线相合，这时阴气达到极限，阳气开始萌动，所以说冬至是给万物带来阳德的节气。夏至的时候，斗柄向南与子午经线相合，这时阳气达到极限，阴气开始萌动，所以说夏至是给万物带来肃杀之气的节气。阴气达到极限时，向北可以达到北极、向下可以达到黄泉，所以这时不宜凿地打井。这时万物都需要幽闭深藏，虫类进洞穴冬眠，所以说阳德在室内。阳气达到极限时，向南可以至南极、向上可以达到西南方天空，所以这时不宜平整山丘、上房顶做事。这时万物生殖繁衍，五谷开始生长，所以说这时阳德在野外。冬至时虽阴水旺盛，但阳火也随之相伴，夏至时虽阳火旺盛，但阴水也随之相伴。所以五月份时火气旺，火气旺水气容易渗漏出来，十一月份水气旺而火气上升。阳气化为火，阴气化为水。水气上升，

所以夏至时空气潮湿；火气上升，所以冬至时空气干燥。空气干燥则木炭吸湿少而显得轻，空气潮湿则木炭吸湿多而显得重。冬至的时候，井水旺盛，盆水溢出，羊儿脱毛，麋鹿换角，喜鹊开始建窝筑巢。冬至时立八尺高的表，中午时分树立起八尺长的圭表，能测出它一丈三尺长的日影。夏至时土中硫磺释出，五色之玉出现，蝉开始鸣叫，半夏正在生长，蚊虻不咬马驹牛犊，猛禽不抓雏鸟。中午树立八尺长的圭表，能测出它一尺五寸长的日影。日影长则说明阴气强而日离地远，日影短则说明阳气强而日离地近。阴气过强则多雨水，阳气过强则多干旱。

【原文】

阴阳刑德有七舍①。何谓七舍？室、堂、庭、门②、巷、术③、野。十二月德居室三十日，先日至十五日，后日至十五日，而徙所居各三十日。德在室则刑在野，德在堂则刑在术，德在庭则刑在巷。阴阳相德则刑德合门④。八月、二月，阴阳气均，日夜分平，故曰刑德合门。德南则生，刑南则杀，故曰二月会而万物生，八月会而草木死。

【注释】

①七舍：即七处居留的地方。②门：门间。③术：大路。④相德：相合，集合。德：通"得"。

【译文】

主刑杀的阴气和主生长的阳气有七处居住地方。什么是七处居住地方？由近及远就是指内室、厅堂、庭院、门间、巷道、大路和郊野。十一月份阳气在内室会停留三十天，也即冬至前后在室内各停留十五天，然后依次转移到各舍，在每一舍都停留三十天。阳气在内室时则阴气在郊野，阳气在厅堂时则阴气在街道，阳气在庭院时则阴气在巷里。阳气和阴气平衡时，它们便集合在大门。八月秋分和二月春分时，阴阳二气不盛不衰平衡相处则昼夜相等，所以说阴气阳气是集合在大门。阳气由南遍及北，万物就生长，而阴气由北遍及南，万物就萧杀。所以说阴阳二气聚合于二月春分时，万物就生长，阴阳二气聚合于八月秋分时，草木就枯死。

【原文】

甲子受制则行柔惠①，挺群禁②，开阖扇③，通障塞，毋伐木。丙子受制，则举贤良，赏有功，立封侯，出货财。戊子受制，则养老鳏寡，行粰鬻，施恩泽。庚子受制，则缮墙垣，修城郭，审群禁，饰兵甲，做百官，诛不法。壬子受制，则闭门闾，大搜客④，断刑罚，杀当罪，息关梁⑤，禁外徙⑥。

【注释】

①柔惠：爱抚，抚慰。②挺：放宽，缓解。群禁：指许多的禁令。③阖扇：门扇，用木编的叫阖，用竹子编的叫扇。④搜客：搜查奸邪之人。⑤关梁：关卡桥梁。⑥外徙：往外迁徙人员。

【译文】

甲子受命的春季，对百姓应该广施仁慈和恩惠的政策，解除各种禁令，打开城门的关卡，沟通障碍和关塞，不要砍伐正在生长的树木。丙子受命的夏季，应当推举贤良之士，奖赏有功之臣，封立王侯，颁发财物。戊子受命的夏季，应当赡养老人及寡妇鳏夫，施舍黏稠米粥，广施恩泽。庚子受命的秋季，应当修缮院墙城郭，审察各种禁令，整治兵器装备，警醒百官，查办犯罪分子。壬子受命的冬季，应当把城门闾门紧闭，对外流人员进行全面搜查，判定刑罚，处决死罪犯人，封锁关卡桥梁，禁止人员迁徙。

【原文】

甲子气燥浊①，丙子气燥阳②，戊子气湿浊，庚子气燥寒，壬子气清寒。丙子干甲子，蛰虫早出，故雷早行。戊子干甲子，胎夭卵鷇③，鸟虫多伤。庚子干甲子，有兵。壬子干甲子，春有霜。戊子干丙子，霆。庚子干丙子，夷。壬子干丙子，雹。甲子干丙子，地动。庚子干戊子，五谷有殃。壬子干戊子，夏寒雨霜。甲子干戊子，介虫不为④。丙子干戊子，大旱，苽封熯⑤。壬子干庚子，大刚，鱼不为。甲子干庚子，草木再死再生。丙子干庚子，草木复荣，戊子干庚子，岁或存或亡⑥。甲子干壬子，冬乃不藏。丙子干壬子，星坠。戊子干壬子，蛰虫冬出其乡。庚子干壬子，冬雷其乡。

【注释】

①燥浊：干燥，混浊。②燥阳：干燥，温暖。③卵鷇（duàn）：卵坏孵不出鸟。④介虫：龟之类的长甲壳的动物。⑤苽（gū）：茭白。⑥或存或亡：指年岁有丰收有歉收。

【译文】

甲子之气干燥混浊，丙子之气干燥温热，戊子之气温热混浊，庚子之气干燥寒冷，壬子之气清冽寒冷。如果丙子之气侵犯了甲子之气，则冬眠动物就会提前走出洞穴，春雷也会提前到来。如果戊子之气侵犯了甲子之气，则动物可能会出现死胎，禽卵就不会全部孵化，虫鸟将会受到伤害。如果庚子之气冲犯了甲子之气，则会有战

事兵祸。如果壬子之气冲犯了甲子之气，那么春天就会发生霜冻灾害。如果戊子之气冲犯了丙子之气，就会有雷霆出现。如果庚子之气冲犯了戊子之气，则会发生闪电。如果壬子之气冲犯了丙子之气，则会有冰雹灾害出现。如果甲子之气冲犯了丙子之气，则会发生地震。如果庚子之气冲犯了戊子之气，那么五谷的收成就会受到影响。如果壬子之气冲犯了戊子之气，那么夏天就会很冷甚至出现下霜等反常天气。如果甲子之气冲犯了戊子之气，那么长有甲壳的动物将不能发育正常。如果丙子之气冲犯了戊子之气，将会出现大旱和茭白枯死等现象。如果壬子之气冲犯了庚子之气，则鱼儿不能正常生长。如果甲子之气冲犯了庚子之气，将会出现草木死而复生等现象。如果丙子之气冲犯了庚子之气，则草木会再次开花。如果戊子之气冲犯了庚子之气，则收成可能会不好。如果甲子之气冲犯了壬子之气，那么冬天将会变得很温暖不利于收藏东西。如果丙子之气冲犯了壬子之气，将会出现流星坠落现象。如果戊子之气冲犯了壬子之气，则冬眠动物在冬天会跑出洞穴。如果庚子之气冲犯了壬子之气，那么冬天会出现响雷这样的异常现象。

【原文】

季春三月，丰隆乃出[1]，以将其雨[2]。至秋三月，地气不藏，乃收其杀，百虫蛰伏，静居闭户，青女乃出[3]，以降霜雪。行十二时之气，以至于促春二月之夕[4]，乃收其藏而闭其寒。女夷鼓歌，以司天和[5]，以长百谷禽鸟草木。孟夏之月，以熟谷禾，雄鸠长鸣[6]，为帝候岁[7]。是故天不发其阴，则万物不生；地不发其阳，则万物不成。天圆地方，道在中央。日为德，月为刑。月归而万物死，日至而万物生。远山则山气藏，远水则水虫蛰，远木则木叶槁。日五日不见，失其位也，圣人不与也。

【注释】

①丰隆：即雨师，另外一种说法是雷师。②将：行，降。③青女：天神，即青霄玉女，主管霜雪。④夕：指月份的下旬。⑤司：管理。天和：自然祥和之气。⑥雄鸠：布谷鸟。⑦候岁：守望年岁。

【译文】

阳春三月的时候，雨师便露面了，它开始行雨。秋三月的时候，地气向下隐藏起来，大自然开始收敛起肃杀之气。各种昆虫蛰伏起来，关闭门户静静地待在洞穴里。这时青女便露面了，于是大地开始降霜下雪，施行十二时令之气，直到第二年的仲春二月下旬，阳气才刚得到释放，关闭寒气。女夷出来踏乐而歌，以便管理上天自然温和之气，促使百谷禽鸟草木发育生长。孟夏四月，温和阳气使谷物成熟，布谷鸟开始不断鸣叫，为天帝预报节候。因此，上天如果不释放阴冷之气，则万物不能生长；大地如果不散发阳热之气，则万物不能成熟。天圆地方，而道便居于中心。太阳为德泽，月亮为刑杀。月刑到来则万物死亡，日德到来则万物生存。太阳如果远离山则山气就藏伏，如果远离水则水中鱼就蛰伏，如果远离树木则树叶就枯萎，这就是说太阳如果连续五天不出来露脸，就是失职，连圣人都不会高兴的。

【原文】

太阴元始①，建于甲寅，一终而建甲戌②，二终而建甲午③，三终而复得甲寅之元④。岁徙一辰⑤，立春之后，得其辰而迁其所顺，前三后五，百事可举。太阴所建，蛰虫首定而处⑥，鹊巢乡而为户。太阴在寅，朱鸟在卯，勾陈在子，玄武在戌，白虎在西，苍龙在辰。寅为建，卯为除，辰为满，巳为平，主生；午为定，未为执，主陷；申为破，主衡；酉为危，主构；戌为成，主少德；亥为收，主大德；子为开，主太岁；丑为闭，主太阴。

【注释】

①元始：干支纪年的开始。②一终：约一千五百二十年为一终。③二终：约三千零四十年为一终。④三终：约四千五百六十年为三终。⑤辰：十二辰。⑥首定：选择头所处的方向。

【译文】

太阴纪年开始，定在甲寅之年，一终即经过一千五百二十年后开始于甲戌年，二终即经过三千零四十年而后开始于甲午之年，三终即经过四千五百六十年而后又回复到甲寅年元月一日零时开始之时。太阴每年移动十二辰中的一辰，在立春之后，合于十二辰的度数，然后就改变其运行顺序。在太阴到达某一辰的前三天或后五天，什么事情都可施行。太阴建元之时，冬眠的动物正隐藏在穴中，鹊鸟也向着这个方向建造巢穴作为门户。当太阴运行在寅位的时候，朱雀七宿在卯位，句陈六宿在子位，玄武七宿在戌位，白虎七宿在酉位，苍龙七宿在辰位。太阴运行到寅月时为建，行到卯月时，是时为除，行到辰月时，是时为满，行于巳月时，是时为平，主管天地万物生长发育；太阴运行到午月时，是时为定，运行到未月时，是时为执，主管攻陷敌阵；太阴运行到申月时，是时为破，主管平衡世间万物；太阴运行到酉月时，是时为危，主管小岁；太阴运行到戌月时，是时为成，主管人的美德；太阴运行到亥月时，是时为收，主管人的高尚品德；太阴运行到子月时，是时为开，主管咸池大岁；太阴运行到丑月时，是时为闭，主管以上各项除外的其他一些事情。

【原文】

太阴在寅，岁名曰摄提格①，其雄为岁星②，舍斗、牵牛，以十一月与之晨出东方，东井、舆鬼为对。太阴在卯，岁名曰单阏③，岁星舍须女、虚、危，以十二月与之；晨出东方，柳、七星、张为对。太

阴在辰，岁名曰执除，岁星舍营室、东壁，以正月与之；晨出东方，翼、轸为对。太阴在巳，岁名曰大荒落，岁星舍奎、娄，以二月与之；晨出东方，角、亢为对。太阴在午，岁名曰敦牂④，岁星舍胃、昴、毕，以三月与之；晨出东方，氐、房、心为对。太阴在未，岁名曰协洽⑤，岁星舍觜巂、参，以四月与之；晨出东方，尾箕为对。太阴在申，岁名曰涒滩，岁星舍东井、舆鬼，以五月与之；晨出东方，斗、牵牛为对。太阴在酉，岁名曰作鄂⑥，岁星舍柳、七星、张，以六月与之；晨出东方，须女、虚、危为对。太阴在戌，岁名曰阉茂，岁星舍翼、轸，以七月与之；晨出东方，营室、东壁为对。太阴在亥，岁名曰大渊献，岁星舍角、亢，以八月与之；晨出东方，奎、娄为对。太阴在子，岁名曰困敦，岁星舍氐、房、心，以九月与之；晨出东方，胃、昴、毕为对。太阴在丑，岁名曰赤奋若，岁星舍尾、箕，以十月与之；晨出东方，觜巂、参为对。

【注释】

①摄提格：古代以太岁在天宫运转方向来纪年。太岁指向寅宫称为摄提格。②雄：指的是木星，即岁星。③单阏：卯年的别称。④敦牂：万物长势很茂盛的样子。⑤协洽：阴阳化生，万物和谐的样子。⑥作鄂：万物陨落的样子。

【译文】

当太阴在寅之时，它的岁名叫摄提格，它的对应雄星是岁星，岁星的位置在斗、牵牛二宿，在十一月早晨一起出现在东方，和它相对应的是东井、舆鬼二宿。太阴在卯之时，它的岁名叫单阏，岁星运行的位置处在须女、须、危三宿之间，在十二月早晨一起出现在东方，和它相对应的是柳、七星、张。太阴在辰之时，它的岁名叫执徐，木星运行的位置处在营室宿、东壁宿之间，于正月和营室、东壁二宿一起出现在东方，和它们相对应的是翼、轸二宿。太阴在巳之时，它的岁名叫大荒落，木星这时运行到奎宿、娄宿之间，在二月和它们一起出现在东方，角、亢二宿和它相对应。太阴在午之时，它的岁名叫敦牂，岁星这时处在胃、昂、毕三宿之间，在二月与它们一起出现在东方，氐、房、心三宿和它遥相呼应。太阴在未之时，它的岁名叫协洽，岁星这时运行的位置处在觜嶲、参二宿之间，在四月和它们一起出现在东方，尾、箕二宿和它相对应。太阴在申之时，它的岁名叫涒滩，岁星运行在东井、舆鬼二宿之间，在五月份的时候和它们一起出现在东方，这时斗宿和牵牛宿与它相对应。太阴在酉之位，它的岁名叫鄂，木星这时处在柳、七星、张三宿之间，并和它们六月份一起出现在东方，这时须女、虚、危三宿和它相对应。太阴在戌之时，它的岁名叫阉茂，木星运行的位置处在翼、轸二宿之间，并和它们于七月一起出现在东方，营室、东壁二宿和它相对应。太阴在亥之时，它的岁名叫大渊献，岁星处在角、亢之间的位置，于八月和它们一起出现在东方，奎、娄二宿和它相对应。太阴在子之时，它的岁名叫困敦，岁星这时处在氐、房、心三宿之间的位置，于九月与它们一起出现在东方，这时胃、昂、毕三宿和它相对应。太阴在丑之时，它的岁名叫赤奋若，这时岁星处在尾、箕之间的位置，于十一月份和它们一起出现在南方，觜嶲、参二宿和它相对应。

第四卷　地形训

【原文】

地形之所载，六合之间，四极之内①，照之以日月，经之以星辰②，纪之以四时，要之以太岁③。天地之间，九州八极。土有九山，山有九塞，泽有九薮④，风有八等，水有六品。

【注释】

①四极：指四方最远的地方。②经：治理。③要：管束，制约。④薮：沼泽。

【译文】

大地所负载的范围，包括天地四方之间，东南西北至极远的范围内。有日月照耀着它，星辰协调着它，四季治理着它，太岁制约着它。天地之间，有九州、八极。整个大地上共有九座大山，大山中共有九处要塞，大泽也有九个，风向有八个方位，水共有六种不同品类。

【原文】

何谓九州？东南神州曰农土①，正南次州曰沃土②，西南戎州曰滔土③，正西弇州曰并土④，正中冀州曰中土，西北台州曰肥土，正北泲州曰成土，东北薄州曰隐土，正东阳州曰申土。何谓九山？会稽、泰山、王屋、首山、太华、岐山、太行、羊肠、孟门。何谓九塞？曰：太汾、渑阨、荆阮⑤、方城、殽阪、井陉、令疵、句注、居庸。何谓九薮？曰：越之具区，楚之云梦，秦之阳纡⑥，晋之大陆，郑之圃田，宋之孟诸，齐之海隅，赵之巨鹿，燕之昭余。

【注释】

①东南神州曰农土：十二支"辰"配东南，时值三月，是农事之始，所以原注为："东南，辰，为农神后稷之所经纬也，故曰农土。"②正南次州曰沃土：十二支"午"配正南，时值五月，是庄稼盛长之时，所以原注为："沃，盛也，五月建午，稼穑盛张，故曰沃土。"③西南戎州曰滔土：十二支"申"配西南，时值七月，是庄稼饱满之时，所以原注为："滔，大也，七月建申，五谷成大，故曰滔土。"④正西弇州曰并土：十二支"酉"配正西，时值八月，是庄稼成熟之时，所以原注为："并，犹成也，八月建酉，百谷成熟，故曰并土。"⑤荆阮：在今湖北武当山东南，汉水西岸。⑥阳纡（yū）：为秦国苑囿，在今陕西泾阳。

【译文】

那么，九州到底是什么呢？东南的神州称为农土，正南次州称为沃土，西南戎州叫作滔土，正西弇州叫作并土，正中冀州称为中土，西北台州被称为肥土，正北泲州就是成土，东北的薄州即所谓的隐土，正东阳州称为申土。什么是九山？指的是会稽山、泰山、王屋山、首阳山、太华山、岐山、太行山、羊肠山、孟门山。九塞指的是哪些？即太汾、渑阨、荆阮、方城、殽阪、井陉、令疵、句注和居庸。什么是九薮？即越国的具区、楚国的云梦、秦国的阳纡、晋国的大陆、郑国的圃田、宋国的孟诸、齐国的海隅、赵国的巨鹿、燕国的昭余。

【原文】

何谓八风？东北曰炎风①，东方曰条风，东南曰景风②，南方曰巨风，西南曰凉风，西方曰飂风③，西北曰丽风，北方曰寒风。何谓六水？曰：河水、赤水④、辽水、黑水、江水、淮水。阖四海之内，东西二万八千里，南北二万六千里；水道八千里，通谷其名川六百⑤；陆径三千里。禹乃使太章步自东极，至于西极，二亿三万三千五百里七十五步；使竖亥步自北极，至于南极，二亿三万三千五百里七十五步。凡鸿水渊薮，自三百侧以上，二亿三万三千五百五十里，有九渊。禹乃以息土填洪水⑥，以为名山。掘昆仑虚以下地⑦，中有增城九重，其高万一千里百一十四步二尺六寸，上有木禾，其修五寻，珠树、玉树、璇树⑧、不死树在其西，沙棠⑨、琅玕在其东，绛树在其南，碧树、瑶树在其北。有四百四十门，门间四里，里间九纯，纯丈五尺。荡有九井玉横，维其西北之隅，北门开以不周之风。倾宫、旋室、县圃、凉风、樊桐，在昆仑阊阖之中，是其疏圃。疏圃之池，浸之黄水，黄水三周复其原，是谓丹水，饮之不死。

【注释】

①炎风：立春时从东北方向吹来的风。②景风：立夏时从东南方吹来的风。③飂（liù）风：秋分时从西方吹来的凉风。④赤水：大约在青海湖一带。⑤通谷：指很大的山谷。⑥息土：能变化增多的土。⑦昆仑：古人以为是神山。⑧璇树：美玉之树。⑨沙棠：玉名。

【译文】

八风到底是什么？即称为炎风的东北风，称为条风的东风，称为景风的东南风，称为巨风的南风，称作凉风的西南风，称作飂风的西风、称作丽风的西北风，称为寒风的北风。什么是六水？是指黄河、赤水、辽河、黑河、长江和淮河。合计四海之内，东西长二万八千里，南北长二万六千里，其中水路有八千里，大峡谷有六处，大河多达六百条，内陆河三千条。于是禹派太章从东极走到西极，步行测量，推算长度，长达二亿三万三千五百里又七十五步；又派竖亥从北极走到南极，步行度量，长达二亿三万三千五百里又七十五步那么长。他统计大的湖泊和深潭，深度在三仞以上的，就有二亿三万三千五百五十九个。禹用息土填塞洪水，这样就造出了很多大山。禹在挖掘昆仑山土来填平地上的低洼之处时发现了昆仑山中有层叠之城九重，城的高度是一万一千里，城的厚度有一百一十四步二尺六寸。山上生长着木禾，其长度为三十五尺。除此之外，还有珠树、玉树、琔树、不死树在木禾的西边，沙棠、琅玕处在木禾的东边，绛树在木禾的南边，碧树、瑶树位于木禾的北边。昆仑山的四周有四百四十座入山门户，每门相距四里，每门有九纯长，一纯是一丈五尺。门的边上还有用玉做成栏杆的九个深井，围绕在山的西北角。北门敞开着是为了接纳不周风。倾宫、旋室、悬圃、凉风、樊桐都处在昆仑山的虚门之中，是昆仑山的天池。天池里的水是从黄泉里渗透出来的，这种黄泉之水环绕三周后又回复到它的源头，这就是人们常说的丹水，喝了它可以让人长生不死。

【原文】

河水出昆仑东北陬①，贯渤海，入禹所导积石山。赤水出其东南陬，西南注南海丹泽之东②。赤水之东，弱水出自穷石，至于合黎，余波入于流沙。绝流沙，南至南海。洋水出其西北陬，入于南海羽民之南③。凡四水者，帝之神泉，以和百药，以润万物。昆仑之丘，或上倍之④，是谓凉风之山，登之而不死；或上倍之，是谓悬圃，登之乃灵，能使风雨；或上倍之，乃维上天，登之乃神，是谓太帝之居。

【注释】

①陬（zōu）：角落，山脚。②丹泽：因为靠近丹水，所以称为丹泽。③羽民：传说中的南方的国名。④或：假设。

【译文】

黄河的发源地是昆仑山的东北山麓，要穿过一处大海，还要流经禹所疏导的积石山。赤水发源于昆仑山的东南麓，向西南方向流入南海，最后汇聚到南海的丹泽之东。弱水的发源地是穷石山，流经合黎时，弱水余波流进了沙漠，穿过沙漠，向南到达南海。洋水发源于昆仑山的西北麓，流进南海羽民国的南部。这四条大水是天帝的神泉，用它来调和各种药物，并滋润万物。沿着昆仑山再向上攀登，就是凉风山，登上凉风山人就可以做到长生不死。再向上攀登，就到了悬圃山，登上悬圃山，就看得见神灵，并能够呼风唤雨。再向上攀登，就到达天庭，能登上天庭，就可以成为天神。那儿是天帝居住的地方。

【原文】

扶木在阳州①，日之所曊②。建木在都广③，众帝所自上下，日中无景，呼而无响，盖天地之中也。若木在建木西④，末有十日，其华照下地。

【注释】

①扶木：神木名，又称扶桑，日出的地方。②曊（fèi）：照耀。③建木：神木名，木高百仞没有枝条，日中无影，众神由此上下。④若木：西方神木名。

【译文】

扶桑木生长在东方的阳州，太阳从这里开始照耀天下。建木长在南方的都广之山，那里也是许多天神上下天庭的地方，日中时太阳照不出影子来，呼喊时没有回声，这大概就是天地的正中央。若木在建木的西边，其末端挂着十个太阳，它光芒万丈地照耀着大地。

【原文】

九州之大，纯方千里①。九州之外，乃有八殥②，亦方千里。自东北方曰大泽③，曰元通；东方曰大渚，曰少海；东南方曰具区，曰元泽④；南方曰大梦，曰浩泽；西南方曰渚资，曰丹泽；西方曰九区，曰泉泽；西北方曰大夏，曰海泽；北方曰大冥，曰寒泽。凡八殥八泽之云⑤，是雨九州。

【注释】

①纯：边缘。②殥（yín）：远。③大泽：湖泽的名字。④元泽：大泽名。⑤云：云气。

【译文】

九州的面积，四边缘各有千里。九州之外，还有八殥，其边缘四方也各有千里。从东北方起叫无通，也叫大泽。东方叫大渚，也叫少海。东南方的叫具区，也叫元泽。南方的叫大梦，也叫浩泽。西南方的称为渚资，又叫丹泽。西方的是九区，又叫泉泽。西北方的叫大夏，又叫海泽。北方的叫大冥，也称为寒泽。这八殥八泽的云气，最后凝聚成雨水滋润着九州大地。

【原文】

八殥之外，而有八纮①，亦方千里。自东北方曰和丘②，曰荒土；东方曰棘林，曰桑野；东南方曰大穷，曰众女；南方曰都广，曰反

户③；西南方曰焦侥④，曰炎土；西方曰金丘⑤，曰沃野；西北方曰一目⑥，曰沙所；北方曰积冰，曰委羽⑦。凡八纮之气，是出寒暑，以合八正，必以风雨。八纮之外，乃有八极。自东北方曰方土之山，曰苍门；东方曰东极之山，曰开明之门；东南方曰波母之山，曰阳门；南方曰南极之山，曰暑门；西南方曰编驹之山，曰白门⑧；西方曰西极之山，曰阊阖之门；西北方曰不周之山，曰幽都之门；北方曰北极之山，曰寒门。凡八极之云，是雨天下；八门之风，是节寒暑；八纮八殥、八泽之云，以雨九州而和中土。

【注释】

①纮（hóng）：维。②和丘：传说中凤歌鸾舞的地方。③反户：传说中南方国民。④焦侥：指的是矮人国，人长不满三尺。⑤金丘：西方属金，所以称金丘。⑥一目：指国人只长一只眼睛。⑦委羽：山名，在北极之阴，不见阳光。⑧白门：西南方金气用事，故曰白门。

【译文】

八殥之外还有八纮，也是边缘四方各有千里。从东北方开始叫和丘，也叫荒土。东方的称为棘林，也叫桑野。东南方的叫大穷，也叫众女。南方的叫都广，也叫反户。西南方的叫焦侥，又叫炎土。西方的叫金丘，还叫沃野。西北方的叫一目，又叫沙所。北方的叫积冰，还叫委羽。这八纮范围的气流形

成气候的寒冷暑热，和八风的风向结合，所以能兴风作雨。八纮之外，还有八极。自东北方起叫方土山，也叫苍门。东方叫东极之山，又叫开明之门。东南方叫波母之山，也叫阳门。南方叫南极之山，又称作暑门。西南方叫编驹之山，也叫白门。西方叫西极之山，也叫阊阖之门。西北方叫不周之山，也叫幽都之门。北方叫北极之山，也称作寒门。这八极的云气凝成雨水洒遍天下；这八门所吹来的八方之风，能够调节四季的寒暑变化，进而起到节制四季的作用。八纮八殥八泽的云气凝成雨水降落九州，滋润中原大地。

【原文】

东方之美者，有医毋闾之珣玕琪焉①。东南方之美者，有会稽之竹箭焉②。南方之美者，有华山之金石焉。西方之美者，有霍山之珠玉焉③。西北方之美者，有昆仑之球琳琅玕焉④。北方之美者，有幽都之筋角焉。东北方之美者，有斥山之文皮焉。中央之美者，有岱岳以生五谷桑麻⑤，鱼盐出焉。

【注释】

①珣玕琪：玉名，又称夷玉。②竹箭：又称为箭竹。③霍山：在今山西霍县东南。④球琳、琅玕：都是美玉的名字。⑤岱岳：即泰山。

【译文】

东方出产的好东西，有辽东医毋闾山上的珣玕琪；东南方出产的好东西，有会稽山的竹箭。南方出产的好东西，有梁山的犀角和象牙。西南方出产的好东西，有华山的黄金和玉石。西方出产的好东西，有霍山的夜明珠和五色玉。西北方出产的好东西，有昆仑山上的各种美玉，如球琳、琅玕等；北方出产的好东西，有雁门关以北的筋角做成的硬弓。东北方所产的好东西，有斥山的虎豹毛皮。而中部地区出产的好东西，有泰山附近的五谷、桑麻和鱼盐。

【原文】

　　凡地形，东西为纬①，南北为经②。山为积德，川为积刑。高者为生，下者为死。丘陵为牡③，谿谷为牝。水圆折者有珠，方折者有玉。清水有黄金，龙渊有玉英④。土地各以其类生，是故山气多男，泽气多女；障气多暗，风气多聋；林气多癃⑤，木气多伛⑥；岸下气多肿，石气多力；险阻气多瘿⑦；暑气多夭，寒气多寿；谷气多痹，丘气多狂；衍气多仁⑧，陵气多贪。轻土多利，重土多迟，清水音小，浊水音大；湍水人轻，迟水人重。中土多圣人，皆象其气，皆应其类。

【注释】

　　①纬：横线叫纬。②经：纵线叫经。③牡：指雄性。④玉英：玉的精华。⑤癃：一种类似瘫痪的疾病。⑥伛：即驼背。⑦瘿（yǐng）：类似粗脖子的病。⑧衍气：平原之气。

【译文】

　　大凡地形位置，东西方向的叫纬线，南北方向的叫经线。山因高大沉稳而象征着仁爱宽厚的美德，水因流动没有一定的居所因此是奸巧伪诈的象征。高而朝阳处促使万物生长，低而阴暗处加速生物衰亡；丘陵山峰因雄伟透露阳刚之气，属阳性，溪谷因低洼幽深显示阴柔之美，属阴性。水波回转的区域藏有珍珠，水波方正的区域蕴含着玉石；清澈的水域中含有黄金，混浑的龙潭中含有玉之精华。土地按照各自的类别产生特性不同的人。所以，山中云气多而使人生男孩，水泽雾气多而使人多生女婴；南方瘴疠之气使人变哑，风邪之气使人变聋；森林中寒湿之气使人软瘫，朽木之气若过重会使人驼背，岸边湿气使人脚肿大；居岩石地区的人力气大，险阻地区的人易患粗脖子病；暑热之气使人命短，寒冷之气助人长寿，空谷阴冷之气吹多使人肢体麻痹，丘陵之气吹多使人骨骼弯曲；平原之气教人仁爱，土山之气诱人贪婪。土质松软的地方上的人行动敏捷，土质板结的地方上的人行动迟钝。水流清澈的地方上的人声音细柔，水流浑浊的地方上的人声音粗重；生活在水流湍急地方的人身体轻飘，生活在水流迟缓地方的人身体笨重；在中央土地上生活的多出圣贤之人。总之，人的心理生理特征性格都和他们生活的地形气候特征相类似，并和这些地形气候特征相呼应。

【原文】

故南方有不死之草，北方有不释之冰①；东方有君子之国，西方有形残之尸②。寝居直梦③，人死为鬼；磁石上飞，云母来水；土龙致雨④，燕雁代飞，蛤蟹珠龟，与月盛衰。

【注释】

①释：融化。②形残：即刑天。③直梦：形容所梦的得到验证。④土龙：指古代干旱时节人们所扎制的求雨的工具。

【译文】

正因为这样，所以南方会有常年不衰的草木，北方会有长年不化的冰雪，东方有君子之国，西方会有天残的尸体。睡觉时所做的梦与真实一样，人死后灵魂会变成鬼，磁石能吸引金属物，云母石可以引来水。土龙可以使旱天降雨，燕子、大雁可以按节气南来北往。蛤蚌、螃蟹、珍珠、龟类可以随着月亮盈亏而变化。

【原文】

是故坚土人刚①，弱土人肥②；垆土人大③，沙土人细；息土人美，耗土人丑。食水者善游能寒，食土者无心而慧，食木者多力而㧌④，食草者善走而愚，食叶者有丝而蛾，食肉者勇敢而悍，食气者

神明而寿⑤，食谷者知慧而夭，不食者不死而神。凡人民禽兽万物贞虫，各有以生，或奇或偶，或飞或走，莫知其情，惟知通道者能原本之。

【注释】

①坚土：形容土质坚硬。②弱土：指地力弱的土地。③垆（lú）土：形容黑色的土壤。④拂：暴怒。⑤食气者：指像王乔、赤松子等通过服食气息养生的仙人。

【译文】

因此，在坚硬土质上生活的人性格刚强，在松软土质上生活的人性格脆弱；在黑硬土质上生活的人身材壮大，沙土地上生活的人瘦小；肥沃土地上生活的人长得美丽，贫瘠土地上生长的人长得丑陋。也因为这样，所以食水的鱼类善于游水而且耐寒，食土的蚯蚓类无心而不息，食木的熊黑类力大而爱发怒，食草的鹿类善于奔跑但愚蠢，吃叶子的蚕类可以抽丝作茧并最后化为飞蛾，食肉的虎豹鹰雕勇敢而且凶悍，食气的龟类神明而且长寿，食五谷的人类聪明但短命，什么都不吃的倒可以修炼成神。所以，大凡人类、飞禽走兽及昆虫，各自都有其用来生存的本领，或奇蹄或偶蹄、有的飞行，有的奔走，没有办法知道它们形成的原因，只有通晓大道的人，才能探寻出这里的本原。

【原文】

正土之气也御乎埃天①。埃天五百岁生缺②，缺五百岁生黄埃，黄埃五百岁生黄澒③，黄澒五百岁生黄金，黄金千岁生黄龙，黄龙入藏生黄泉。黄泉之埃，上为黄云，阴阳相薄为雷，激扬为电，上者就下，流水就通而合于黄海。偏土之气御乎清天，清天八百岁生青曾，青曾八百岁生青澒，青澒八百岁生青金，青金八百岁生青龙，青龙入藏生青泉。青泉之埃，上为青云，阴阳相薄为雷，激扬为电，上者就下，流水就通而合于青海。壮土之气，御于赤天。赤天六百岁生赤丹，赤丹七百岁生赤䃸，赤䃸七百岁生赤金，赤金千岁生赤龙，赤龙入藏生赤泉。赤泉之埃，上为赤云，阴阳相薄为雷，激扬为电，上者就下，流水就通而合于赤海。弱土之气，御于白天。白天九百岁生白礜，白礜九百岁生白䃸，白䃸九百岁生白金，白金千岁生白龙，白龙入藏生白泉，白泉之埃，上为白云，阴阳相薄为雷，激扬为电，上者就下，流水就通而合于白海。牝土之气，御于玄天，玄大六百岁生玄砥，玄砥六百岁生玄䃸，玄䃸六百岁生玄金，玄金千岁生玄龙，玄龙入藏生玄泉。玄泉之埃，上为玄云，阴阳相薄为雷，激扬为电，上者就下，流水就通而合于玄海。

【注释】

①正土：与下文的偏土、壮土、弱土、牝土分别代表五方之土，即中央之土、东方之土、南方之土、西方之土、北方之土。埃天：与下文的清天、赤天、白天、玄天分别代表五方之土产生的气。②䂮：与下文的青曾、赤丹、白礜、玄砥都是秦汉炼丹家常用的矿物石。③黄䃸（hòng）：与下文的青䃸、赤䃸、白䃸、玄䃸指的是不同颜色的"汞"。

【译文】

中央正土之气升到天空中变成黄天的云气，这种云气经过五百年化育生成碝石，碝石经五百年化育生成黄汞，黄汞又经过五百年化育生成黄金，黄金经一千年化育生成黄龙，黄龙潜藏到地下形成黄泉，黄泉的精微雾气上升成为黄云。阴气和阳气接触相迫形成雷鸣，激烈撞击形成闪电，高处云气遇到了低处云气、冷热气流相交形成雨水，降落大地集中于河流而汇融于黄海。东方偏土之气上升天空形成青天的云气，这云气经过八百年化育生成青曾，青曾又经过八百年化育生成青汞，青汞则经过八百年化育生成铅，铅经过一千年化育生成青龙，青龙潜藏于地下之后便形成青泉，青泉的精微气尘往上蒸发成为青云。阴气和阳气接触相迫形成雷鸣，激烈撞击后便形成闪电，而高处云气碰到低处云气，冷热气流相交就生成雨水，降落大地集中于河流而汇融于青海。南方的壮土之气上升到天空便形成赤天的云气，这云气经过七百年化育生成赤丹，赤丹经过七百年化育则生成赤汞，赤汞又经过七百年化育生成红铜，红铜再经过一千年化育生成赤龙，赤龙潜藏于地下形成赤泉，赤泉的精微气尘经过蒸发升腾后变成了赤云。阴气和阳气接触之后相迫形成雷鸣，激烈撞击后形成闪电，高处云气相遇低处云气，冷热气流相交形成雨水，降落大地集中于河流而汇融于赤海。西方弱土之气上升天空形成白天的云气，这种云气经过九百年化育生成白礜，白礜再经过九百年化育生成白汞，白汞经过九百年化育生成白银，白银又经过一千年化育生成白龙，白龙潜藏到地下形成白泉，白泉的精微气尘蒸发上升成为白云。阴气和阳气接触相迫形成雷鸣，激烈撞击形成闪电，高处云气相遇低处云气，冷热气流相交后形成雨水，降落大地集中于河流而汇融于白海。北方牝土之气上升到天空后形成玄天的云气，这种云气经过六百年化育后生成玄砥，玄砥经过六百年化育生成玄汞，玄汞经过六百年化育生成黑铁，黑铁经过一千年化育生成玄龙，玄龙潜藏到地下形成玄泉，玄泉的精微气尘经过蒸发后变成玄云。阴气和阳气接触相迫形成雷鸣，激烈撞击后生成闪电，而当高处云气遭遇到低处云气之后，冷热气流相交形成雨水，降落大地集中于河流而汇融于玄海。

第五卷 时则训

【原文】

孟春之月，招摇指寅①，昏参中②，旦尾中。其位东方，其日甲乙，盛德在木，其虫鳞③，其音角，律中太蔟，其数八，其味酸，其臭膻。其祀户。祭先脾。东风解冻，蛰虫始振苏，鱼上负冰，獭祭鱼④，候雁北。天子衣青衣，乘苍龙⑤，服苍玉，建青旗，食麦与羊，服八风水，爨其燧火⑥。东宫御女青色，衣青采，鼓琴瑟。其兵矛，其畜羊，朝于青阳左个，以出春令。布德施惠，行庆赏，省徭赋。

【注释】

①招摇：星名，北斗杓端第七星。寅：十二地支第三位。②参：西方白虎七宿之一。中：正中南天。③鳞：即鳞虫，属鱼龙之类的动物。④獭祭鱼：水獭。⑤苍龙：青色骏马。⑥爨（cuàn）：生火做饭。萁：通"萁"，豆秸。

【译文】

孟春正月，招摇星的斗柄指向十二辰的寅位，黄昏时参星运行到正南方的中天，黎明时尾星处于正南方中天。于是这个月的方位是东方，天干用甲乙表示，旺盛的德泽起源于木，所属的动物是鳞龙，所代表的音是角音，所代表的律是太蔟，所代表的数是八，所代表的味道是酸味，所属的气味是膻味。这个月要祭祀的是户神，祭祀时要先放上属木的脾脏。暖和的东风将冰冻化解了，冬眠的动物开始复苏出

来活动，鱼儿靠近残冰游水嬉戏，水獭开始捕捉鱼儿，大雁开始飞往北方。天子穿青衣，骑着青龙马，身上佩戴着青色玉饰，竖起上面绣有龙虎的青色旗帜。吃麦面和羊肉，饮八风吹来的露水，用燧取火，燃烧豆萁。东宫的侍女们身穿青色衣服，佩戴青色彩饰，弹奏起琴和瑟。矛是这个月的代表兵器，这个月的代表家畜是羊。天子在青阳宫左侧室上朝召见群臣，发布春季的政令，布施德泽恩惠，施行吉庆的奖赏，减轻徭役和赋税。

【原文】

立春之日，天子亲率三公九卿大夫以迎岁于东郊①。修除祠位，币祷鬼神，牺牲用牡②。禁伐木，毋覆巢杀胎夭，毋麛，毋卵，毋聚众置城郭，掩骼薶骴③。孟春行夏令，则风雨不时，草木早落，国乃有恐；行秋令，则其民大疫，飘风暴雨总至，藜莠蓬蒿并兴④；行冬令，则水潦为败，雨霜大雹，首稼不入。

【注释】

①三公：西汉时以丞相、御史大夫、太尉为三公。九卿：秦汉以奉常、郎中令、卫尉、太仆、廷尉、典客、宗正、治粟内史、少府为九卿。②牡：即雄性。③骼：骨枯叫"骼"。薶：埋，埋藏。骴（cī）：肉腐叫"骴"。④藜：通"蔾"，一种野草。

【译文】

立春的时候，天子会亲自带领文武百官到东郊八里迎接春天的到来。将修整清扫祭坛祭神牌位，献上圭璧祈求鬼神降福，祭祀用的东西都是公畜。禁止砍伐树木，不准捣毁禽鸟巢穴，不许捕杀怀胎的母兽和幼小的麋鹿，不准猎取禽卵，不征集民众修筑城墙，要掩埋好暴露在荒野外的尸骨。如果孟春时实施夏季的政令，那么风雨就不能按时到来，草木将提早枯萎，国家就会出现恐慌；如果孟春实施秋季的政令，百姓就会受瘟疫之灾，狂风暴雨就会一起袭来，各种杂草竞相丛生；如果孟春实施冬季的政令，那么洪灾就会发生，寒霜冰雹就会一起来袭，越冬作物就会没有收成。

【原文】

正月官司空①，其树杨。仲春之月，招摇指卯，昏弧中②，旦建星中③。其位东方，其日甲乙，其虫鳞，其音角，律中夹钟④，其数八，其味酸，其臭膻。其祀户，祭先脾。始雨水，桃李始华，苍庚鸣⑤，鹰化为鸠。天子衣青衣，乘苍龙，服苍玉，建青旗，食麦与羊，服八风水，暴其燧火。东宫御女青色，衣青采，鼓琴瑟。其兵矛，其畜羊，朝于青阳太庙。命有司⑥，省囹圄，去桎梏⑦，毋笞掠，止狱讼，养幼小，存孤独，以通句萌⑧。择元日令民社。

【注释】

①司空：掌管工程的官。②弧：又叫弧矢，共九颗星，位于天狼星东南。因形似弓，故名。③建星：在北斗宿之上，今称人马座，建星属之。④夹钟：二月配夹钟，表示万物去阴夹阳，聚地而生。⑤苍庚：即黄莺。⑥有司：主狱之官。⑦桎梏：拘束犯人手脚的刑具。⑧句萌：草木出土时，弯的叫句，直的叫萌。

【译文】

司空是正月的代表官，其代表树是杨树。仲春二月，斗柄招摇指向十二辰的卯位，黄昏时弧星位于南天正中，黎明时建星位于南天正中。太皞的神位在东方，它的天干是甲乙，它的代表动物是鳞虫，代表的音是角音，律管中与之相应的是夹钟，它的序数是八，所属的味道是酸味，所属的气味是膻味。这个月祭祀的是户神，祭祀时先放上属木的脾脏。这时雨水开始多起来，桃李开始开花，黄莺鸟开始啼叫，鹰变成了鸠鸟。天子穿上青衣，骑上青龙马，佩戴

青色玉饰，竖起青色旗帜。吃麦面和羊肉，饮八风吹来的露水，烧饭用豆萁，用阳燧取火。东宫侍女都身穿青衣，衣裳绣有青色的花纹，弹琴鼓瑟。矛是这个月的代表兵器，羊是这个月的代表家畜。天子驾临于青阳宫的中厅上朝召见群臣。命令主管官员赦免轻罪囚犯，去除他们的手铐脚镣；停止拷打刑罚，调停官司之争；养育幼儿，抚养孤儿和孤老，以使万物在春天都能萌发生长。并选择吉利的日子，让百姓祭祀土地神。

【原文】

是月也，日夜分，雷始发声，蛰虫咸动苏。先雷三日，振铎以令于兆民曰①：雷且发声，有不戒其容止者②，生子不备③，必有凶灾。令官市同度量④，钧衡石⑤，角斗称，端权概。毋竭川泽，毋漉陂池⑥，毋焚山林，毋作大事以妨农功。祭不用牺牲，用圭璧，更皮币。

【注释】

①铎：大铃。兆：极多。②容止：言行举止。③不备：不加防备。④官市：指官府掌管的市场。⑤衡石：衡量器具。⑥漉（lù）：使干涸。

【译文】

在这个月中，因春分使那天昼夜长短相等，春雷开始轰鸣，冬眠动物全都苏醒了并开始活动起来。在预计要打雷的前三天，敲起大铃警醒百姓说："雷将要响了，如果谁不检点自己的仪容举止，所生的小孩会有灾祸降临。"并命令官府管理市场，统一度量单位，检查各种衡量器具是否标准。不要排干河川湖泽及池塘内的水，不要焚烧山林，不要征集民工从事其他事情，以免影响春耕春种等农事的开展。祭祀时不要杀害牲畜，用圭璧、鹿皮和帛等代替，这样就可以保护家畜成长以符合春主生长主仁的原则。

【原文】

是月也，生气方盛，阳气发泄①，句者毕出，萌者尽达，不可以内②。天子命有司发囷仓③，助贫穷，振乏绝；开府库，出币帛，使诸侯，聘名士，礼贤者。命司空，时雨将降，下水上腾，循行国邑，周视原野，修利堤防，导通沟渎④，达路除道，从国始，至境止。田猎毕弋、置罝罗网⑤，餧毒之药，毋出九门⑥。乃禁野虞⑦，毋伐桑柘。鸣鸠奋其羽，戴鵟降于桑。具扑曲筥筐。后妃斋戒，东乡亲桑，省妇使，劝蚕事。命五库，令百工，审金铁皮革筋角箭干脂胶丹漆，无有不良。择下旬吉日，大合乐，致欢欣。乃合牛腾马，游牝于牧。令国傩，九门磔攘，以毕春气。行是月令，甘雨至三旬。

【注释】

①发泄：布散。②内：收纳。③囷：圆形的谷仓。④渎：河流。⑤罝（jū）：捕兽的网。罦（fú）：捕兔的网。⑥九门：古制天子所居的地方有九门。⑦野虞：官名，主管田野及园林。

【译文】

在这个月里，化育万物生长的阳气正旺盛，散泄洋溢于各个方面，弯曲的小草和笔直的树木都呈现出难以抑制的蓬勃生机。天子下令官员打开仓库，资助救济贫

困百姓。又下令打开财物仓库，拿出丝帛出使诸侯，还拜访名士、礼待贤人。命令司空，告诫他雨季将要到来，地下水将上升，有必要巡视大都小镇，察看郊外田野，加固堤防，疏通沟渠，清除路障，保证都城通往四方的道路畅通无阻。捕猎活动全部停止，收藏起罗网和弓箭。毒杀野兽的食物一律不准携带出国都之门。同时又命令主管山林农田的官员不许砍伐桑树、柘树。这时，斑鸠展翅飞翔、戴胜鸟停落在桑林中，表示养蚕季节来临，有必要准备好蚕箔筥筐。然后，后妃在斋戒之后亲自去东方采摘桑叶。视察妇女们的劳动，勉励她们致力于养蚕事业。又命令掌管各种仓库的官员，督促各种工匠检查金铁、皮革、筋角、箭干、脂胶、丹漆的质量，有没有不好的。选择三月下旬的一个吉日，让乐师演奏各种乐器，大合众乐，使君臣人民得到欢乐。这时该将公牛公马与母牛母马合在一起放牧，好让它们进行交配。并命令国都举行驱赶疫鬼的仪式，在国都九座城门之内宰杀牲畜祭神，用来驱除未尽的春气。如果能实施上述这些政令，那么喜雨每旬就会来临一次。

【原文】

三月官乡①，其树李。孟夏之月，招摇指巳，昏翼中②，旦婺女中③。其位南方，其日丙丁，盛德在火，其虫羽④，其音徵，律中仲吕，其数，其味苦，其臭焦，其祀灶，祭先肺。蝼蝈鸣，丘蚓出，王瓜生⑤，苦菜秀。天子衣赤衣，乘赤骝⑥，服赤玉，建赤旗，食菽与鸡，服八风水，爨柘燧火。南宫御女赤色，衣赤采，吹竽笙。其兵戟，其畜鸡，朝于明堂左个⑦，以出夏令。

【注释】

①乡：乡官，管理乡间事物。②翼：南方朱雀七宿之一。③婺女：也叫须女，北方玄武七宿之一。④羽：泛指鸟类动物。⑤王瓜：即土

瓜。⑥赤骝：赤黑色的骏马。⑦明堂：古代宣明政教的地方。

【译文】

三月，官府要管理好户籍人口，它的代表树是李树。孟夏四月，北斗斗柄招摇指向十二辰的巳位，黄昏时翼星位于南天正中，黎明时婺女星位于南天正中。火神炎帝的神位在南方，它的天干是丙丁，旺盛的德泽属火。它的代表动物是鸟类，代表的音是徵音，十二律中与之相应的是仲吕。它所代表的数是七，所属的味道是苦味，所属的气味是焦味。这个月祭祀灶神，祭祀时先放上属火的肺脏。这时青蛙开始啼鸣，蚯蚓钻出地面，土瓜开始生长，苦菜开始结出果实。天子身着红衣，乘坐红黑色骏马，佩赤红玉饰，竖起赤红旗帜。吃豆类和鸡，饮用八风吹来的露水，烧饭用柘木，用阳燧取火。南宫的侍女也都身穿赤色红衣，衣裳绣有赤红的花纹，吹奏竽和笙。代表这个月的兵器是戟，代表这个月的家畜是鸡。天子在明堂南向堂东头室召见文武百官，并发布夏季的政令。

【原文】

立夏之日，天子亲率三公九卿大夫以迎岁于南郊。还乃赏赐，封诸侯，修礼乐，飨左右①。命太尉，先杰俊，选贤良②，举孝悌③。行爵出禄，佐天长养，继修增高，无有隳坏④。毋兴土功，毋伐大树。令野虞，行田原，劝农事，驱兽畜，勿令害谷。天子以彘尝麦，先荐寝庙。聚畜百药，靡草死。麦秋至，决小罪，断薄刑。

【注释】

①飨：用酒食款待。②贤良：指品行优秀的贤士。③悌（tì）：尊敬兄长。④隳（huī）：毁坏。

【译文】

立夏之日，天子亲率三公九卿和大夫等文武百官到南郊去迎接夏

天的到来。返回后论功行赏，分封诸侯，举行隆重的仪式，弹奏高雅的音乐，宴请左右近臣。命令主管军事的太尉，举荐智勇超群的人才，选拔品行优秀的贤士，举用孝悌父母兄弟的人士，授予他们爵位和赏赐他们俸禄。要辅佐上天养育万物，使万物能够正常得以生长而不至于出现毁坏、夭折。不要大兴土木，不要砍伐大树。命令主管田野山林的官员，要多巡视田间原野，要多勉励农事，驱赶野兽和家畜，不使它们进入庄稼地危害谷物。天子让猪先尝将成熟的麦子，然后首先进献给祖宗寝庙。积蓄采集各种药材，这时靡草开始衰死，而麦子将成熟。对那些轻罪犯人进行判决，并处以轻微的刑罚。

【原文】

四月官田①，其树桃。仲夏之月，招摇指午，昏亢中②，旦危中③。其位南方，其日丙丁，其虫羽，其音徵，律中蕤宾，其数七，其味苦，其臭焦，其祀灶，祭先肺。小暑至，螳螂生，鵙始鸣，反舌无声④。天子衣赤衣，乘赤骝，服赤玉，载赤旗，食菽与鸡，服八风水，爨柘燧火。南宫御女赤色，衣赤采，吹竽笙，其兵戟，其畜鸡，朝于明堂太庙。命乐师修鼗鞞琴瑟管箫⑤，调竽篪⑥，饰钟磬，执干戚戈羽。命有司为民祈祀山川百源。大雩帝⑦，用盛乐。天子以雏尝黍，羞以含桃⑧，先荐寝庙。禁民无刈蓝以染，毋烧灰，毋暴布，门闾无闭，关市无索，挺重囚，益其食，存鳏寡，振死事，游牧别其群，执腾驹，班马政。

【注释】

①田：官名，主管农事。②亢：东方苍龙七宿之一。③危：北方玄武七宿之一。④反舌：又叫百舌鸟。⑤鼗：有柄的小鼓。鞞（gǔ）：军鼓。⑥篪（chí）：古管乐器。⑦雩：旱天求雨的祭祀。⑧羞：进献。

【译文】

　　四月，官府劝勉农事，它的代表树是桃树。仲夏五月，招摇星指向十二辰的午位，黄昏时亢星位于南天正中，黎明时危星位于南天正中。这个月火神的神位在南方，它的天干是丙丁。它的代表动物是羽鸟，代表音是徵音，所属的律是蕤宾，它的代表数是七，所属的味道是苦味，所属的气味是焦味。这个月祭祀灶神，祭祀时先放上属火的肺脏。这时小暑节气来到，螳螂出生，伯劳鸟开始啼鸣，百舌鸟却寂寞无声。天子身穿红衣，骑赤黑色骏马，佩戴红色美玉，竖起红色的旗帜。吃豆类和鸡，饮八风吹来的露水，烧饭用柘木，用阳燧取火。南宫侍女们身穿红色衣服，衣裳绣有红色的花纹，吹奏竽和笙。代表这个月的兵器是戟，代表这个月的家畜是鸡。天子在明堂太庙召见群臣，命令乐师修整好小鼓、军鼓、琴、瑟、管、箫，并调配好竽和篪，装饰好大钟和石磬，预备好盾、斧、戈和羽旗。命令主管的官员替百姓向山峰河流和江河源头祈祷，还要举行大雩仪式，用以祭祀上帝，为百姓祈求神灵赐福降雨，并演奏盛大的古代音乐。天子把吃过黍米

的小鸡和成熟的樱桃，献给宗庙的祖宗神灵享用。天子还发布禁令，不许割取尚未成熟的蓼蓝来制作染料，不许砍伐草木烧灰作肥料，不要暴晒葛布以免脆裂，巷里大门不要关上，关卡集市不要征收税赋。减轻重犯的刑罚，并增加他们的食物。抚养孤寡老人，救济为国牺牲的烈士的家属。将受孕的母畜和畜群分开，进行单独喂养，给马驹套上络头进行调教，并颁布养马条令。

【原文】

日长至，阴阳争①，死生分。君子斋戒，慎身无躁，节声色，薄滋味。百官静，事无径②，以定晏阴之所成③。鹿角解，蝉始鸣，半夏生，木堇荣。禁民无发火，可以居高明，远眺望，登丘陵，处台树。

【注释】

①阴阳争：阳气开始上升，阴气被压，所以叫"争"。②径：急速。③晏：平安。

【译文】

夏至这天的白天是最长的，而开始上升的阴气和正处鼎盛的阳气互相争抗着，这使万物生死界限分明，有些植物濒临死亡，有些植物旺盛生长。这时的君子应实行斋戒来修身，做到谨慎恃身，言行稳重，并节制声色之欲，坚持饮食清淡，让身体的所有器官得以平和恬静，办事周密不敷衍，遇事舒宽不烦躁，这样才能使自身更好地适应这阳气阴气相交的季节。同样，这时鹿角开始脱落，蝉鸣可以听到，半夏顺应季节开始生长，木槿树正在开花。这时同样应发布禁令，要让百姓小心火烛，可以选择高而明亮的地方作为居所，登高望远，爬上山坡土岗查看云气的变化以预测吉凶。

【原文】

五月官相①,其树榆。季夏之月,招摇指未,昏心中②,旦奎中③。其位中央④,其日戊己,盛德在土,其虫赢,其音宫,律中百钟,其数五,其味甘,其臭香,其祀为雷,祭先心。凉风始至,蟋蟀居奥,鹰乃学习,腐草化为蚜。天子衣黄衣,乘黄骝,服黄玉,建黄旗,食稷与牛,服八风水,爨柘燧火。中宫御女黄色,衣黄采。其兵剑,其畜牛,朝于中宫。乃命渔人伐蛟取鼍⑤,登龟取鼋。令溽人,入材苇。命四监大夫,令百县之秩刍⑥,以养牺牲,以供皇天上帝、名山大川、四方之神、宗庙社稷,为民祈福行惠。令吊死问疾,存视长老,行释粥,厚席彦,以送万物归也。命妇官染彩,黼黻文章,青黄白黑,莫不质良,以给宗庙之服,必宣以明。是月也,树木方盛,勿敢斩伐。不可以合诸侯,起土功。动众兴兵,必有天殃。上润溽暑⑦,大雨时行,利以杀草粪田畴,以肥土疆。

【注释】

①相:辅佐之官。②心:东方苍龙七宿之一。③奎:西方白虎七宿之一。④中央:指皇帝所统治的中央地区。⑤鼍(tuó):鳄鱼的一种,皮可以做鼓。⑥秩刍:指牲口吃的草。⑦溽:湿热。

【译文】

五月,官府重视辅佐之人,它的代表树是榆树。季夏六月,北斗斗柄指向未位,黄昏时心星出现在正南方的中央,黎明时奎星出现于正南方的中央。中央是这个月的代表方位,它的天干是戊己。旺盛的德泽属土。它的代表虫是赢虫,代表的音是宫音,所属的律是百钟,代表的数是五,所属的主味是甜味,所属的气味是香味,这个月祭祀中雷神,祭祀时先放上属土的心脏。这时凉风开始来到,蟋蟀转移到房屋西南角的墙缝里,雏鹰开始学习飞行搏击,腐败的草中孵化出萤火虫来。天子身穿黄黑色衣,乘坐黄黑色骏马,佩戴黄色玉饰,竖起黄色旗帜。吃谷类和牛肉，饮八风吹来的露水，烧饭用柘木，用阳燧取火。中宫侍女身穿黄色衣，佩戴黄色彩饰。这个月使用的兵器是剑，蓄养的家畜是牛。天子在中宫朝见大臣。命令主管渔业的官员杀死蛟龙，猎取鳄鱼，把龟壳送入宗庙，捉拿鼋鱼来食用。又命令掌管池泽的官员收缴已长好的芦苇做柴草。还命令四监大夫收集各地方按规定缴纳的饲草，用来喂养供祭祀用的牲畜，以便以后用这些牲畜祭奉皇天上帝、名山大川、四方神灵、宗庙社稷，来为百姓祈求福祥。这时还要实施仁慈宽厚的政令，哀悼死者，吊唁丧事，慰问病人，探望拜访长者老人，施舍饭食，提供荐垫，使万物都有一个好的归宿。命令女官染制衣服，各种花纹各种色彩的布帛质地优良，用来制作祭祀宗庙的礼服，颜色必须全备多样，且色彩鲜亮。这个月树木正在繁盛生长，所以不能砍伐它。不适合召集诸侯。这个月如果大兴土木，兴师动众，一定会受到老天爷的惩罚。这个季节土地湿润、温度高，并时常有大雨降临，所以可以割草烧灰沤制肥田，以便能增加土地的肥沃度。

【原文】

六月官少内[①]，其树梓。孟秋之月，招摇指申，昏斗中[②]，旦毕中[③]。其位

西方，其日庚辛，盛德在金，其虫毛④，其音商，律中夷则，其数九，其味辛，其臭腥，其把门，祭先肝。凉风至，白露降，寒蝉鸣，鹰乃祭鸟，用始行戮。天子衣白衣，乘白骆，服白玉，建白旗，食麻与犬⑤，服八风水，爨柘燧火。西宫御女白色，衣白采，撞白钟，其兵戈，其畜狗。朝于总章左个⑥，以出秋令。求不孝不悌、戮暴傲悍而罚之，以助损气。立秋之日，天子亲率三公九卿大夫以迎秋于西郊。还乃赏军率武人于朝。命将率，选卒厉兵，简练桀俊⑦，专任有功，以征不义，诘诛暴慢⑧，顺彼四方。命有司修法制，缮囹圄，禁奸塞邪，审决狱，平词讼。天地始肃，不可以赢。是月农始升谷，天子尝新，先荐寝庙。命百官始收敛，完堤防、谨障塞以备水潦，修城郭，缮宫室。毋以封侯，立大官，行重市，出大使。行是月令，凉风至三旬。

【注释】

①少内：主管宫中府藏的官员。②斗：北方玄武七宿之一。③毕：西方白虎七宿之一。④毛：指兽类。⑤麻：即穈子。⑥总章：西向的堂。⑦简练：精心训练。桀：通"杰"。⑧诘：查办。

【译文】

六月，官府要重在收藏粮食，它的代表树是梓。孟秋七月，斗柄招摇指向申位，黄昏时斗宿位于正南方中央，黎明时毕宿位于正南方中央。少昊的神位在西方，它的天干是庚辛，旺盛的德泽属金。它的代表动物是兽类。代表的音是商音，律管中与之相应的是夷则，它的代表数是九，所属的味道是辛味，所属的气味是腥气。这个月祭祀门神，祭祀时先放上属金的肝脏。这时凉风已经兴起，白露降落大地，寒蝉开始啼鸣，老鹰开始捕捉鸟雀，这个季节顺秋气官府开始杀戮罪犯。天子穿白衣，骑白骆马，佩白色玉饰，竖起白色旗帜。吃黍类和狗肉，饮八风吹来的露水，烧饭用柘木，用阳燧取火。西宫侍女都身穿白衣，衣裳绣有白色的花纹，敲白钟。戈是代表这个月的兵器，狗

是代表这个月的家畜。天子在西向堂南头室朝见大臣，发布秋季的政令。要严惩那些不孝顺父母、不敬兄长、凶残蛮横的人，来张扬秋天刑杀之气。立秋那天，天子亲率三公九卿和大夫等文武百官到西郊去迎接秋天的到来。返回以后便在朝廷奖赏勇武有功的官兵。并命令将帅挑选精悍士兵，磨砺兵器，精选训练中杰出的将士，任用有才有功人员去讨伐那些不义的诸侯，惩治那些凶暴傲蛮的人，以安定四方天下。命令主管官员，修订严明法律制度，修缮牢房，杜绝奸邪，审理案件，处理诉讼。这时的秋季天地间开始充满肃杀收敛之气，所以不许容忍有邪气霸道的现象存在。这个月百姓开始收割庄稼，天子将用新谷进献给宗庙中的祖宗神灵。命令各级官员开始征收赋税，加固堤防，兴修水利工程以防水患；并修缮城墙和宫室；在这个月里不适合开展割地封侯、任命官员和施行重赏及派出使节等活动。这个季节如果实施这些政令，那么凉风就会不时地出现。

【原文】

七月官库①，其树楝。仲秋之月，招摇指西。昏牵牛中，旦觜巂中②。其位西方。其日庚辛，其虫毛，其音商，律中南吕，其数九，其味辛，其臭腥，其祀门，祭先肝。凉风至，候雁来，玄鸟归③，群鸟翔。天子衣白衣，乘白骆，服白玉，建白旗，食麻与犬，服八风水，爨柘燧火。西宫御女白色，衣白采，撞白钟。其兵戈，其畜犬。朝于总章太庙④。命有司申严百刑，斩杀必当，无或在挠。决狱不当，反受其殃。是月也，养长老，授几杖⑤，行糜鬻饮食。乃命宰祝行牺牲，案刍豢⑥，视肥臞全粹⑦，察物色，课比类，量小大，视少长，莫不中度。天子乃傩⑧，以御秋气。以犬尝麻，先荐寝庙。是月可以筑城郭，建都邑，穿窦窖，修囷仓，乃命有司趣民收敛畜采，多积聚，劝种宿麦，若或失时，行罪无疑。是月也，雷乃始收，蛰虫培户，杀气浸盛，陽气日衰，水始涸，日夜分。一度量，平权衡，正钧石角斗称，理关市，来商旅，入货财，以便民事。四方来集，远方皆至，财物不匮，上无乏用，百事乃遂。

【注释】

①库：掌管兵库的官员。②觜（zì）觿（juàn）：西方白虎七宿之一。③玄鸟：即燕子。④总章太庙：西向堂中央室。⑤几杖：指供老人依靠和扶持的器物。⑥案：查看。⑦臞：瘦。⑧傩（nuó）：举行驱除疫鬼的仪式。

【译文】

七月，官府重在整治兵库，它的代表树是楝树。仲秋八月，北斗斗柄招摇指向十二辰的酉位，黄昏时牵牛星位于正南方中央，黎明时觜觿星位于正南方中央。这个月少昊的神位在西方，它的天干是庚辛。它的代表动物是毛虫，代表的音是商音，所属的律是南吕。代表的数是九，所属的味道是辛味，所属的气味是腥气。这个月祭祀门神，祭祀时先放上属金的肝脏。这时凉风已经兴起，候雁飞来了，燕子向南方飞去，群鸟因寒气来临而长出羽毛并飞翔于空中。天子身穿白衣，骑白色骏马，佩戴白色美玉，竖起白色旗帜。吃糜子和狗肉，饮八风吹来的露水，烧饭用柘木，用阳燧取火。西宫侍女穿上白衣，衣裳绣有白色的花纹，敲白钟。戈是代表这个月的兵器，狗是代表这个月的家畜。天子在西向堂中央室朝见群臣。命令主管司法的官员，严明各种刑律，处死犯人一定要得当，要依据事实而不能有一点冤屈；如果判决案件不合事实、处理不当，必将受到上天的惩罚。这个月里要赡养好老人，给他们可用的几案和手杖，施舍饭食，以保障他们的生活。还要命令主管祭祀的官员，巡视检查那些准备用来祭祀的牲畜，察看肥瘦是否适中，是否完好无缺，毛色是否纯正，体形大小是否符合等级类别，重量齿龄是否符合规定标准。于是天子便举行驱除疫鬼的仪式，以抵抗秋天的阴气。让狗品尝过糜子后进献给宗庙的祖宗神灵。在这个月中可以修筑城郭，建设都邑，疏通水道和挖好地窖，适合建造各种粮仓。又命令相关的官员，督促好百姓搞好收割、储藏、畜养和采摘，多多积聚并勉励百姓种好越冬麦子。如果此时谁耽误了农事进度，就会毫不迟疑地定这些人的罪。在这个月里，雷鸣将要停息，冬眠动物要开始准备它们的洞穴了。肃杀的阴气越来越占上风，阳气将进一步衰竭，江河水资源也开始干涸。秋分日昼夜长短相等，所以有必要统一度量标准，检查衡器并校正重量标准和各种容器，整治关卡集市，使客商自由来往交易，互通有无，以方便百姓的生活。这样，四面八方的人都会聚集到这里来，随之带来的财物使市场丰富，人才不会受物品匮乏的困扰，各种事情就能称心如意。

【原文】

八月官尉①，其树柘。季秋之月，招摇指戌，昏虚中②，旦柳中③。其位西方，其日庚辛，其虫毛，其音商，律中无射，其数九，其味辛，其臭腥，其祀门，祭先肝。候雁来宾雀入大水为蛤，菊有黄华，豺乃祭兽戮禽。天子衣白衣，乘白骆，服白玉，建白旗，食麻与犬，服八风水，爨柘燧火。西宫御女白色，衣白采，撞白钟。其兵戈，其畜犬。朝于总章右个。命有司申严号令，百官贵贱，无不务入以会天地之藏，无有宣出，乃命冢宰④，农事备收，举五谷之要，藏帝籍之收于神仓⑤。是月也，霜始降，百工休。乃命有司曰：寒气总至，民力不堪，其皆入室。上丁入学习吹。大飨帝，尝牺牲。合诸侯，制百县。为来岁受朔日⑥，与诸侯所税于民，轻重之法，贡岁之数，以远近土地所宜为度。乃教于田猎，以习五戎⑦。命太仆及七驺咸驾戴任⑧，授车以级，皆正设于屏外。司徒揩扑北向以赞之。天子乃厉服广饰，执弓操矢以猎，命主词祭禽四方。是月草木黄落，乃伐薪为炭。

蛰虫咸悦。乃趋狱刑，毋留有罪，收禄秩之不当、供养之不宜者。通路除道，从境始，至国而后已；是月天子乃以犬尝麻，先荐寝庙。季秋行夏令，则其国大水，冬藏殃败，民多鼽窒；行冬令，则国多盗贼，边境不宁，土地分裂；行春令，则暖风来至，民气懈惰，师旅并兴。

【注释】

①尉：掌管军事的官员。②虚：北方玄武七宿之一。③柳：南方朱雀七宿之一。④家宰：古代官名，类似宰相。⑤神仓：所藏财物供祭祀上帝之用，所以叫神仓。⑥朔日：即农历每月初一。⑦五戎：指刀、剑、矛、戟、矢五种兵器。⑧戴荏：插着旌旗。

【译文】

八月，官府重在军事之官，它的代表树是柘树。季秋九月，斗柄招摇指向十二辰的戌位，黄昏时虚星位于正南方中央，黎明时柳星位于正南方中央。少昊的神位在西方，它的天干是庚辛，它的代表虫是兽类，代表的音是商音，律管中与之相应的是无射。它的代表数是九，所属的味道是辛味，所属的气味是焦气。这个月祭祀门神，祭祀时先放上属金的肝脏。这时候大雁从北方飞来，小家雀飞入大海而变成了蛤蜊，秋菊开出黄灿灿的花朵，豺在这时开始捕捉小的飞禽与走兽。天子穿上白衣，骑上白色骏马，佩戴白色玉饰，竖起白色旗帜。吃麋子和狗肉，饮八风吹来的露水，烧饭用柘木，用阳燧取火。西宫侍女穿上白衣，衣裳绣有白色的花纹，敲白钟。这个月使用的兵器是戈，这个月的代表家畜是狗。天子在西向堂北头室朝见群臣。命令主管法律部门，申述严明法令，各级官员无论级别高低，都必须致力于收敛纳藏大事，以顺应天地秋季肃杀闭藏万物的旨意，不可有散逸外泄之事。还命令主持政务的冢宰，在农事结束之后，必须统计五谷收成情况并记入账簿，把天子籍田内的收入藏入神仓之中。这个月，霜降开始，各种工匠应该停止工作。还命令有关的官员，对百姓宣明寒

冷的气流将要来临，人忍受不了这样的寒冷，应该住入室内避寒。在这个月的上旬丁日，开始进入学宫学习礼仪和音乐。隆重地祭祀五帝，并奉献牺牲请上天享用。召集诸侯，制定百县的各种制度，准备明年诸事，以及诸侯向百姓取税，轻重多少，进贡朝廷的多少，均按这些诸侯国所处地域的远近和土质肥瘠的情况来确定。还要教会百姓田猎习武，使之能使用五种兵器。还命令掌管君主猎车的田仆及趣马之官，一起驾车、插着旌旗，按照等级分配猎车，然后让他们整齐地排列在猎场之内。这时腰插马鞭的司徒官面北训诫众官要遵守田猎规定。然后天子一身戎装并披挂打猎所需的饰物，手执弓箭开始打猎。打猎完毕，命令主祭官员将所猎取的禽兽祭祀四方神灵。这个月草木开始枯黄凋零，这时可以砍伐树木烧制木炭。蛰虫也开始伏藏冬眠。于是督促判决刑案，不要留下有罪当杀的人，没收那些不该享受俸禄者的俸禄，取消那些不该享受供养待遇者的待遇。疏通道路使边境到京都的道路都能畅通无阻。这个月天子让狗品尝新稻，而后首先奉献给祖先宗庙。

【原文】

九月官候①，其树槐。孟冬之月，招摇指亥，昏危中②，旦七星中③。其位北方，其日壬癸，盛德在水，其虫介，其音羽，律中应钟，其数六，其味咸，其臭腐，其把井④，祭先肾。水始冰，地始冻，雉入大水为蜃⑤，虹藏不见。天子衣黑衣，乘玄骊，服玄玉，建玄旗，食黍与彘，服八风水，爨松燧火。北宫御女黑色，衣黑采，击磬石。其兵铩，其畜彘。朝于玄堂左个，以出冬令，命有司修群禁，禁外徙，闭门阊，大搜客，断罚刑，杀当罪。阿上乱法者诛。立冬之日，天子亲率三公九卿大夫以迎岁于北郊。还乃赏死事，存孤寡。是月命太祝祷祀神位，占龟策，审卦兆，以察吉凶。于是天子始裘，命百官谨盖

第五卷 时则训

藏。命司徒行积聚，修城郭，警门闾，修楗闭；慎管龠，固封玺，修边境，完要塞，绝蹊径，饬丧纪⑥，审棺椁衣衾之薄厚，营丘垄之小大高痺，使贵贱卑尊各有等级。是月也，工师效功，陈祭器，案度程，坚致力上。工事苦慢，作为婬巧，必行其罪。是月也，大饮蒸。天子祈来年于天宗，大祷祭于公社，毕，飨先祖。劳农夫以休息之。命将率讲武，肄射御⑦，角力劲。乃命水虞渔师收水泉池泽之赋，毋或侵牟。

【注释】

①候：负责迎送宾客，守备候望的官员。②危：北方玄武七宿之一。③七星：南方朱雀七宿之一。④井：当作"行"，门内的地方。⑤蜃：大蛤蜊。⑥饬：整治。丧纪：服丧的礼教。⑦肄（yì）：研习。

【译文】

九月，官府重在侦察刺探敌情，它的代表树是槐树。孟冬十月，北斗斗柄招摇指向十二辰的亥位，黄昏时危星位于正南方中央，黎明时七星位于正南方中央。颛顼的神位处在北方，它的天干是壬癸，美好的德泽属水。它的代表虫是甲壳类，代表的音是羽音，所属的律是应钟。它的代表数是六，所属的味道是咸味，所属的气味是腐木之气。这个月祭祀井神，祭祀时先放上属水的肾脏。这时水开始结冰，大地将凝冻。野鸡进

入淮水中变成大蛤蜊，彩虹这时隐藏不再露面。天子穿上黑衣，骑着黑色骏马，佩戴黑色玉饰，竖起黑色旗帜。吃黍和猪肉，饮八风吹来的露水，烧饭用松木，用阳燧取火。北宫侍女穿上黑衣，衣裳绣有黑色的花纹，敲击磬石。铩是代表这个月的兵器，猪是代表这个月的家畜。天子在北向堂西头室朝见群臣，发布冬季的政令。命令主管法律的官员，修治各种禁令，禁止居民外流迁徙，关闭城门和里门，全面搜查外来流动人员，判决罪犯执行刑罚，处决那些应当处决的罪犯，严惩逢迎上司扰乱法纪的人。立冬那天，天子亲自率领三公、九卿及大夫等文武百官到六里外的北郊去迎接冬天的来临。返回宫后即奖赏为国事献身的烈士的家属，抚恤孤儿寡妇。在这个月内，命令太祝祈祷、祭祀神灵，并用龟甲和蓍草占卜，审查八卦和龟兆的迹象，以便考察吉凶之事。这时天子开始穿上皮裘，下令百官谨慎地贮存好过冬的物品，并命令司徒巡视人力、财力积聚的情况，修筑城郭，警戒城门和闾巷，修理好门闩插销，保管好钥匙，牢固地加好印封；整治边境，修缮险要关碍，堵塞旁径小道；整治丧事规则，审定内棺外椁和随葬衣被的厚薄，测定坟垅的大小高低，使它们的规格符合贵贱尊卑的不同等级。在这个月里，主管工匠的官员考核工匠们的工作成效，将所制作的祭器陈列出来，并察看其规格质量，以坚固精致的为上品。如果工匠的制作粗制草率、质量低劣或者过分奇巧、华而不实，就一定要追究他们的责任。在这个月中，天子将举行盛大的宴飨冬祭，天子向各路天神祈求来年的福祥，还将在公共祭坛举行隆重的祭奠，祭祀天地神灵，然后再祭祀祖宗神灵。要慰劳农夫，在勤劳一年后能休养生息。命令将领操练武艺，练习射箭和驾御车马，比试武艺、力量。还命令管理水泽和渔业的官员，收取河流湖泽池塘的赋税，并不准在这个收税过程中侵害民众利益。

【原文】

十月官司马①，其树檀。仲冬之月，招摇指子，昏壁中②，旦轸中③。其位北方，其日壬癸，其虫介，其音羽，律中黄钟，其数六，其味咸，其臭腐，其把井，祭先肾。冰益壮，地始拆，鹖鴠不鸣④，虎始交。天子衣黑衣，乘铁骊，服玄玉，建玄旗，食黍与彘，服八风水，爨松燧火。北宫御女黑色，衣黑采，击磬石，其兵铩。其畜彘。朝于玄堂太庙。命有司曰：土事无作，无发室居及起大众，是谓发天地之藏，诸蛰则死，民必疾疫，有随以丧。急捕盗贼，诛婬泆诈伪之人。命曰畅月。命奄尹申宫令⑤，审门闾，谨房室，必重闭，省妇事。乃命大酋，秫稻必齐，麹蘖必时，湛熺必洁，水泉必香，陶器必良，火齐必得，无有差忒。天子乃命有司把四海大川名泽。是月也，农有不收藏积聚，牛马畜兽有放失者，取之不诘，山林薮泽有能取疏食⑥、田猎禽兽者，野虞教导之。其有相侵夺，罪之不赦。是月也。日短至，阴阳争。君子斋戒，处必掩，身欲静，去声色，禁嗜欲，宁身体，安形性。是月也，荔挺出，苔始生，丘蚓结，麋角解，水泉动，则伐树木，取竹箭。罢官之无事、器之无用者。涂阙庭门闾，筑囹圄，所以助天地之闭。仲冬行夏令，则其国乃旱，氛雾冥冥，雷乃发声；行秋令，则其时雨水，瓜瓠不成，国有大兵；行春令，则虫螟为败，水泉咸竭，民多疾病。

【注释】

①司马：掌管军政和军赋的官。②壁：又叫东壁，北方玄武七宿之一。③轸（zhěn）：南方朱雀七宿之一。④鹖（gān）鴠（hàn）：一种山鸟。⑤奄尹：主管宫中内务的官。⑥薮（sǒu）：无水的洼地叫薮。

【译文】

十月，官府重在军事训练和军赋，它的代表树是檀树。仲冬十一月，北斗斗柄招摇指向十二辰的子位，黄昏时壁星位于正南方中央，黎明时轸星位于正南方中央。这个月颛顼的神位处在北方，它的天干是壬癸，它的代表虫是介虫，代表的音是羽音，所属的律是黄钟。代表的数是六，所属的味道是咸味，所属的气味是腐木之气，这个月祭祀井神，祭祀时先放上属水的肾脏。这时冰冻更加坚硬，大地也开始冻到裂开的程度，山鸟也不鸣叫了，老虎则开始交配了。天子穿着黑衣，乘坐黑色骏马，佩戴黑色美玉，竖起黑色旗帜。吃黍和猪肉，饮八风吹来的露水，烧饭用松木，用阳燧取火。北宫侍女穿上黑衣，衣裳绣有黑色的花纹，敲击磬石。铩是代表这个月的兵器，猪是代表这个月的家畜。天子在北向堂中央室朝见群臣。命令有关的官员：土木工程不要开工，不要打开居家的地窖，更不可调动众多民众服劳役，如果兴土木开地窖就违背了这时天地闭藏的原则，就会导致各种冬眠动物冻死，百姓将会染上疾病，还会有丧事随之发生。这时应抓紧追捕盗贼，严惩诛伐那些胡作非为虚伪奸诈之人。所以称呼这个月为"暑月"。命令主管宫中事物之官，申明宫中的禁令，仔细察看宫中各种门户，谨慎看护宫中各种房室，宫中门户都将定时关闭，以减少由妃嫔宫女所引起的一些麻烦事。还命令掌管酿酒的官员，酿酒用的秫和稻谷一定要备齐，酒母的投放必须把握好时间，浸泡蒸煮的器具一定要洁净，酿酒用水必须清香，陶瓦器具一定要精良，火候必须掌握得恰到好处，所有这些都要符合规定，不能有差错。天子还命令主管祭祀的官员祭祀天下所有大河名川和名泽。在这个月里，如果有农夫不好好收藏积聚东西，或让饲养的牛马等牲畜走失，尽管可以认领回来，但必须受到警诫以防今后再发生类似事情。而对那些在山林湖泽中采摘蔬果、猎取禽兽的人，主管山林湖泽的官员必须对其加以教育引导。如果发生相互间侵占争夺，有关部门就必须追究责任加以惩处而不能宽赦。在这个月里，因冬至日白昼最短，阴阳二气相互抗争转化，所以君子养生需要进行斋戒，居室住处要隐掩安静，身心欲望要清静平和，还要去声色、禁止贪欲奢求，宁静自己的身体，安定自己的心性。在这个月里，马荔草破土而出，芸薹开始生长，蚯蚓屈结蠕动，麋鹿开始脱角。水泉开始流动，那么就可以砍伐树木，削制竹箭，撤换无所事事的庸官，弃扔无用的器具，修补涂饰城楼、宫门、厅堂、院门和里门，加固修补监狱用来助成天地的闭藏。

【原文】

十一月官都尉①，其树枣。季冬之月，招摇指丑，昏娄中，旦氐中。其位北方，其日壬癸，其虫介，其音羽，律中大吕，其数六，其味咸，其臭腐，其祀井，祭先肾。雁北向，鹊加巢，雉雊②，鸡呼卵，天子衣黑衣，乘铁骊，服玄玉，建玄旗，食麦与彘，服八风水，爨松燧火。北宫御女黑色，衣黑采，击磐石，其兵铩，其畜彘。朝于玄堂右个。命有司大傩，旁磔③，出土牛。命渔师始渔，天子亲往射渔，先荐寝庙。令民出五种，令农计耦耕事，修来耜，具田器，命乐师大合吹而罢。乃命四监收秩薪，以供寝庙及百祀之薪燎④。是月也，日穷于次⑤，月穷于纪，星周于天，岁将更始。令静农民，无有所使。天子乃与公卿大夫饰国典，论时令，以待嗣岁之宜⑥，乃使大史次诸侯之列，赋之牺牲，以供皇天上帝社稷之飨享。乃命同姓之国，供寝庙之刍豢；卿士大夫至于庶民，供山林名川之祀。

【注释】

①都尉：掌管军事的官员。②雊（gòu）：野鸡叫。③旁磔：把杀死的犬羊陈于四方，以驱除疾病。④燎：此处指燎祭，焚柴祭神。⑤次：宿。运行十二次到牵牛星停止。⑥嗣岁：第二年。嗣：继承，承接。

【译文】

都尉是十一月的代表官，枣树是这个月的代表树。季冬十二月，北斗斗柄招摇指向十二辰的丑位，黄昏时娄星位于正南方中央，黎明时氐星位于正南方中央。这个月颛顼的神位处在北方，它的天干是壬癸，它的代表动物是介甲类，代表的音是羽音，所属的律是大吕。它的代表数是六，所属的味道是咸味，所属的气味是腐木之味。这个月祭祀井神，祭祀时先放上属水的肾脏。这时大雁向北方飞去，喜鹊开始筑巢，野鸡鸣叫着求配偶，母鸡叫着预告下蛋。天子身穿黑衣，乘坐黑色骏马，佩戴黑色美玉，竖起黑色旗帜。吃麦类和猪肉，饮八方之风吹来的露水，烧饭用松木，用阳燧取火。北宫侍女穿上黑衣，衣裳绣有黑色的花纹，敲击磬石。铩是代表这个月的兵器，猪是代表这个月的家畜。天子在北向堂东头室朝见群臣。命令主管官员在此腊月举行盛大的驱除疫鬼的仪式，四旁之门陈列杀死的犬羊以驱赶邪气，并放出泥塑土牛以劝农民勤劳耕作。还命令主管渔业的官员可以开始捕鱼，天子也将亲自前往射渔，将射猎到的鱼进献给宗庙的祖先神灵。命令农民取出收藏的五谷种子，合计筹划

好春耕播种事宜，并修理准备好耒耜和耕田用具。还命令乐师举行盛大的音乐演奏会：这是今年的最后一次。还命令四监大夫收聚各地例行缴纳的柴薪，以供以后宗庙祭祀及各种祭祀时作燃料和照明之用。在这个月里，太阳走完一年行程，月亮也完成了和太阳的最后一次相会，星宿绕天也运行了一周，新的一年也将来临。这时要下令让农民安静下来，为了来年的春耕，不要再增加他们的任何负担。天子和公卿大夫们一起讨论修订国典，并研究讨论与一年四季相应的政令法规，以等待新的一年来到。还下令太史官，排定诸侯们的等级次序，并按等级次序向他们征收牺牲以供皇天、上帝、社稷祭祀之用。又下令与天子同姓的各诸侯，向天子供奉进献祭祀宗庙用的牛羊猪狗；诸侯国内的卿士大夫和普通百姓也要供奉进献祭祀山林名川用的祭品。

【原文】

十二月官狱[1]，其树栎。

【注释】

[1]狱：掌管刑狱的官员。

【译文】

狱官是十二月的代表官，栎树是这个月的代表树。

第六卷　览冥训

【原文】

昔者师旷奏白雪之音①，而神物为之下降②，风雨暴至，平公癃病③，晋国赤地。庶女叫天，雷电下击，景公台陨，支体伤折，海水大出。夫瞽师④、庶女，位贱尚枲⑤，权轻飞羽，然而专精厉意，委务积神，上通九天，激励至精。由此观之，上天之诛也，虽在圹虚幽闲，辽远隐匿，重袭石室，险阴界障险阴⑥，其无所逃之亦明矣。

【注释】

①师旷：春秋后期晋国著名的宫廷乐师，名叫旷。②神物：神化之物，如仙鹤。③平公：春秋晋国国君。④瞽（gǔ）师：盲乐师。⑤尚枲（xǐ）：植物名，果实有刺，容易附在人畜身上传播。比喻轻贱之物。⑥界：阻塞。

【译文】

从前晋国乐师师旷不得已而为晋平公演奏了《白雪》乐曲，天上的玄鹤被感召而降落，狂风暴雨骤然发作，晋平公因此得了重病，晋国还因此大旱，国内寸草不生三年。同样，齐国一位贫贱的寡妇含冤呼告苍天，引起雷鸣电闪，并击中齐景公的高台楼阁，坠入物砸伤景公的肢体，海水也随之汹涌漫溢到陆上。这些音乐师、贫贱寡妇的地位比尚枲还低，他们所拥有的权力比羽毛还轻，但是由于他们精神专一，意志坚定，精力集中，全神贯注，所以能够上通九天，感动最高的神灵。由此看来,当上天要惩罚那些逆天意的人时,即使这些人处在虚旷幽僻之中,远远地躲藏起来,或钻入层层重叠的石室里,或相隔层层关隘险阻,都无法逃避上天的惩罚,这是再清楚不过的事情了。

【原文】

武王伐纣,渡于孟津①,阳侯之波②,逆流而击,疾风晦冥,人马不相见。于是武王左操黄钺③,右秉白旄④,瞋目而撝之曰:"余任天下,谁敢害吾意者!"于是风济而波罢。鲁阳公与韩搆难,战酣日暮,援戈而撝之,日为之反三舍。夫全性保真,不亏其身,遭急迫难,精通于天⑤,若乃未始出其宗者,何为而不成?夫死生同域,不可胁陵,勇武一人,为三军雄。彼直求名耳,而能自要者尚犹若此,又况夫宫天地、怀万物而友造化,含至和,直偶于人形,观九钻一,知之所不知,而心未尝死者乎!

【注释】

①孟津:古黄河津渡名,在今河南省孟州市西南,孟津县东北。②阳侯:波浪之神。③黄钺(yuè):黄金为饰的斧子。古代为帝王专用,或赐给主征伐的重臣。④白旄:古代军旗的一种,把牦牛尾置于竿头,用来指挥全军。⑤精通于天:精诚和上天相通。

【译文】

周武王讨伐纣王,在孟津渡黄河时,波浪之神阳侯迎着水流发起冲击,狂风大作,天昏地暗,人、马之间都不能看清楚。这时周武王左手握着黄钺,右手拿着军旗,瞋目喝道:"我担当起天下的重任,哪个敢违逆我的意志!"于是风浪随话音平静而平静。还有过去鲁阳公与韩国结仇交战,战斗正处难分难解、太阳西沉之时,鲁阳公挥戈大喝,太阳竟为之退避三舍。这样看来,那些保全天性和本真,不使

身形受到损亏的人，当处危难时刻，他的精诚能通天帝而得到助佑。如果一个人从未偏离道之根本，那么做什么事都会成功。那些将生死视为同一境地的人，是无法胁迫欺凌的，就像勇士一样，一个人可以称雄了千军万马之中。当然，这样威武勇猛的人只不过是为了追求功名罢了，那么，这些追求功名的人都能如此，更不用说有些包裹天地自然、胸怀容纳万物、与造化为友、内心蕴含中和之气的人了，他们这些人真是只将人的形体视为道所暂时寄托的躯壳，钻研探究道的奥妙变化，就能知道未曾知道的许多事情；他们真正做到了心性与道同存共在。

【原文】

昔雍门子以哭见于孟尝君①，已而陈辞通意②，抚心发声，孟尝君为之增欷歍唈③，流涕狼戾不可止④。精神形于内而外谕哀于人心，此不传之道。使俗人不得其君形者而效其容⑤，必为人笑。故蒲且子之连鸟于百仞之上，而詹何之鹜鱼于大渊之中，此皆得清净之道、太浩之和也。夫物类之相应，玄妙深微，知不能论，辩不能解。故东风至而酒湛溢，蚕咡丝而商弦绝，或感之也。画随灰而月运阙，鲸鱼死而彗星出，或动之也。

【注释】

①雍门子：战国琴师，名周，居住在齐国的雍门，所以叫雍门子。②通意：表达心意。③欷：抽泣声。歍（wū）唈（yì）：因为伤心或气愤而抽噎。④狼戾：散乱。⑤君形：主宰形体。

【译文】

从前雍门子因为擅长歌唱悲歌而受到孟尝君的接见，见面后，雍门子叙述了人只有在悲切忧愁的环境中才能被悲歌哀乐触动的道理，然后雍门子就手抚胸部开始唱起悲切的歌，这正好激发触动了孟尝君原先的痛处，于是他就情不自禁地跟着欷歔叹息起来，后又泣不成声，眼泪纵横不能制止。这说明人如果有悲惨经历就会在内心精神世界形成悲情，以后一旦触景生情就会在言语和歌声中流露出来，并引起有同类经历人的共鸣；因为这种悲惨的经历，悲切的感情是每个人的亲身体验，所以很难传授给他人；同样，没有这种悲惨经历的人也是无法向别人学会这种悲切感情的。所以假使那些平庸的人不懂得这些道理而一味地只知道去模仿别人的悲切表情想引起人的共鸣，这非但学不像反而会被人嘲笑。因此，蒲且子能射下百仞高空的飞鸟、詹何能钓取万丈深渊的游鱼，都是在于他们掌握了清静之道和精深微妙的道理的缘故。世界上各种事物间的互相感应，其中的奥秘玄妙深微，靠智慧无法讲清，用辩说不能解释，所以东风吹拂则酒满溢出，家蚕吐丝时商弦就会很容易断绝，这或许就是事物间的互相感应。用芦苇灰在月光照射的地面上画圆留缺则月晕也会随之缺损，鲸鱼死于海边则彗星就会随之出现，这或许就是事物间的互相触动。

【原文】

故圣人在位，怀道而不言①，泽及万民。君臣乖心②，则背谲见于天③，神气相应，征矣。故山云草莽，水云鱼鳞，旱云烟火，涔云波水④，各象其形类，所以感之。夫阳燧取火于日，方诸取露于月。天地之间，巧历不能举其数；手征忽恍⑤，不能览其光。然以掌握之中，引类于太极之上，而水火可立致者，阴阳同气相动敢，此傅说之所以骑辰尾也⑥。故至阴飂飂⑦，至阳赫赫⑧，两者交接成和而万物生焉。众雄而无雌，又何化之所能造乎？所谓不言之辩，不道之道也。故召远者使无为焉，亲近者使无事焉，惟夜行者为能有之。故却走马以粪，而车轨不接于远方之外，是谓坐驰陆沈，昼冥宵明，以冬铄⑨胶，以夏造冰。

【注释】

①怀道：圣人行自然无为之道。②乖：背离。③背谲（jué）：相当于今天的日珥。④涔（cén）云：阴雨连绵的云气。⑤忽恍：微小的样子。⑥傅说：商王武丁时的贤相，原来是从事版筑的奴隶，传说死后托为辰尾星。辰尾：星宿名，即尾宿。⑦至阴：冬至。飂飂（liù）：寒气逼人的样子。⑧至阳：夏至。⑨铄（shuò）：熔化金属。

【译文】

因此圣人在位执政，实行无为之道而不必讲话，恩泽就可以施及万民。君臣之间互相离心离德，则太阳旁边就会出现异常云气。这神与气的互相感应，总会有一定的征兆和应验。所以山中云气像草莽，水上云气如鱼鳞，旱天云气似烟火，雨天云气若水波，各种云气的形状都和产生它们的环境相类似，这是互相感应形成的。这阳燧从日光那里取火，方诸从月光那里取露水。天地间神奇玄妙的感应现象，就连那些善用巧术者都无法弄清有多少，它非常玄微，谁也找不到它的踪迹。用手中掌握的阳燧和方诸，能从天上引来日光和月光，从而很快得到水火，这是由于阴阳同气而互相感化的缘故。也因为这样，所以傅说死后其英魂能飞升九天坐骑辰尾星宿。因此至阴寒冷，至阳酷暑，只有阴阳接触交融合成中和之气，万物才会产生。如果只有雄（阳）性而无雌（阴）性，又怎么能化育生成万物呢？这就是所谓的不言之辩，不道之道。所以召抚边远的四夷靠无为，要是想使中原诸夏的人亲附，所使用的方法应该是无事，只有阴行自然之德天下才能归附。所以战马可以撤下战场用于运肥耕田，兵车的轮子就不会到达遥远的地方而用于战争。这就如同所说的坐着而奔驰，无水而沉没，白天变黑夜，黑暗见光明，就是在冬天熔化胶，夏天造冰，也会成功。

【原文】

夫道者，无私就也①，无私去也；能者有余，拙者不足；顺之者利，逆之者凶。譬如隋侯之珠②，和氏之璧，得之者富，失之者贫；得失之度，深微窈冥③，难以知论，不可以辩说也。何以知其然？今夫地黄主属骨，而甘草主生肉之药也，以其属骨，责其生肉，以其生肉，论其属骨，是犹王孙绰之欲倍偏枯之药而欲以生殊死之人④，亦可谓失论矣。若夫以火能焦木也，因使销金，则道行矣。若以慈石之能连铁也，而求其引瓦，则难矣。物固不可以轻重论也。

【注释】

①就：靠近。②隋侯之珠：春秋时期隋国国君救活一条受伤的大蛇，后来大蛇从江中衔回一颗夜明珠报答他。③深微：精微。④王孙绰：鲁国人，精通医术。偏枯：指半身不遂。

【译文】

天道，不会私自靠近谁，也不会私自离开谁。能行天道的人功德有余，不能行天道的人功德不足；顺应天道就能一切顺利，违逆天道就会遭遇凶险。这就好比得到隋侯之珠、和氏之璧的人会富裕，而失去隋侯之珠、和氏之璧的人会贫穷一样。这得和失的衡量标准非常精

微玄妙，难以凭智慧来评价，也很难辩论清楚。怎么知道它是这样的呢？就像现在用的地黄是健骨的药物，而甘草是用来生长肌肉的药物。但如果硬要原本生骨的去长肉，生肉的去长骨，这就像王孙绰想用大剂量的治偏枯之症的药去救已死的人一样，是违背常理的。至于像用火能够烧焦木头，因而用它熔化金属，这样的道理是行得通的。但是如果用原本吸铁的磁石去吸瓦，这就既不可能也不合常理了，在这里是否能吸铁或吸瓦不是以物的轻重来决定的。

【原文】

夫燧之取火于日，慈石之引铁，蟹之败漆，葵之向日，虽有明智，弗能然也[1]。故耳目之察，不足以分物理[2]；心意之论，不足以定是非。故以智力治者，难以持国，唯通于太和而持自然之应者，为能有之。故崤山崩而薄落之水涸[3]，区冶生而淳钧之剑成[4]；纣为无道，左强在侧[5]；太公并世[6]，故武王之功立。由是观之，利害之路，祸福之门，不可求而得也。夫道之与德，若韦之与革，远之则迩，近之则远；不得其道，若观绰鯈鱼。故圣若镜，不将不迎，应而不藏，故万化而无伤。其得之乃失之，其失之非乃得之也。今夫调弦者，叩宫宫应，弹角角动，此同声相和者也。夫有改调一弦，其于五音无所比，鼓之而二十五弦皆应，此未始异于声，而音之君已形也。故通于大和者，惛若纯醉而甘卧，以游其中，而不知其所由至也。纯温以沦，钝闷以终。若未始出其宗，是谓大通。

【注释】

①然：明辨。②物理：事物的常理。③崤（yáo）山：在今陕西蓝田境内。薄落之水：应为甘肃平凉西薄落山的泾水。④区冶：春秋时期越国人，善于铸剑，又称欧冶子。淳钧之剑：古代宝剑名。⑤左强：商纣王身边的佞臣。⑥太公：吕尚，辅佐武王灭商，被封于齐。

【译文】

阳燧对着阳光取火，磁石吸引铁，螃蟹使漆腐坏变质，葵花向着太阳，对这些现象即使有高明智慧的人，也不能够明辨清楚。所以只凭耳目感官的考察，还不能够分辨事物的常理；同样就靠内心的分析也是无法确定这些事物的感应现象的。由此推衍开来，仅靠聪明或所谓的智力是难以治理好国家的，只有那些精通阴阳变化而又能掌握自然万物感应规律的人才能持国治政。所以崤山崩塌则随之薄落之水干涸，区冶出现则淳钧宝剑才得以铸成，纣王无道则佞臣左强才会出现在他身旁诱惑他，姜太公与周武王一起出世，武王才能够建功立业。诸如此类可以看出，利害的关系，就好比祸福的来龙去脉，是难以把握和预见的。道与德的关系，就好比去毛的兽皮和加工过的熟皮一样。想远远分开它们，就像在旁边；想使它们接近，就又觉得很远。人们不得其道的感觉就如同观看深水中游的小鱼，可望而不可及。所以圣人就像一面铜镜，对人不送不迎，反映着人形的变化而不会隐藏，

它只留物像于镜中，因此事物就是有千变万化也无法伤害到它。它得到的正是所失去的，失去的不正是要得到的吗？现在那弹奏瑟的人，当他拨动大宫那么少宫也会应和发声，当他弹奏大角，那么少角也会感应共鸣，这就是同音同声互相应和的现象。同样，如果弹起变调的变宫，它的声音就和五音不相合了，但如果拨动改调的瑟，这依然会引起二十五根弦都发声应和，这样发出的声音并没有什么不同，只是改调的主音已经形成了。所以，那些通达大道的人，昏昏然如同醉后酣睡，在这大道之中遨游，却不知道自己是如何进入到这种境界的。他纯朴温和地隐没在这样的境界里，无情无欲地始终与道同在，就像从来没有偏离过道这个根本，这就叫大彻大悟的通达。

【原文】

逮至当今之时，天子在上位，持以道德，辅以仁义；近者献其智，远者怀其德；拱揖指麾①，而四海宾服；春秋冬夏，皆献其贡职；天下混而为一，子孙相代，此五帝之所以迎天德也②。夫圣人者，不能生时，时至而弗失也。辅佐有能，黜谗佞之端③，息巧辩之说；除刻削之法，去烦苛之事；屏流言之迹，塞朋党之门；消知能，修太常；隳肢体④，继聪明；大通混冥⑤，解意释神；漠然若无魂魄，使万物各复归其根；则是所修伏羲氏之迹，而反五帝之道也。

【注释】

①拱揖指麾：从容不迫，指挥若定。②天德：上天的视听，即帝王的旨意。③端：端倪，苗头。④隳（huī）：毁坏。⑤大通：全部达到。

【译文】

到了当今时代，天子处在最高的位置上，以道德治理天下，并辅以仁义，所以天子身边的大臣们都愿意奉献出他们的智慧，远方的百姓也都感怀天子的恩德，于是天子便能从容指挥，天下便会归服，春夏秋冬四季都会有人按时节献上各自的贡品，天下统一为一个整体，子孙代代相传，这就是五帝要接受上天意旨的缘故。事实上，圣人是无法创造出时运的，他只不过在时运到来时能及时抓住它而不丧失机遇罢了。辅佐选用贤能的人，这样就能贬退谗佞之徒的歪门邪道，平息肃清巧辩之人的胡说八道，废除严酷的刑法，去掉烦杂的事务，排除流言的痕迹，堵塞私党的门路；消除所谓的智巧之能，依循自然法则，毁坏肢体的贪欲，罢除小的聪明，与混沌初分状态相通达，解除意念放开精神，使心神淡漠得像没有魂魄一样，使万物各自回复到它的本性中去，那么这就是修治伏羲氏的业绩，而返回到五帝治政的大道上去。

第七卷　精神训

【原文】

古未有天地之时，惟像无形①，窈窈冥冥②，芒芰漠闵③，澒濛鸿洞，莫知其门。有二神混生④，经天营地；孔乎莫知其所终极，滔乎莫知其所止息；于是乃别为阴阳，离为八极；刚柔相成，万物乃形；烦气为虫⑤，精气为人⑥。是故精神，天之有也，而骨骸者，地之有也，精神入其门而骨骸反其根⑦，我尚何存？是故圣人法天顺情，不拘于俗，不诱于人；以天为父，以地为母；阴阳为纲，四时为纪；天静以清，地定以宁；万物失之者死，法之者生。

【注释】

①像：象，形象。无形：混沌的原始状态。②窈窈冥冥：深远的样子。③芒芰漠闵：广大无边的样子。④二神：指阴、阳之神。混生：一起产生。⑤烦气：混杂之气。⑥精气：指元气中精微细致的部分，是生命的根源。⑦根：指归根、归土。

【译文】

上古时期，在天地还没有形成的时候，不过是模糊不清的状态而无具体形状，这种状态昏暗幽深、混沌不清，没有人知道它的门道。那时有阴阳二神一起产生，开辟天地；深远得没有办法知道它终极的地方，广大得不知道它的边缘。这时便分出天地阴阳二气，散离成四方八极，阴柔、阳刚二气互相作用，万物才从中产生并形成。在这里，杂乱之气成为鱼鸟禽兽和昆虫，精微之气则变成人类。因此说人的精神是上天所有的，而骨骸是大地所有的。精神无形进入天门，骨骸有形归根大地，我还有什么存留的呢？因此圣人遵循天地而运行的法度，完全符合人的本性，不受世俗的拘束，也不受任何诱惑，以天为父，以地为母，顺应阴阳的变化，把四时运行作为准则；天清澈清静、大地平定而安宁，万物离开它就必然死亡，依附它肯定得以生存。

【原文】

夫精神者，所受于天也，而形体者，所禀于地也①。故曰："一生二，二生三，三生万物。"万物背阴而抱阳，冲气以为和②，故曰一月而膏③，二月而胅④，三月而胎，四月而肌，五月而筋，六月而骨，七月而成，八月而动，九月而躁，十月而生。形体以成，五藏乃形，是故肺主目，肾主鼻，胆主口，肝主耳，外为表而内为里，开闭张歙，各有经纪，故头之圆也象天，足之方也象地。天有四时五行九解三百六十六日，人亦有四支五藏九窍三百六十六节。天有风雨寒暑，人亦有取与喜怒。故胆为云，肺力气，肝为风，肾为雨，脾为雷，以与天地相参也⑤，而心为之主。是故耳目者，日月也；血气者，风雨也。日中有踆乌，而月中有蟾蜍。日月失其行，薄蚀无光；风雨非其时，毁折生灾；五星失其行，州国受殃。夫天地之到至纮以大⑥，尚犹节其章光⑦，爱其神明，人之耳目曷能久熏劳而不息乎？精神何能久驰骋而不既乎？

【注释】

①禀：承受。②冲气：相互交流的气。和：和气。③膏：黏稠状的物质。④胅（dié）：肿大。⑤相参：配合。⑥至纮（hóng）：非常深远。⑦章光：光明。

【译文】

　　人的精神是从上天那里得到的，而形体则是从大地那里得到的。正如《老子》中所说："一产生了二（即天地）；二产生了三（即阴气、阳气、和气）；三产生了万物。万物背阴而抱阳，阴气、阳气交流便成为和气。"所以说人的生命体产生的过程是：人受孕一个月受精卵像黏稠状物质，两个月开始膨胀，三个月成胎，四个月长肌肉，五个月长筋络，六个月长骨骼，七个月开始成形，八个月胎儿会动弹，九个月则躁动于母腹，十个月便可以生下来。形体全部长成，内在五脏也随之形成。所以是肺主管眼，肾主管鼻，胆主管口，肝主管耳。外面五官是表象而内部是脏腑，张开闭合，各自有一定的准则。所以人的脑袋呈圆形，像天，脚呈方形，像大地。天有四季春夏秋冬、五行金木水火土、九大分野解八方中央、一年三百六十六天，人也有四肢、五脏、九窍和三百六十六个关节。天有风雨寒暑，人则也有取予喜怒。所以这样又可以说，五脏中胆是云，肺是气，肝是风，肾是雨，脾是雷，以此来与天地自然

相配和，而心是五脏之主。因此人的耳目如同天上的日月，气血如同自然之风雨。太阳中有三足乌，而月亮中有蛤蟆。日月如果不按正常轨道运行，就会出现相食现象而失去光辉；风雨如果不合时令降临，就会毁折农作物而生灾害；五星如果失常运行，它所对应的国家就会遭殃。天地之道宏大深邃，尚且还要节制，珍惜其光彩，人的耳目又怎能长久劳累而不休息呢？人的精神又怎能长久驰骋而不耗尽呢？

【原文】

是故血气者，人之华也；而五脏者，人之精也。夫血气能专于五脏而不外越，则胸腹充而嗜欲省矣。胸腹充而嗜欲省，则耳目清、听视达矣。耳目清、听视达，谓之明。五脏能属于心而无乖，则敄志胜而行不僻矣①。敄志胜而行之不僻，则精神盛而气不散矣。精神盛而气不散则理，理则均，均则通，通则神，神则以视无不见，以听无不闻也，以为无不成也。是故忧患不能入也，而邪气不能袭。故事有求之于四海之外而不能遇，或守之于形骸之内而不见也。故所求多者所得少，所见大者所知小。

【注释】

①敄志：即旺盛之志。

【译文】

因此说气血是人的精华，而五脏，则是人的精粹所在。血气如能专注运行在五脏之内而不外溢，那么这胸腹内的五脏就充实而嗜欲也随之减少。五脏充实而嗜欲减少，就能使耳目清新、听觉、视觉也就会畅达了。耳目清新、视听畅达，叫作"明"。五脏能归属于心而不与心违逆，这样旺盛之气占优势人就不会有邪僻之行了，人的精神就旺盛而精气不散泄。精神旺盛和精气不散泄则顺畅，顺畅就调匀，调匀则通达无阻，通达无阻就能产生出神奇的能力。这种能力能使人观察

事物没有不能见到的，倾听声音没有不能听到的，做事情没有不能成功的。这样，忧患祸害就不会侵入，邪气歪风也无法侵扰。由于精神蔽塞，所以有的事情向四海之外去寻求也得不到它，有的事情守持在身体之内也不能被发现。所以贪求多的人反而得到的少，见到大的人反而知道的就小。

【原文】

夫人之所以不能终其寿命而中道夭于刑戮者何也？以其生生之厚①，夫惟能无以生为者，则所以修得生也。夫天地运而相通，万物总而为一。能知一，则无一之不知也，不能知一，则无一之能知也。譬吾处于天下也，亦为一物矣。不识天下之以我备其物与？且惟无我而物无不备者乎？然则我变物也，物亦物也。物之与物也，又何以相物也？虽然，其生我也，将以何益？其杀我也。将以何损？夫造化者既以我为坯矣②，将无所违之矣。吾安知夫刺灸而欲生者之非惑也？又安知夫绞经而求死者之非福也③？或者生乃徭役也，而死乃休息也？天下茫茫，孰知之哉？其生我也，不强求已；其杀我也，不强求止。欲生而不事，憎死而不辞，贱之而弗憎，贵之而弗喜，随其天资而安之不极。吾生也有七尺之形，吾死也有一棺之土。吾生之比于有形之类，犹吾死之沦于无形之中也。然则吾生也物不以益众，吾死也土不以加厚，吾又安知所喜憎利害其间者乎？

【注释】

①生生：养生。②坯：原指砖瓦还没有烧成的状态，这里指模型。③绞经：指用绳子勒死。

【译文】

人不能够做到享尽天年长寿而常常在中途死于刑杀，这是什么原因造成的呢？是由于这些人所倚靠的养生条件太丰厚了。能够达到长生的也只是那些不怎么追求优厚生活条件的人。天地的运行是相通的，万物最终都回归于天道。对于人来说，能懂得道的人，也就能无所不懂；不懂得道的人，也就什么都不懂。譬如我自己处在天地之间，实际上也是万物中的一物。不知道天下万物是为我准备的呢？还是没有我之前万物就已经齐备了呢？虽然如此那么我也是一个"物"，万物也是"物"，"物"与"物"之间，又根据什么互相品评呢？既然这样，那么自然界生下我，将能增加什么？它们处死我，又能减少什么？天地既然将我造化成人，那么我也就没有必要违逆天地的造化。我哪里知道用针灸治疗想活命下来的人不是因为糊涂？又怎么知道悬梁自寻死路的人，不是他的福气呢？也许活着的人倒是像在服苦役，而死去的人倒像是在休息。天下之道旷远幽深，谁能明白这其中的奥秘呢？所以，天地造化生出我，我也不会硬去阻止，天地造化灭杀我，我也不会硬去阻止。企盼活命，人之常情，只是不必为此而费事

钻营；厌恶死亡，人之常理，但死到临头谁又能推辞得掉？受到贬斥，不必怀恨在心，受到褒奖，也不必沾沾自喜。任随天意时运本性安然悠闲而不必着急。我生下来有七尺之形体，死后能占有一片棺材大小的土地。生时与有形体之类相并列，就像我死后沦没到没有形体之类中去一样。这样，我活着时，世间万物不因此而增多，我死去，大地土壤也不会因此而加厚，由此我又怎么知道其中存在着喜憎、利害的事情呢？

【原文】

人之所以乐为人主者，以其穷耳目之欲，而适躬体之便也①。今高台层榭②，人之所丽也，而尧朴桷不斫③，素题不枅④。珍怪奇异，人之所美也，而尧粝粢之饭⑤，藜藿之羹⑥。文绣狐白，人之所好也，而尧布衣掩形，鹿裘御寒。养性之具不加厚，而增之以任重之忧，故举天下而传之于舜，若解重负然，非直辞让，诚无以为也。此轻天下之具也。禹南省方，济于江，黄龙负舟，舟中之人五色无主⑦，禹乃熙笑而称曰："我受命于天，竭力而劳万民，生寄也，死归也，何足以滑和？"视龙犹蝘蜓⑧，颜色不变，龙乃弭耳掉尾而逃⑨。禹之视物亦细矣。

【注释】

①躬体：指自己的身体。②台：四方而高为台。榭：台上亭阁为榭。③朴：未加工的木材。桷（jué）：方椽子。④素题：顶端不加彩饰的梁柱。题：端。枅：柱上横木。⑤粝：粗米。粢：谷物。⑥藜：一种草本植物。藿：豆叶。⑦五色：指面部的五种气色。无主：面无定色。⑧蝘（yǎn）蜓：蜥蜴。⑨弭：低。

【译文】

人们之所以热衷于当国君，是因为它能使人满足耳目的欲望，使身体舒舒服服。当今之人对于楼台亭阁，都认为是美丽的，但是尧的住房的椽子不做加工，梁柱也不加修饰；珍奇的食品，一般人都认为是味道佳美的，但是尧帝却吃粗糙的饭菜，喝用野菜熬成的汤羹；再有那些绣有纹彩的锦衣和纯白狐皮裘衣，一般人都是十分喜爱的，但是尧帝却用麻布来遮裹身体，用低劣的鹿皮御寒。尧帝用来养生的东西一点也不增多，而日益增加的是对于国家大事的忧虑，所以尧就将天下禅让给舜，就像卸下了重担一样，这实在不是出于一种谦让美德的名声，而是君主王位在尧看来不值什么，实在是没有什么可值得留恋的。这就是看轻天子权势的事例。夏禹到南方巡视，渡过长江时，一条黄龙游出水面并将夏禹他们所乘坐的船托起，船上的人都吓得神色大变，可禹却恬然地笑着说："我受命于天，竭尽全力为百姓操劳。我活着只是暂时寄托人间，死了是回归到本宅，你岂能因此扰乱天和？"在夏禹的眼里，这条黄龙就像是一条小小的蜥蜴，所以能做到神色没有一点变化，而那黄龙最终耷拉着耳朵、掉转尾巴逃走了。禹看待庞然大物不过是很细小的东西。

【原文】

晏子与崔杼盟①，临死地而不易其义，殖、华将战而死②，莒君厚赂而止之，不改其行。故晏子可迫以仁，而不可劫以兵；殖、华可止以义，而不可县以利③；君子义死而不可以富贵留也，义为而不可以死亡恐也。彼则直为义耳，而尚犹不拘于物，又况无为者矣。尧不以有天下为贵，故授舜；公子札不以有国为尊④，故让位；子罕不以玉为富⑤，故不受宝；务光不以生害义⑥，故自投于渊。由此观之，至贵不待爵，至富不待财。天下至大矣，而以与佗人；身至亲矣，而弃之渊；此外，其余无足利矣。此之谓无累之人。无累之人，不以天下为贵矣。

【注释】

①晏子：名婴，字仲，谥号平，又称晏平仲，春秋时期齐国著名的政治家，共辅佐了灵公、庄公、景公三世。崔杼：春秋时期齐国的大夫，后来他杀死庄公另立景公。②殖、华：即杞殖和华周。③县：通"眩"，迷惑。④公子札：吴国公子季札，又称延陵季子，春秋时吴王诸樊的弟弟，多次辞让君位。⑤子罕：春秋时期宋国人，为人清廉。⑥务光：商汤讨伐夏桀，夺取帝位，害怕天下议论，于是让位于务光，最后务光背着石头投河自尽。

【译文】

崔杼弑君胁迫晏子与之合盟，刀剑逼胸而晏子不改忠于国家的大义；杞殖、华周英勇作战兵败被围，莒君用丰厚的待遇劝其投降，但二人严词拒绝，不因利益改变自己的操行。所以，对晏子这样的人可以用仁义来感化他，但不可以用兵器武力来胁迫；对杞殖和华周这样的人可以用大义来制约他们，但不可以用财物来引诱。君子为义而死，是不能用富贵利禄来诱使他们偷生的；为大义而行动的人，是无法用死亡来恐吓他们的。这些为大义而行动的人都尚且不受物欲的制约拘束，更何况那些什么都不为的人呢！尧不把拥有天子的权位看作尊贵，所以才把权力传给了舜；吴国公子季札不把国君之位看作尊宠，所以坚辞不受长兄让给他的王位；子罕不以拥有宝玉为富有，所以不接受别人送他的宝玉；务光不想用活命贪生而损害忠义，所以情愿自投深渊淹死。由此看来，最高的权贵获得不是靠爵禄来完成的，最大的富有不依恃财产。天子的权势是最大的了，但尧却将它传给他人；身躯生命够珍贵的了，但务光却将自身生命投入深渊。除了天下和生命，还有什么比它们更珍贵而值得留恋的东西？而尧和务光却不惜舍弃这些，真正做到不为物累。因为不为物累，所以他们也就不把天下的权位看作是尊贵的。

【原文】

衰世凑学①，不知原心反本，直雕琢其性，矫拂其情②，以与世交，故目虽欲之，禁之以度；心虽乐之，节之以礼；趋翔周旋③，诎节卑拜；肉凝而不食，酒澄而不饮；外束其形，内总其德；钳阴阳之和，而迫性命之情；故终身为悲人。达至道者则不然④，理情性，治心术；养以和，持以适；乐道而忘贱，安德而忘贫；性有不欲，无欲而不得，心有不乐，无乐而不为；无益情者不以累德，而便性者不以滑和，故纵体大肆意，而度制可以为天下仪。

【注释】

①凑：趋向，追逐。②矫：矫饰。拂：违背。③翔：悠闲地行走。④至道：最深刻的道理。

【译文】

衰败世道的趋时之学，人们不知推究初意返回根本，只知道粉饰他们的天性，矫饰他们的本情，以便和流俗世人相交接。因此他们眼睛即使想看却被法规所禁止；内心虽然有所爱好，却因为有礼节制约；使人们只能行止有礼周旋应酬，卑躬屈节。肉冻结了而不敢吃、酒澄清了而不敢饮；外部束缚自己的形体，内部禁锢自己的德性，结果钳制了阴阳二气的调和、使生命的本性受到了禁迫，因而终身成为悲哀之人。而通达最精深道理的人就不是这样。他们理顺自己的性情，整理修治好自己的心术；用平和之气来保养心性，以闲适安宁来持守本性。他们乐于道而忘其贱，安于德而忘其贫；他们生性无欲，因而没有什么不能实现的；他们本心不追求快乐，因而没有什么不快乐；那些无益于本性的事他也不拿来累及德性，那些不适宜纯洁天性的事他也不拿来扰乱内心的平和。因此得道之人虽然放纵行为任意行事，然而他们所树立的法规制度可以成为天下人的示范。

第七卷　精神训

【原文】

今夫儒者，不本其所以欲，而禁其所欲；不原其所以乐，而闭其所乐；是犹决江河之源，而障之以手也。大牧民者①，犹畜禽兽也，不塞其圂垣，使不野心，系绊其足，以禁其动，而欲修生寿终，岂可得乎？夫颜回、季路、子夏、冉伯牛②，孔子之通学也③。然颜渊夭死，季路菹于卫，子夏失明，冉伯牛为厉④，此皆迫性拂情，而不得其和也。故子夏见曾子，一臞一肥，曾子问其故，曰："出见富贵之乐而欲之，入见先王之道又说之。两者心战，故臞；先王之道胜，故肥。"推此志，非能贪富贵之位，不便侈靡之乐，直宜迫性闭欲，以义自防也。虽情心郁殪⑤，形性屈竭，犹不得已自强也，故莫能终其天年。若夫至人，量腹而食，度形而衣；容身而游，适情而行；余天下而不贪，委万物而不利；处大廓之宇⑥，游无极之野；登太皇⑦，冯太一，玩天地于掌握之中，夫岂为贫富肥臞哉！故儒者非能使人弗欲，而能止之；非能使人勿乐，而能禁之。夫使天下畏刑而不敢盗，岂若能使无有盗心哉！

【注释】

①牧：蓄养。②颜回、季路、子夏、冉伯牛：都是孔子的弟子。③通学：精通师传学业的人。④厉：通"疠"，恶疮。⑤郁殪（yì）：忧伤的样子。⑥廓：虚无的。⑦太皇：指天。

【译文】

现在的儒生不探求造成欲望的根本原因，而只是一味禁止人们想得到的权欲奢侈；不探究造成快乐的原因，而只禁止人们想得到的快乐；这就像掘开长江、黄河的源头，而想用手掌去阻挡江流一样。同样，管理百姓如同畜养禽兽，不好好地堵塞苑囿围墙的缺口，让禽兽产生了逃走的野心，然后却去羁绊这些禽兽的腿脚，来禁止它们的行动，这样还想使他们修身养性得以长寿，怎么能做得到呢？所以，尽管颜回、季路、子夏、冉伯牛都是孔子的高足，通晓学问的弟子，可是颜回早死、子路在卫国被砍成肉酱、子夏丧子悲哭导致失明、冉伯牛得了恶疾，这些人都是强迫性情背离本性，而没有得到天和所造成的。因此子夏见到曾子，一次瘦，一次胖。曾子感到奇怪问子夏是什么原因，子夏回答说："我外出见富贵能带来很多快乐，所以也想富贵快乐；回家后学习先王之道，又喜欢上了先王之道。这二者在内心世界经常交锋，所以被折腾得瘦削不堪；最后是先王之道取得胜利，所以又胖了。"推究一下子夏的话，就可知道子夏并不是不贪图富贵、不是不安享奢侈的快乐，只不过强迫性情禁闭情欲，用道义来自我防卫。这样即使性情忧伤，形体委屈，还不得不努力自强，所以不能享尽天年。而深刻精通道义的人就不是这样了，他们是根据饭量来进食，衡量体形来穿衣，容身而游、适情而行，遗弃天下而不贪得、抛弃万物而不求利，身处空旷无垠的天宇、遨游在没有边际的区域，登临上天，依靠在天帝身边，玩弄天地于手掌之中，哪里还会为贫富而伤神得一会儿瘦一会儿胖！因此儒家不能使人抛开情欲之事，而情欲可以用道义来制止；不能使人抛开享乐的念头，而享乐可以用礼仪来加以限制。这种让天下人只是因畏惧刑罚才不敢偷盗的做法，哪比得上使人从根本上不萌生偷盗念头的做法呢？

【原文】

越人得髯蛇，以为上肴，中国得而弃之无用。故知其无所用，贪者能辞之；不知其无所用，廉者不能让也。夫人主之所以残亡其国家，损弃其社稷，身死于人手，为天下笑，未尝非为非欲也。夫仇由贪大钟之赂而亡其国①，虞君利垂棘之璧而擒其身，献公艳骊姬之美而乱四世②，桓公甘易牙之和而不以时葬③，胡王娭女乐之娱而亡上地。使此五君者，适情辞余④，以己为度，不随物而动，岂有此大患哉？故射者非矢不中也，学射者不治矢也，御者非辔不行，学御者不为辔也。知冬日之箑、夏日之裘，无用于己，则万物之变为尘埃矣。故以汤止沸，沸乃不止，诚知其本，则去火而已矣。

【注释】

①仇由：春秋时期狄人建立的国家。②骊姬：春秋时期骊戎首领的女儿，晋献公夺来立为夫人。③桓公：春秋时期齐国国君，为五霸之一。易牙：桓公身边的宠臣，善于调味，还把自己的儿子做成肉羹进献给桓公。④辞余：多余的奢望。

【译文】

南方的越人捕得大蛇，会把它作为上等的美食，而中原人得到一条大蛇，会因为没有吃蛇的习惯而将其扔弃掉。所以，如果知道一种东西没有用处的话，即使是一位相当贪婪的人也会推辞不要；如果不知道一种东西没有用处的话，即使是一位相当廉洁的人也不能将它辞让给别人。有些国君之所以落到国破家亡、毁掉社稷、身死于他人之手、被人耻笑的地步，没有不是因为过分追求非分的欲望而造成的。

狄君仇由于贪爱大钟的贿赂而使自己的国家被智囊子灭掉；虞君贪图晋国的垂棘之玉，而被晋献公活捉；晋献公贪恋骊姬的美貌而导致晋国四世动乱；齐桓公贪食易牙奉献的美味佳肴，自己死去不能按时下葬；西戎胡王沉溺于秦穆公赠送的美女，而丢去了大片沃土。假如这五位君主都能控制情欲，抛弃外物，以自己正常的本性需求为限度，不随外界物质的诱惑而动贪心，哪会造成这样大的祸害？因此说，射箭的人，不是箭头不能射中，而是学习射箭的人不去练习射击；驾驭车马的人不是辔头不好，而是学习驾车的人不去练习驾驭。懂得扇子在冬天、皮衣在夏天对自己没有用处的道理，那么没有用的万物在你看来也变得像尘埃一样渺小，微不足道。所以用热水来浇滚水，滚水仍然会沸腾不止；只有知道它的本源，才能使水停止沸腾，那就是只需撤去炉膛里的火，即抽去火源，这水沸就停止了。

第八卷　本经训

【原文】

太清之始也，和顺以寂漠①，质真而素朴②，闲静而不躁③，推移而无故，在内而合乎道，出外而调于义，发动而成于文，行快而便于物。其言略而循理，其行侻而顺情④，其心愉而不伪，其事素而不饰。是以不择时日，不占卦兆，不谋所始，不议所终；安则止，激则行；通体于天地，同精于阴阳；一和于四时，明照于日月，与造化者相雌雄。是以天覆以德，地载以乐；四时不失其叙，风雨不降其虐⑤；日月淑清而扬光，五星循轨而不失其行。当此之时，玄元至汤而运照，凤麟至，蓍龟兆，甘露下，竹实满，流黄出而朱草生⑥，机械诈伪，莫藏于心。

【注释】

①和顺：指不违逆上天的安排。寂漠：不侵扰百姓。②质真：指本性不变。素朴：指精气不散。③闲静：指无欲无求的状态。④侻（tuó）：简单。⑤虐：灾害。⑥流黄：即一种宝玉。朱草：又称朱英，一种红色的草，古人以之为祥瑞之物。

【译文】

三皇统治的无为之世，帝王顺应天道、澹漠无为，本性纯真而质朴，没有欲望而不烦扰他人，与时变化而没有常则，在内部心志符合道的要求，在外部言行用义来协调。他行为举动成顺法度，处事快捷便利事物；他的言论扼要简略而合循事理，行为洒脱简易而随顺常情。他的心情平和而不虚伪，他的行事朴实而不加掩饰。因此，那时候干任何事情都用不着选择良时吉日，不必占卦问卜，不必慎重考虑如何开头，也不必仔细计划结果如何。事物安静不动则随之安然停止，事物激发变化则随之行动变化，他形体和天地自然相通，精神和阴阳二气同融，和气同四季相一致，光辉同日月相辉映，整个地和自然造化相伴随，交融合和。正因为这样，所以苍天将道德恩泽施予万物，大地将承载乐土养育众生；四时将不失其次序，风雨将不逞暴虐；日月清朗放射光芒，五星循轨不偏方向。在这样的社会盛世下，上天元气广大而遍照海内，凤凰麒麟也会翔临门庭，蓍草、龟甲也显示吉兆，甘露降临，竹实饱满，流黄宝玉露显，朱草生于庭院，机巧诈伪之念，没有人隐藏在心中。

【原文】

逮至衰世，镌山石，锲金玉，摘蚌蜃，消钢铁，而万物不滋。刳胎杀夭①，麒麟不游；覆巢毁卵，凤皇不翔；钻燧取火，构木为台；焚林而田，竭泽而渔；人械不足②，畜藏有余，而万物不繁兆③，萌牙卵胎而不成者，处之太半矣。积壤而丘处，粪田而种谷；掘地而井饮，疏川而为利；筑城而为固，拘兽以为畜；则阴阳缪戾④，四时失叙；雷霆毁折，雹霰降虐；氛雾霜雪不霁，而万物燋夭。菑榛秽，聚埒亩；芟野菼⑤，长苗秀；草木之句萌衔华戴实而死者，不可胜数。乃至夏屋宫驾⑥，县联房植⑦；橑檐榱题⑧，雕琢刻镂；乔枝菱阿，夫容芰荷；五采争胜，流漫陆离；修掞曲校，夭矫曾挠，芒繁纷挐，以相交持；公输、王尔无所错其剞劂削锯，然犹未能澹人主之欲也。是以松柏菌露夏槁，江河三川，绝而不流，夷羊在牧，飞蛩满野；天旱地坼，凤皇不下；句爪、居牙、戴角、出距之兽，于是鸷矣。民之专室蓬庐，无所归宿，冻饿饥寒，死者相枕席也。及到分山川豀谷，使有壤界；计人多少众寡，使有分数；筑城掘池，设机械险阻以为备；饰职事，制服等，异贵贱，差贤不肖，经诽誉，行赏罚，则兵革兴而分争生；民之灭抑夭隐，虐杀不幸而刑诛无罪，于是生矣。

【注释】

①刳（kū）：剖开。②械：指生产工具。③繁兆：开始繁殖。④缪戾：违背自然规则，错乱。⑤芟：砍伐，剪除。野菱：一种植物，类似于今天的蒺藜。⑥宫驾：宫室的构架。⑦县联：即屋檐板。房植：即户值。当房门关闭的时候，用一个中立的直木来上锁。⑧橑（liáo）：屋檐。榱（cuī）题：屋檐的椽子。

【译文】

等到了衰败之世，开凿山石，雕琢金玉之器，开蚌蛤采取珍珠，熔铸铜铁制造器具，这样就使自然资源大量消耗而不得繁衍。剖开兽胎、扼杀珍贵的麋子，吓得麒麟也不敢露面遨游；掀翻鸟巢、毁坏鸟卵，使得凤凰不愿出来飞翔；钻石取火，伐木造楼；焚火树林猎死禽兽，放尽池水捕捞鱼虾；人民使用的器

械工具缺乏，而统治者国库内的物资储存却聚积有余；各种物类都不能繁衍，草木萌芽、鸟雀下蛋、兽类怀胎，在新生命将诞生时却遭到扼杀，中途夭折的情况占了大半。人们同时积土造山而住在山上高处，往田里施肥来播种谷物，往地下深处掘井取水，疏通河川以求水利，修筑城墙以求安全，捕捉野兽以求驯养成家畜，诸如此类便造成自然界阴阳错乱，四季失去了正常的秩序。雷霆毁坏树木，冰雹雪珠降落造成灾祸，大雾霜雪连绵不断，而万物因此枯萎夭折。蔓草杂木丛生，聚集在荒芜的田地上；除去野生杂草，禾苗不能旺盛结实；草木生长、挂花、结实而死去的，没有办法来计算。进而又造起了高大的宫室，门户相连；屋檐、椽子、雕琢了精美的图案；高扬的枝叶翘过飞檐，绘有荷花、菱叶、五彩争艳、绚丽斑斓、漂亮至极；各种建筑装饰参差错落、屈伸叠曲、姿态万千、交相倚立。就是像公输班、王尔那样的能工巧匠，面对这样的杰作也会不知道如何再去加上一凿一锯。然而这样还是不能满足统治者的贪欲。因此原本长青不衰的松柏竹子竟在植物繁盛的夏季枯死了，原本川流不息的大河大江也竟会干涸断流；神兽夷羊出现在商郊牧野之地，蝗虫遮天盖地，天旱地裂；凤凰不再翔临，生有勾爪、尖牙、长角、距趾的凶猛禽兽却到处肆虐，捕杀生灵。老百姓住在蜗居和茅草棚里，流浪者无家可归，受冻挨饿，以致饿死冻死者互相枕藉。而后国君们分割山川溪谷，划定界限，计算人口多少，使各有份额数量；修筑城墙挖掘深池，设置机关险隘以作防备，整治官吏制度，制订服饰等级，分别贵贱贤愚，定出善恶，实施赏罚，于是矛盾兴起、战祸迭起，人民百姓遭受冤屈隐痛，而统治者滥杀无辜、惩治无罪之人的情况也就发生了。

【原文】

天地之合和，阴阳之陶化万物，皆乘人气者也①。是故上下离心，气乃上蒸②；君臣不和，五谷不为③。距日冬至四十六日，天含和而未降，地怀气而未扬，阴阳储与④，呼吸浸潭，包裹风俗，斟酌殊，薄众宜，以相呕咐酝酿，而成育群生。是故春肃秋荣，冬雷夏霜，皆贼气之所生。由此观之，天地宇宙，一人之身也；六合之内，一人之制也。是故明于性者，天地不能胁也；审于符者，怪物不能惑也。故圣人者，由近知远，而万殊为一；古之人，同气于天地，与一世而优游。当此之时，无庆贺之利，刑罚之威，礼义廉耻不设，毁誉仁鄙不立，而万民莫相侵欺暴虐，犹在于混冥之中⑤。逮至衰世，人众财寡，事力劳而养不足，于是忿争生，是以贵仁。仁鄙不齐，比周朋党，设诈谞⑥，怀机械巧故之心，而性失矣，是以贵义。阴阳之情莫不有血气之感，男女群居杂处而无别，是以贵礼。性命之情，婬而相胁，以不得已则不和，是以贵乐。是故仁义礼乐者，可以救败，而非通治之至也。

【注释】

①人气：纯一之气。②蒸：升腾。③为：生长成熟。④储与：徘徊不定的样子。⑤混冥：即大道。⑥诈谞（xū）：巧诈阴谋。

【译文】

天地之间的气体互相融合，阴气、阳气结合陶冶化育万物，之所以这样，全凭这纯一之气。因此，如果上下离心离德，这纯一之气就会上升；君臣之间互相背离，五谷便不能成熟。从立冬到冬至共四十六天，天含有的阳气还未下降，地怀有的阴气还未上扬；此时阴阳二气尚未融合，各自在空间游荡徜徉，逐渐互相吸收并浸润扩散成中和之气，包裹着极大范围，准备化育生成万物，遍及芸芸众生使之各得其宜，和气抚养着酝酿着，最终将会化育众多生命。因此春季肃杀、秋季繁荣、冬天雷鸣，夏季下霜，这些反常气候都是由阴阳之气失调之后产生出的有害邪气所造成的。从这里可以看出，天地宇宙，

159

就像一个人的身子一样；六合之内，本性明了的人，天地也不能胁迫他；如同人的形体一样。因此对人的对于符验审查清楚的人，不会对天地自然的怪异产生迷惑感。因此圣人能够由眼前的事推知遥远的事，将万物视为"一"，将千差万别视为无差别。他正气通天地，与整个宇宙世界一起悠闲遨游。在这个时候，既没有庆功奖赏的诱惑，也没有刑法惩处的威逼，更不必设置礼义廉耻，也无诽恶誉善的事情，百姓们互不侵犯欺凌残害，就像生活在混沌社会中一样。等到了衰败之世，人口增多财源减少，从事繁重的劳动而养活不了众多的人口，在这种情况下，愤怒争斗便产生了，因此这时便提倡仁爱来制止纷争。同时，社会中有人仁厚，有人则不仁，不仁之人还结党营私、心怀机巧奸诈，人的纯朴天性于是便丧失了，这时便要借助道义来制止这种情况。人由阴阳二气交会便产生了感情，且异性相吸引起情感冲动，这样男女群居混杂而没有分隔就会导致淫乱，因此要借助礼节来限制男女

交往。人的性命中存在着情欲，如果过分放纵宣泄就会威胁生命，若不能得到制止就会血气失调，因此便提倡乐教。所以，由此看来，仁、义、礼、乐这些东西，均是用来防范、制止某些方面的道德品行的衰败的，能够补救暂时的失败，但不能解决治理天下的根本问题。

【原文】

夫仁者，所以救争也①；义者，所以救失也；礼也，所以救婬也；乐者，所以救忧也。神明定于天下而心反其初②，心反其初而民性善，民性善而天地阴阳从而包之，则财足而人澹矣③，贪鄙忿争不得生焉。由此观之，则仁义不用矣。道德定于天下而民纯朴，则目不营于色④，耳不婬于声，坐俳而歌谣，被发而浮游，虽有毛嫱、西施之色，不知说也，掉羽、武象，不知乐也，婬泆无别不生焉。由此观之，礼乐不用也。是故德衰然后仁生，行沮然后义立，和失然后声调，礼婬然后容饰。是故知神明然后知道德之不足为也，知道德然后知仁义之不足行也，知仁义然后知礼乐之不足修也。今背其本而求其末，释其要而索之于详，未可与言至也。

【注释】

①救：制止。②神明：道德修养的最高境界。③澹：安定的样子。④营：被迷惑的样子。

【译文】

如此一来，社会之所以提倡仁爱，是用它来防范纷争的；提倡大义，是用它来解救人的本性丧失的；提倡礼节，是用来规范淫乱的；提倡乐教，是用它来疏通忧愁的。依靠道体神明来安宁天下，这样人心就会返回到人类初始的那种清静无欲的质朴境界；人心一旦返回到这种境界，社会民性就会变善；民性善良就会和天地自然阴阳融会一致，这样四时阴阳和谐有序、万物繁茂、财物充裕，百姓需求一旦满足，贪婪鄙陋、怨恨争斗也就不易滋生。从这里可以看出，那么仁义便可以不用了。用道德来安定天下，百姓就会纯真朴实，这样百姓眼睛就不易受美色迷惑、耳朵就不会被五音所惑乱，人们就可以安闲地坐着歌唱，披着长发而自由漫游，即使有毛嫱、西施这样的美女，也不知道喜欢，观看《掉羽》《武象》这样动人的舞乐，也不知道快乐，那种荒淫放荡、男女混杂的事情就不会发生。从这里可以看出，礼乐就可以不用了。因此德性沦丧而后仁产生，行为败坏而后义建立，和谐丧失后才用乐来调节，礼节混乱后才有仪容修饰。因此，知道精神清明，然后才懂得道德是不足取的；懂得道德，而后才知道仁义是不值得推行的；知道仁义，然后才知道礼乐是不值得修治的。但如今却是相反：背弃了它的根本而去追求仁义礼乐这些末枝，放弃了要害而在细节上去探求，这样的人是不能和他谈论最精深的道理的。

【原文】

天爱其精①，地爱其平，人爱其情。天之精，日月星辰雷电风雨也；地之平，水火金木土也；人之情，思虑聪明喜怒也。故闭四关②，止五遁③，则与道沦，是故神明藏于无形，精神反于至真④，则目明而不以视，耳聪而不以听，心条达而不以思虑⑤；委而弗为，和而弗矜⑥；冥性命之情，而智故不得杂焉。精泄于目，则其视明；在于耳，则其听聪；留于口，则其言当；集于心，则其虑通。故闭四关则身无患，百节莫苑，莫死莫生，莫虚莫盈，是谓真人。

【注释】

①精：日月的光明。②四关：即眼、耳、口、心。③五遁：即追求金、木、水、火、土五种淫逸的事情。④真：指自身。⑤条达：条理通达。⑥矜：自高自大。

【译文】

上天珍爱它的光明，大地爱惜它的平正，人类爱惜他的情性。上天的光明就是日、月、星、辰、雷、电、风、雨；大地的平正就是金、木、水、火、土；人类的情性是思虑、聪明、喜怒。所以闭目塞耳、缄口静心，制止五种淫逸，那么人便能和道一起浮沉。因此把神明藏到无形之中，精气就会返回到自身，就可以做到眼睛尽管明亮却什么也不去看，耳朵尽管聪敏却什么也不去听，心体透亮而什么也不去想；委顺事物而不作为，保持平和而不骄矜，冥性命之情，不思虑、不喜怒，不运用聪明，保持心体平静，这样智巧就难以混杂在其中了。精气和眼睛相通，人的视觉就明亮；精气存在于耳中，人的听觉就灵敏；精气存留在口中，人的言词就恰当；精气聚集在内心，人的思虑就通达。所以，闭塞目、耳、心、口这四道关口，人体就无忧虑，人体百节不会生病。不会死也不会生、不会空虚也不会充满，这就是所说的真人。

【原文】

古者上求薄而民用给①，君施其德，臣尽其忠，父行其慈，子竭其孝，各致其爱②，而无憾恨其间。夫三年之丧，非强而致之；听乐不乐，食旨不甘，思慕之心未能绝也。晚世风流俗败，嗜欲多，礼义废，君臣相欺，父子相疑，怨尤充胸，思心尽亡，被衰戴绖，戏笑其中，虽致之三年，失丧之本也。

【注释】

①给：费用充足。②致：表达。

【译文】

古时候国君需求少而百姓给用充足。国君施行他的德泽，而臣下尽献他的忠心，父亲施予他的仁慈之爱，儿子竭尽他的孝道，各人表达自己的爱抚之情，而没有怨恨、遗憾在其中。那种实行的三年之丧，不是强迫别人去做。三年服丧期满，听音乐不会感到快乐，吃美味不会觉得甘甜，是因为思慕悲哀之心没有断绝。晚世风气习俗败坏，食欲没有止禁，礼义遭到废除，君臣之间互相欺骗，父子之间互相猜疑，怨恨充塞于胸，父子之间的思慕之心全部丧失。披着缞戴着绖，却在其中玩耍嬉笑，即使让他们服丧三年，也失去了服丧的根本目的。

【原文】

古者天子一畿①，诸侯一同②，各守其分，不得相侵。有不行王道者，暴虐万民，争地侵壤，乱政犯禁，召之不至，令之不行，禁之不止，诲之不变，乃举兵而伐之，戮其君，易其党，封其墓，类其社③，卜其子孙以代之。晚世务广地侵壤，并兼无已；举不义之兵，伐无罪之国，杀不辜之民，绝先圣之后：大国出攻，小国城守；驱人之牛马，傒人之子女④；毁人之宗庙，迁人之重宝；血流千里，暴骸满野，以澹贪主之欲，非兵之所为生也。故兵者所以讨暴，非所以为暴也；乐者所以致和，非所以为婬也；丧者所以尽哀，非所以为伪也。故事亲有道矣，而爱为务；朝廷有容矣⑤，而敬为上；处丧有礼矣，而哀为主；用兵有术矣，而义为本。本立而道行，本伤而道废。

【注释】

①畿（jī）：京城附近方圆千里为畿。②同：诸侯国方圆百里为同。③类其：祭祀的名称，分为祭天和祭地两种。④傒（xī）：通"系"，逮捕，拘捕。⑤有容：有固定的礼容。

【译文】

古时候天子封地方圆千里，诸侯封地方圆百里，他们各自守护自己的边界，不能相互侵扰。有不推行天子政令，残害万民，争夺土地，扰乱政治触犯禁令的，召见他不来到，命令他不实行，禁止他不停止，教诲他不改过的人，便举兵讨伐他，杀掉它的国君，更换他们的党羽，修筑他的墓地，祭祀他的社神，经过占卜选择他们子孙中有贤德者来取代他。晚世务求侵占他国，扩张土地，兼并不能停止；发动不正义的战争，讨伐没有罪过的国家，杀死无辜的人民，绝灭先圣的后代；大的国家出兵对抗，小的国家保守城池；驱逐别人的牛马，拘系他人的子女；毁坏别国的宗庙，搬走它国的重宝；以致流血千里，横尸遍野。以此来满足贪婪国君的欲望。这不是发动战争的本来目的。因此军队是用来讨平暴乱的，不是用来进行暴力活动的；行乐是用来陶冶情性的，不是用来进行淫乱活动的；服丧是用来表达悲哀之情的，不是用来作假的。所以侍奉亲人是有方法的，要把爱作为目的；君臣朝见要遵循一定的礼容，以敬作为要求；处理丧事是有礼节的，要以哀作为主体；用兵也有一定的战略，要以讲求道义为根本。只要根本确立了，大道就可以畅通，根本破坏了，大道就会被废弃。

第九卷　主术训

【原文】

人主之术：处无为之事，而循行不言之教，清静而不动，一度而不摇①，因循而任下，责成而不劳。是故心知规而师傅谕导，口能言而行人称辞②，足能行而相者先导，耳能听而执正进谏。是故虑无失策，谋无过事；言为文章，行为仪表于天下；进退应时，动静循理；不为丑美好憎，不为赏罚喜怒；名各自名，类各自类，事犹自然，莫出于己。故古之王者，冕而前旒③，所以蔽明也；黈纩塞耳④，所以掩聪；天子外屏，所以自障。故所理者远则所在者迩，所治者大则所守者小。夫目妄视则淫，耳妄听则惑，口妄言则乱。夫三关者，不可不慎守也。若欲规之，乃是离之；若欲饰之，乃是贼之。

【注释】

①一度：统一法度。不摇：不改变。②行人：周朝设立的掌管朝觐聘问的官员。称辞：陈说。③旒：冕冠前后所挂的玉串。④黈纩：黄绵，按照古代的冕制，一般加上大小如丸的黄绵，挂在冕的两旁，表示不听无益之言。

【译文】

国君统治天下的手段是：用无为去处理事务，用不言去教化大众，清虚安静而不妄动，统一法度而不动摇，沿袭规则而任用臣下，督责臣下而自己不操劳。因此，君主心里藏有韬略却让国师来晓喻开导，

能说会道却让行人去陈说，自己脚腿灵便却让赞礼之人去引导，耳朵能够听清却要执政之人来进谏。因而，君主考虑问题便不会失策，行动计划便不会出错；言论合理，行动可以作为天下的表率；进退适合时宜，动静遵循一定的道理；不会因事物的美丑而产生好恶之情，更不会因赏罚而喜怒；事物叫什么名称就随它叫什么名称，事物属什么类别就让它属什么类别，各种事情是什么样子都是自然而然的，不由个人意志所决定。所以，古代帝王君主，带的冠冕前后装饰有珠玉，这是用来遮挡视线的，表示不视邪行；冠冕两侧悬垂的黄绵球，这是用来堵塞耳朵的，表示不听邪说；皇帝宫外设立的屏风，是用来保障自己、远离小人的。因此君主管辖的范围越远，所审察的范围却越近；治理的事情越大，所操持的事情却越简约。眼睛乱看就会淫乱，耳朵乱听则易迷惑，嘴巴乱说就会造成混乱。目、耳、口这三道关口，平时不可不谨慎把持。如果要去规范三关，那么便是使它们离散；如果把三关装饰起来，那么则是伤害了它们。

【原文】

天气为魂，地气为魄；反之玄房①，各处其宅，守而勿失，上通太一。太一之精，通于天道。天道玄默②，无容无则，大不可极，深不可测，尚与人化，知不能得。

【注释】

①玄房：人的口鼻。②玄默：清静无为。

【译文】

上天的精气为魂，大地的精气为魄；通过口鼻使它们返回到人体，各自处在自己的位置，持守住而不散失，人的精神就能上通太一元气。这太一元气是与天道融会相通的。天道沉静玄妙、没有形貌也没有常态规则，大到没有边际，深到无法测量；它常与人一起变化，而人的智慧却无法把握它。

【原文】

昔者神农之治天下也，神不驰于胸中，智不出于四域，怀其仁诚之心，甘雨时降①，五谷蕃植②，春生夏长，秋收冬藏，月省时考③，岁终献功，以时尝谷，祀于明堂。明堂之制，有盖而无四方；风雨不能袭，寒暑不能伤。迁延而入之，养民以公。其民朴重端悫，不忿争而财足，不劳形而功成，因天地之资而与之和同，是故威厉而不杀，刑错而不用，法省而不烦，故其化如神。其地南至交趾④，北至幽都，东至旸谷，西至三危，莫不听从。当此之时，法宽刑缓、囹圄空虚，而天下一俗，莫怀奸心。

【注释】

①甘雨：适宜农时降临的雨。时：符合时运。②蕃植：指生长茂盛。③月省时考：每月按时查看考察。④交趾：汉代郡名，在两广以南和越南北部一带。

【译文】

从前神农氏统治天下的时候，精神安静而不躁动驰骋于胸中，智慧施行不离开四方疆界，怀抱着他的仁爱真诚之心，因而自然界甘雨按照时节降落，五谷繁茂生长；春天播种夏季生长，秋天收获冬天贮藏。每月按时考察下情，到年底向祖宗神灵奉献收成；按季节品尝新谷，在明堂祭祀祖宗神灵。明堂的建筑式样，有天穹一样的圆形顶盖而无四面墙壁，但风雨却不能侵袭，寒暑也不能伤害；胸襟坦荡步履从容地进入明堂，以公心养育万民。他的民众朴素稳重、正直诚实，不用互相争夺，就能财物富足，不用过分劳累就能功成名就，凭借着大自然的资助，就能与天地自然融为一体。因此虽然威严但是不去杀戮，刑法搁置而不去使用，法令条文简单而不烦琐，所以他对民众的教化功效神奇。他所管辖的范围最南到达交趾，最北到达幽都，最东到旸谷，最西到三危，每个地方无不听从归附于他。在这个时候，法律宽厚，刑罚轻缓，监狱空荡，而天下风俗却非常纯一，谁也不怀奸诈之心。

【原文】

末世之政则不然，上好取而无量，下贪狼而无让①，民贫苦而忿争，事力劳而无功，智诈萌兴，盗贼滋彰，上下相怨，号令不行，报政有司，不务反道矫拂其本②，而事修其末，削薄其德，曾累其刑，而欲以为治，无以异于执弹而来鸟，捭梲而狎犬也③，乱乃逾甚。夫水浊则鱼噞，政苛则民乱。故夫养虎豹犀象者，为之圈槛，供其嗜欲，适其饥饱，违其怒恚，然而不能终其天年者，形有所劫也。是以上多故则下多诈，上多事则下多态，上烦扰则下不定，上多求则下交争。不直之于本，而事之于末，譬犹扬堁而弭尘，抱薪以救火也。

【注释】

①贪狠：狼通"狠"，贪婪，凶暴。②矫拂：即违背。③棳（zhōu）：木棒。狎：玩耍。

【译文】

末世的政治就不是这样了。国君爱好贪取而没有休止，臣下贪婪残暴而没有谦让；民众因贫困而被迫互相怨恨争斗，从事辛勤劳作而没有一点收获；巧智诈伪盛行，盗贼滋生蔓延；君臣之间互相怨恨，法规号令不能推行实施；执政官员和主管部门不务求返回正道，反而违逆治国的根本，只注意修饰枝节、小事；这时德政受到砍削，而刑罚却得到加强，想这样来治理好天下，无异于手拿弹弓却想招引鸟雀，挥动木棍却想与狗玩耍，只会乱上添乱。水混浊了鱼就会呼吸困难，政令烦琐苛刻就会给百姓带来混乱。所以那些驯养虎、豹、犀牛、大象的人，尽管给这些动物修建了栅栏，给这些动物提供喜爱的吃食，并适时投放不让它们挨饿，改变这些动物的暴怒性情，使之驯服，但就是不能使它们享尽自然寿命，原因何在？这是因为这些动物的身体受到了约束和胁迫。因此国君多诈那么臣下就多欺骗，国君多嗜欲那么臣下就多巧饰，国君多烦扰那么臣下便不得安定，国君多贪欲那么臣下则争斗。不从根本上使它们正直，却在末节上用力，就好像扬起尘土去制止灰尘，抱着干柴而去救火一样。

【原文】

故圣人事省而易治，求寡而易赡，不施而仁，不言而信，不求而得，不为而成，块然保真①，抱德推诚②；天下从之，如响之应声，景之像形，其所修者本也。刑罚不足以移风，杀戮不足以禁奸，唯神化为贵③，至精为神。

【注释】

①块然：安然自得的样子。②推诚：真心诚意地对待。③神化：精神的变化。

【译文】

因此圣人事情少而容易治理，需求少而容易满足；不需要施予而能表现仁爱，不需要信誓旦旦而可以成信用，不需索取就能够得到，不用做什么就能够成功；安然自得地保守纯真，怀抱着德泽而能以诚待人；天下人都归顺跟随他，就像回声应和声响，影子跟随形体一样，他们修养的是根本。刑罚不足以移风易俗，杀戮不足以禁绝奸邪；只有精神的改变才是可贵的，具有最高精神境界便能达到神奇的效果。

【原文】

夫疾呼不过闻百步，志之所在，逾于千里。冬日之阳，夏日之阴，万物归之而莫使之然。故至精之像，弗招而自来，不麾而自往①，窈窈冥冥，不知为之者谁，而功自成。智者弗能诵②，辩者弗能形。昔孙叔敖恬卧③，而邱人无所害其锋④；市南宜辽弄丸⑤，而两家之难无怕关其辞。鞅鞈铁铠，瞋目扼腕，其于以御兵刃，县矣！券契束帛，刑罚斧钺，其于以解难，薄矣！待目而照见，待言而使令，其于为治，难矣！

【注释】

①麾：指挥。②诵：说清楚。③孙叔敖：春秋时期楚国的令尹。④害：减少。⑤弄丸：一种杂耍游戏，是把多个圆球抛出去，用手接住。

【译文】

高声疾呼不过使百步之远的人听到，而人的心志精神却能超越千里。冬天的太阳、夏天的阴影，万物向往它，而没有谁使万物这样做。因此最高的精神境界具有感化的巨大力量，不去招呼而万物自然归向，不用指挥而万物自行前往，它幽深玄妙，神不知鬼不觉地就使事物自然发展。有智慧者无法说清楚，善辩者也无法形容它。从前，孙叔敖安然静卧，使楚国不用刀枪就称霸天下；楚都城南的勇士宜辽拨弄弹丸，使自己在白公胜、令尹子西两家争斗中没有受到牵连。披挂战马穿上铠甲，瞪大眼睛握住拳头，用这种办法来制止刀兵之灾，比以德服人相差很远。以钱财笼络、刑罚震摄来解决争难，作用比以德感化要小得多。凭眼睛观察事物、靠言辞发号施令，这样治理国家比无为而治难得多。

【原文】

蘧伯玉为相①。子贡往观之，曰："何以治国？"曰："以弗治治之。"简子欲伐卫②，使史黯往觌焉③。还报曰："蘧伯玉为相，未可以加兵。"固塞险阻，何足以致之！故皋陶喑而为大理④，天下无虐刑，有贵于言者也；师旷瞽而为太宰⑤，晋无乱政，有贵于见者也。故不言之令，不视之见，此伏羲、神农之所以为师也。故民之化也，不从其所言而从所行。

【注释】

①蘧（qú）伯玉：名瑗，字伯玉，春秋时卫国大夫，为人贤达。②简子：即赵鞅，春秋时晋国大夫，谥号"简"。③觌（dí）：偷看。④皋陶：舜的名臣，掌管刑狱。喑：声音嘶哑。大理：官名，掌管刑法。⑤师旷：春秋时期晋平公的乐师。瞽：眼瞎。

【译文】

蘧伯玉担任卫国的丞相，孔子弟子子贡前去拜访，问道："先生是用什么办法来治理国家的？"蘧伯玉回答说："靠不治来治理。"赵简子准备讨伐卫国，派史黯先去察看情势。史黯回来报告说："蘧伯玉担当卫国的丞相，所以不可以出兵。"坚固的要塞和险峻的关隘怎么能起到这种作用！皋陶尽管聋哑，但做上了舜帝的司法官，天下没有出现暴虐的刑法，所以哑巴比多言更有珍贵的地方；乐师师旷双目失明而担任太师之职，晋国没有出现乱政，所以瞎子比那些视力好的人有可贵之处。因此不动嘴就能实行政令、不眼观就能明察秋毫，这就是伏羲和神农能成为后人师表的原因。民众受感化，不是根据国君的言传，而是根据国君的身教。

【原文】

故齐庄公好勇，不使斗争，而国家多难，其渐至于崔杼之乱①。顷襄好色②，不使风议③，而民多昏乱，其积至昭奇之难。故至精之所动，若春气之生，秋气之杀也，虽驰传骛置，不若此其亟。故君人者，其犹射者乎！于此豪末，于彼寻常矣。故慎所以感之也。

【注释】

①崔杼：春秋时齐国大夫。齐庄公与其妻私通，被其杀掉。②顷襄：又称楚襄王，战国时楚国国君。③风议：讽谏议论。

【译文】

因此齐庄公爱好勇力,不听从臣下劝谏,从而造成国家多灾多难,最终招致了崔杼弑君。楚襄王爱好美色,尽管他并没有公开宣传色情,但民众却混乱不堪,逐渐造成了昭奇之难。所以最高的精神具有感化的重要力量,就像春风化育万物、秋气使万物凋零,哪怕是驿马传递,都不如它快速。所以国君统治人民,大概就像射手一样,瞄准时的毫厘之差,都会造成极大的偏误,因此对能造成感化的事情要特别慎重。

【原文】

夫荣启期一弹①,而孔子三日乐,感于和;邹忌一徽②,而威王终夕悲,感于忧。动诸琴瑟,形诸音声,而能使人为之哀乐。县法设赏而不能移风易俗者③,其诚心弗施也。宁戚商歌车下④,桓公喟然而寤,至精入人深矣!故曰:乐听其音则知其俗,见其俗则知其化。孔子学鼓琴于师襄⑤,而谕文王之志,见微以知明矣。延陵季子听鲁乐而知殷、夏之风,论近以识远也。作之上古,施及千岁,而文不灭,况于并世化民乎!

【注释】

①荣启期:春秋时的隐士。②邹忌:战国时齐国大夫。徽:弹奏乐器。③县法:县:通"悬"。古代制定法令,常常悬挂在宫门外,让大家都知道,所以叫悬法。④宁戚:春秋时卫国人,生活贫穷,替人赶车到齐,正好齐桓公送客出城,于是他便击牛角而歌,齐桓公赏识他,拜他为上卿。商歌:悲伤的歌。⑤师襄:春秋时鲁国的乐师。

【译文】

荣启期一次弹琴唱歌,孔子听了快乐了三天,这是因为孔子受到了曲调平和之情的感染;邹忌演奏一曲,而齐威王整天悲哀,这是因为齐威王受到了曲调忧伤之情的感染。在琴瑟上拨动,能够形成声音,使人产生悲伤和欢乐的感情。而颁布法令、设置奖赏却不能达到移风易俗的目的，原因就在于实施赏罚制度的人他们的真诚之心没有表现出来。宁戚在牛车下唱起商调歌曲，齐桓公听了不住地叹息而省悟，这是精神的感化作用深入人心了。因此说，通过聆听音乐，就能从中知道国家的风俗；看到国家的习俗，便可以了解国家的教化。孔子在鲁国向著名乐师师襄学习鼓琴，并从中明白了周文王的志向，这是孔子通过音乐语言而领悟出的主题内涵。同样，延陵季子从聆听欣赏鲁国的传统音乐中了解了殷、夏的风俗，这是通过今天而认知过去。这些创作完成于上古的音乐诗篇，流传千年而不磨灭，还能给人以启迪和影响，更不用说这些音乐在当时的感化作用了。

【原文】

汤之时，七年旱，以身祷于桑林之际，而四海之云凑，千里之雨至。抱质效诚，感动天地、神谕方外，令行禁止，岂足为哉！古圣王至精形于内，而好憎忘于外，出言以副情，发号以明旨，陈之以礼乐，风之以歌谣，业贯万世而不壅，横扃四方而不穷[1]，禽兽昆虫，与之陶化，又况于执法施令乎！

【注释】

①横扃（jiōng）：横贯。扃：关闭门户用的木栓。

【译文】

商汤的时候，发生了七年的旱灾，汤王亲自到东方桑林之地去祈祷求雨，以自责来感化天神，而这时四海的云层聚合起来，千里之外的雨水降落下来。可见，怀抱真情、献出诚挚，就能感动天地，精神影响到偏远地区。靠行政命令的规定来要求人们，哪有上述的神奇功效！因此圣王将最纯粹的精神保留在内心，将好恶之情抛到九霄云外；他言论符合真情，发出号令来明确自己的旨意；他通过礼乐来陶冶民性，用歌谣来讽喻自己，他的这种精神感化功业持续贯通万代而不会停止、横贯跨越四方而不会穷尽，就连禽兽昆虫也随之受到熏陶感化，更何况由这样的圣王执法施令，天下谁不听从感化呢？

【原文】

故太上神化，其次使不得为非，其次赏贤而罚暴。衡之于左右①，无私轻重，故可以为平。绳之于内外②，无私曲直，故可以为正。人主之于用法，无私好憎。故可以为命。夫权轻重不差蚊首③，扶拨在挠不失针锋，直施矫邪不私辟险，好不能枉，谗不能乱，德无所立，怨无所藏，是任术而释人心者也。故为治者不与焉。

【注释】

①衡：考核。左右：指所称之物，也可以指君主身边的官员。②内外：指所量之物，也可以指朝廷内外的官员。③蚊首：蚊子的头，比喻极小的差别。

【译文】

所以治理天下，最上策的是从精神上感化，其次是使自己不干错事，再次是奖赏贤才和惩罚暴虐。秤杆对于所称之物来说，不会根据自己的私心来改变它们的轻重；墨绳对于所量之物来说，也不会凭自己的私心来决定它们的曲直，所以秤和绳是公平、正直的。国君用法也是如此，不能因个人爱好、憎恶而改变执法的标准、量刑的尺度，正因为这样，所以他能实施法制政令。权衡法理轻重，哪怕是蚊子头那样微小的差错也不能出；纠正枉屈，哪怕是针尖那么点的误差也不能有，纠正邪行，不徇私情、不回避艰险；奸邪不能造成弯曲，谗佞不能使它混乱；因为执法公正严明，所以怨恨也不会产生藏匿，恩德也无从谈起，这种凭借法术治国而不重视人心改造的做法，真正治理天下的国君是不会采用的。

【原文】

汤、武圣主也①，而不能与越人乘干舟而浮于江湖②。伊尹贤相也③，而不能与胡人骑騵而服騊駼④。孔、墨博通，而不能与山居者入榛薄险阻也⑤。由此观之，则人知之于物也，浅矣。而欲以遍照海内，存万方，不因道之数，而专己之能，则其穷不达矣。故智不足以治天下也，梁之力，制骼伸钩，索铁歙金，椎移大牺，水杀鼋鼍⑥，陆捕熊罴⑦，然汤革车三百乘，困之鸣条⑧，擒之焦门。由此观之，勇力不足以持天下矣。智不足以为治，勇不足以为强，则人材不足任，明也。而君人者不下庙堂之上，而知四海之外者，因物以识物，因人以知人也。故积力之所举，则无不胜也。众智之所为，则无不成也。坎井之无鼋鼍，隘也；园中之无修木，小也。夫举重鼎者，力少而不能胜也，及至其移徙之，不待其多力者。故千人之群无绝梁，万人之聚无废功。

【注释】

①汤、武：汤：商汤，商朝开国之君。武：周武王，周朝开国之君。②干舟：小船。③伊尹：商汤相，辅佐汤灭夏桀。④騵（yuán）：黄马白腹曰騵。騊（táo）駼（tú）：北方之野马。⑤榛

薄：榛：聚木。薄：深草。⑥鼋（yuán）鼍（tuó）：大鳖，鳄鱼。
⑦罴：熊类中形体最大的动物。⑧鸣条：在今山西运城夏县西。

【译文】

商汤、周武王是圣明的君主，但是习惯于陆地生活的他们却不能像南方越人那样乘小舟而游泛于江湖。伊尹是商汤时著名的贤相，但是却不能和北方胡人比赛骑马及驯服野马。孔子、墨翟是一代博学通达之人，但不能够像山里人那样自由自在出入草莽丛林、高山峻岭。从这里可以看出，人的智能对事物的认知和驾御，是肤浅的；想以个人的有限智能光照四海、施震海内、保护四方，而不按照道的规律，只凭一己之能，那么他离走投无路的日子也就不远了。因此光凭着智慧是不能够治理天下的。夏桀算得上勇武有力，能徒手折断骨角、拉直铁钩、把生铁扭成绞索、歙合金属，推移大的牺尊，下水能杀死鼋鼍、在陆上能捕捉熊罴。然而商汤率兵车三百辆，把夏桀围困在鸣条，在南巢将他活捉。由此看来，凭恃个人的勇力是保不住天下的。光凭个人的智慧不足以治国，单靠个人的勇力不能够成为强人，那么依靠个人的才力不能完成重任，也是很明显的。但反过来说，作为统治人民的国君，不出朝廷却能知道天下大事，这是因为他能以身边的事物推知其他事物，以身边的人推知其他人，这就是说积集体力量、聚集体智慧，所以能战无不胜，事无不成。在浅井里生长不出鼋鼍来，就因为它们太狭小的缘故；庭园中长不出参天大树，就在于环境太狭隘的缘故。一个人举重鼎，力气小而举不起，但等到众人合力将鼎举起移开，就不一定要等待大力士来完成了。所以千人之中必有栋梁之材，万人聚集没有办不成的事。

【原文】

是故明主之治，国有诛者而主无怒焉，朝有赏者而君无与焉①，

诛者不怨君，罪之所当也。赏者不德上，功之所致也②。民知诛赏之来，皆在于身也，故务功修业，不受赣于君③。是故朝廷芜而无迹④，田野辟而无草。故太上下知有之。桥直植立而不动⑤，俯仰取制焉；人主静漠而不躁，百官得修焉。譬而军之持麾者，妄指则乱矣。慧不足以大宁，智不足以安危，与其誉尧而毁桀也，不如掩聪明而反修其道也。清静无为，则天与之时；廉俭守节，则地生之财；处愚称德，则圣人为之谋。是故下者万物归之，虚者天下遗之。

【注释】

①与：称赞。②致：得到。③赣：恩惠。④芜：荒芜。⑤桥：即桔槔（gāo），古代的一种利用杠杆原理制成的汲水工具。植：桔槔中间起支撑作用的木杆。

【译文】

因此明主治理国家，他不因为国家有受诛罚之事而恼怒，也不会因朝廷有奖赏活动而赞誉高兴。这是因为受诛罚者没有必要怨恨国君，这是他们罪有应得；受奖赏者也没必要感谢国君，这是他们劳动所得、功劳所致。这样就使百姓懂得诛杀赏赐的发生，都在于自己本身，因此百姓就会努力工作，建功立业而不指望君主个人会恩赐什么。这样一来，朝廷中空旷而没有人迹，田野都得到开辟而没有杂草。这就是远古时代的"无为而治"，智慧低下的人都能懂得这种统治艺术。桔槔平直、木杆直立不动，便可以升降取水了。国君宁静淡泊而不急噪，百官便可以得到修治。就像军队中执掌大旗的人，随便指挥，那么就会造成大乱。所以，治国如施以小恩小惠，是不足以使天下得到大的安宁；小智谋不能够决定国家的安危，与其赞誉尧而诋毁夏桀，不如现在就收起所谓的聪明而返回修治根本的大道。清虚安静顺应天道，那么上天就会给他适宜的时机；廉洁勤俭坚守节制，那么土地就会长出丰足的财物；国君行处若愚举用有德之人，那么圣贤之人就会替他谋划。因此处于低处、谦卑自居的人，万物都会归附他，处于空虚的境地天下就会给予它。

【原文】

今夫御者，马体调于车，御心和于马，则历险致远，进退周游，莫不如志。虽有骐骥騄駬之良，臧获御之①，则马反自恣，而人弗能制矣。故治者不贵其自是，而贵其不得为非也。故曰："勿使可欲，毋曰弗求；勿使可夺，毋曰不争。"如此，则人材释而公道行矣②，美者正于度③，而不足者建于用④，故海内可一也。

【注释】

①臧获：古代对奴婢的贱称。臧获不善于驾驭的说法出自《韩非子·难势》。②释：解，消。③美者：才能美好的人。正：整饬。④建：指建立才德。

【译文】

当今驾驭车马的人，马的身体与车子相协调，驾驭的心思与马相和谐，那么便可以度过危险而到达远方，前进后退四处周游，没有不能按照心愿行事的。即使有骐骥、騄駬那样的千里马，但是让臧获那样的人来驾驭它，那么马反而会任性妄为，人就没法控制它了。所以治理政务的官吏，不贵在其自身行为的正确与否，而贵在不能做错事。因此说："不要助长人的贪欲，但也不要压抑人的正常要求；不要鼓励人争名争利，但也不要人放弃合理的竞争。"像这样，人欲能合理释放，真正的公正合理之道才能得以实行。才德皆佳的人按法度正确使用，才德欠佳的人也应放在适当的位置使用，这样，天下就能成为一个和谐的整体。

【原文】

夫释职事而听非誉，弃公劳而用朋党①，则奇材佻长而干次②，守官者雍遏而不进③。如此，则民俗乱于国，而功臣争于朝。故法律度量者，人主之所以执下，释之而不用，是犹无辔衔而驰也，群臣百姓反弄其上。是故有术则制人，无术则制于人，吞舟之鱼，荡而失水，则制于蝼蚁，离其居也。猿狖失木④，而擒于狐狸，非其处也。君人者释所守而与臣下争，则有司以无为持位，守职者以从君取容，是以人臣藏智而弗用，反以事转任其上矣。

【注释】

①弃：抛弃。公劳：对国家有功劳的人。②佻：轻视。干：求。③雍：阻塞。遏：遏制。④猿狖：长尾猿。

【译文】

懈怠本身职责而听从诽谤或赞誉，抛弃对国家有功劳的人而使用帮派私党，那么投机之人跻身与他才能不相配的位置，尽职的官吏被堵塞仕途而不能升迁，像这样，全国的民风就会大乱，有功之臣也因不得提拔晋升而争于朝廷。所以法律度量，是国君用来制服臣下的工具，放弃它而不用，就像没有辔衔而使马奔跑，群臣百姓反而会愚弄他的国君。因此有手段的就能制服别人，没有手段就会被人制服。吞舟的大鱼，离开水面跳到陆上，就会被蝼蛄、蚂蚁欺侮，这是因为它离开了赖以生存的水域；猿猴失去了攀援的树林，就要被狐狸擒住，这是因为它处在了不该处的地方。国君放弃了所守持的权柄而和臣下争事，那么主管官员便没有办法持守官位，尽忠职守的人便媚上取容。因此臣下隐藏智慧而不被国君所取用，反而把自己的职责推给国君了。

第十卷　缪称训

【原文】

道至高无上，至深无下，平乎准^①，直乎绳，员乎规，方乎矩，包裹宇宙而无表里，洞同覆载而无所碍^②。是故体道者^③，不哀不乐，不怒不喜，其坐无虑，其寝无梦，物来而名，事来而应。

【注释】

①准：水平的标准。②洞同：混沌不分的情况。③体：领会。体道者：领悟到道的精神的高人。

【译文】

道至高无上，至深无下；同水准一样平，和绳墨一样直，与规一样圆，同矩一样方；它包容宇宙天地无内外之分，混沌覆载万物而没有阻碍。因此体察到道的人，不悲哀也不快乐，不欢喜也不发怒，坐时无思虑、睡时不做梦，万物到来时给它命名，事情发生时能应对自如。

【原文】

道者物之所导也，德者性之所扶也，仁者积恩之见证也^①，义者比于人心，而合于众适者也。故道灭而德用，德衰而仁义生。故尚世体道而不德^②，中世守德而弗坏也，末世绳绳乎唯恐失仁义。君子非仁义无以生，失仁义，则失其所以生；小人非嗜欲无以活，失嗜欲，则

失其所以活。故君子惧失仁义，小人惧失利。观其所惧，知各殊矣。易曰："即鹿无虞③，惟入于林中，君子几④，不如舍，往吝。"

【注释】

①见证：明显的效应。②尚：通"上"。③即鹿无虞：即：就。鹿：喻百姓。虞：虞人，主管禽兽之官。④几：期望。

【译文】

道是万物的主导，德是对人天性的扶助，仁是积累恩德的见证，义是同人心相比照，而与众人适宜相配合。所以道消亡而后德被使用，德衰落而后仁义产生。所以上古之世体察道而不需要德，中古之世持守德而不需要安抚，末世之时国君谨慎小心只担心失去仁义。君子没有了仁义就无法生存下去，丧失了仁义就丧失了生存的条件；小人没有了嗜欲就无法生存下去，丧失了嗜欲就等于要他的命。所以君子害怕失掉仁义，小人则害怕失去利益。考察他们所害怕的，就知道了君子与小人的不同了。《周易》中说："追逐鹿而得不到向导的帮助，就是追进深山老林也得不到。君子知道追不到鹿不如舍弃，因为继续追逐深入，危险就在前面。"

【原文】

圣人在上，则民乐其治；在下，则民慕其意。小人在上位，如寝关曝纩①，不得须臾宁。故《易》曰："乘马班如，泣血涟如。"言小人处非其位，不可长也。物莫无所不用，天雄乌喙，药之凶毒也，良医以活人。侏儒瞽师，人之困慰者也②，人主以备乐。是故圣人制其剟材③，无所不用矣。

【注释】

①寝关曝（pù）纩（guǎng）：人睡在关隘之上，蚕茧晒在日光之下。比喻不得安宁。②困慰：困窘，怨恨。③制：处理。剟：砍削，割取。

【译文】

圣人处于统治地位时,那么百姓就喜欢他的统治;圣人即使不在位上,百姓也会仰慕他的思想和志向。小人处于统治地位时,就像人睡在关隘之上,蚕茧晒在日光之下一样,没有片刻的安定。所以《周易》中说:"骑马遇险盘旋不定,就会有泣血悲凄的忧虑。"是说小人处在他不该处的位置,导致人民百姓日子难过,同时小人也不可能长久处于这种统治地位。万物中是没有什么不能被利用的。天雄、乌喙,尽管是药物中毒性最大的,但高明的医生却能用这种剧毒药来救治人的性命。矮子和瞎子,是人类中间最为困窘的人,但是国君却用他们作乐官和乐师,让他们来演奏音乐。因此圣人用人就像处理那些砍割剩下来的木材,没有什么用不上的。

【原文】

心之精者①,可以神化,而不可以导人;目之精者②,可以消泽③,而不可以昭誋④。在混冥之中⑤,不可谕于人。故舜不降席而天下治,桀不下陛而天下乱⑥,盖情甚乎叫呼也。无诸己,求诸人,古今未之闻也。同言而民信,信在言

前也；同令而民化，诚在令外也。圣人在上，民迁而化，情以先之也。动于上，不应于下者，情与令殊也。故《易》曰："亢龙有悔[7]。"三月婴儿，未知利害也，而慈母之爱谕焉者，情也。故言之用者，昭昭乎小哉[8]！不言之用者，旷旷乎大哉！身君子之言，信也；中君子之意，忠也。忠信形于内，感动应于外，故禹执干戚[9]，舞于两阶之间，而三苗服。鹰翔川，鱼鳖沈，飞鸟扬，必远害也。子之死父也，臣之死君也，世有行之者矣，非出死以要名也，恩心之藏于中，而不能违其难也。故人之甘甘，非正为跖也，而跖焉往。君子之惨怛，非正为伪形也，谕乎人心。非从外入，自中出者也。

【注释】

①精：指精神所在。②目之精者：是指人的视觉的精妙之处。③消泽：指在无形中会意到奥妙之处。④昭悬：变得明显。⑤混冥之中：指人的内心。⑥陛：指殿坛的台阶。⑦亢龙：高飞的龙，比喻身居高位的人。⑧昭昭：极小的样子。⑨干：盾牌。戚：大斧。

【译文】

心灵的明洁，可以像神灵一样感化他人，却不能够教导人。明亮精粹的眼睛可以在无形中察知事物，但无法用它来教导告诫他人。在人心里头的东西，是不能够被人知道的。所以舜不离坐席而天下大治，桀不下台阶而天下大乱，可见真挚感情是远远胜过大呼大叫的。自己无法做到的事，却要求别人做到，这在古今都是闻所未闻的事。百姓赞同你的言论而相信你，是因为你把信用摆在言语说教之前。百姓赞同你的命令而受到教化，是因为你发布命令出于真诚。圣人处于上位，百姓归顺并被感化，同样是由于圣人对百姓动之真情实意。反过来，君王处在高位发布政令而下面百姓不响应，这是由于君王的真情与政令不一致。所以《周易》中说："居高位而不知谦退，则会先败而后悔。"三个月大的婴儿，还不知利害关系，但慈母的爱心却能感受到，这是由于母子间的真情相通所致。所以言语中能够被采用的，是非常少的一点！不需要说的话而被人采用的，确实是非常广泛啊！能亲身践行君子的教导，是讲究信用；能符合君子的意图，是忠诚的表现。忠诚和信用在内心形成之后，就会对外界产生感化作用，所以禹手执盾牌、大斧在宫廷台阶前跳起古舞，表示为德治而武力征讨，使作乱的三苗很快就臣服了。老鹰在江河上空盘旋飞翔，使鱼鳖慌忙沉入水底、鸟也高飞远走，这些都在于它们能感知到老鹰有伤害之心，所以远远地躲避起来。儿子能为父亲去死、大臣能为君主舍命，这些事情每个朝代都有，这当然不是为了以死来邀取名利，而实在是他们内心有感恩之情。所以不怕也不想躲避这种死难。所以，人们情愿去做一件自己想做的事情，这并非是为了实现某种愿望，可这种愿望常常会实现。同样，君子的忧伤悲痛，也并非只是做做样子，因而能够使人理解通晓。这些都在于他们的这种情感不是迫于外力，而是真的产生于内心世界。

【原文】

义尊乎君，仁亲乎父。故君之于臣也，能死生之，不能使为苟简易①；父之于子也，能发起之②，不能使无忧寻③。故义胜君，仁胜父，则君尊而臣忠，父慈而子孝。

【注释】

①简易：随便，轻率。②发起：成长，生长。③忧寻：指对父母的忧虑挂念之心。

【译文】

大义比国君更重要，仁爱比父亲更亲。因此国君对臣下，可以有权决定他们的生死，但是不能使臣下做出苟合改变品行的举动。父亲对儿子，可以呼来唤去使用他们，使他成长，但不能让讲仁行孝道的

儿子不为父母亲忧虑挂念。所以，我们将"大义"和"仁爱"置于君与父之上，由此也使得社会君尊而臣忠、父慈而子孝。

【原文】

圣人在上，化育如神。太上曰①："我其性与！"其次曰："微彼②，其如此乎！"故《诗》曰："执辔如组③。"《易》曰："含章可贞④。"运于近，成文于远。夫察所夜行，周公惭乎景⑤，故君子慎其独也。释近斯远，塞矣。闻善易，以正身难。夫子见禾之三变也⑥，滔滔然曰："狐向丘而死，我其首禾乎！"故君子见善则痛其身焉。身苟正，怀远易矣。故《诗》曰："弗躬弗亲，庶民弗信。"

【注释】

①太上：上古的圣王。②微：没有。彼：指统治者。③辔：缰绳。组：丝带。④章：纹彩。可贞：吉利。⑤周公：即周公旦，成王即位后，曾由周公旦辅佐。⑥禾之三变：即从禾之三变之中领会到不忘本性的道理。

【译文】

圣人处于统治地位，化育万物就像神灵驱使一样。最远古时代的圣人说："我治民大概是依照他们的天然之性吧。"其次是上古五帝时圣人说："不是这样的百姓，天下能像这样得到治理吗！"所以《诗经》中说："手执驾御缰绳，如同丝线织帛。"《周易》中说："武王克商，自以为可以成功。"所以说能够注意自身的修养，就能获得深远的美好结果。也因为这样，周公能在黑夜里省察自己的行为，做到身正影正毫不愧色。所以君子对他的独居是很慎重的。反过来说，放弃自身的修养，却想企盼远大目标的实现，这是行不通的。知道行善的道理是容易的，但亲身行善就难了。孔夫子看到庄稼由种子变成禾苗、又长出穗谷的生长过程后，感慨地说："狐狸死的时候头向着窟穴的山丘，我大概也像垂着的禾穗一样，头向着根吧？"所以君子看到好的言行，就感到自身也应从善去恶。自身如果端正了，那么招抚远方的人就容易了。所以《诗经》中说："不是亲自去做，百姓不会相信。"

【原文】

小人之从事也曰苟得①，君子曰苟义②。所求者同，所期者异乎！击舟水中，鱼沉而鸟扬，同闻而殊事，其情一也。僖负羁以壶餐表其间③。赵宣孟以束脯免其躯④，礼不隆，而德有余，仁心之感恩接而僭怛生⑤。故其入人深。俱之叫呼也，在家老则为恩厚，其在责人则生争斗。故曰："兵莫憯于意志，莫邪为下；寇莫大于阴阳，枹鼓为小⑥。"

【注释】

①苟得：苟且求得。②苟义：追求正义。③僖（xī）负羁：春秋时期曹国大夫。④赵宣孟：即赵盾，春秋时晋国大夫，谥号"宣"。⑤憯（jiàn）怛（dá）：忧虑，指报恩的心理压力。⑥枹鼓：本来指鼓槌，这里用来指代军旅。

【译文】

小人行事，只求得到好处，君子行事，是急切求义。他们在追求这一点上是相同的，但追求的目标却不一样。在水中击舟，游鱼沉底而水鸟高飞，它们听到的信号是一样的但表现不同，但它们害怕的心情则是一致的。春秋时期曹国的僖负羁因赠送重耳一壶饭食受到晋文公旌表，赵盾赠束脯给饿人灵辄而自己免于被杀。僖负羁和赵盾所赠送给他人的物品并不丰厚，虽然施礼不多，但得到的回报却相当厚重，这是因为他们的行为出于仁爱之心，并以恩德待人，所以使受恩者刻骨铭心、永不忘记。同样是大声喝叫，处在家中长老之位那么则是对子孙有厚恩了，如果这样对待债人那么就要产生争斗之事。所以说："在军事作战中没有比违背意志伤害更大的了，而受到莫邪的伤害反而是小的；在受到的侵扰中没有比阴阳变化对人危害更大的了，而敌人击鼓进军带来的骚乱反而是小的。"

【原文】

圣人为善，非以求名，而名从之。名不与利期，而利归之。故人之忧喜，非为䁥①，䁥焉往生也。故至人不容②。故若眣而抚③，若跌而据。圣人之为治，漠然不见贤焉④，终而后知其可大也。若日之行，骐骥不能与之争远。今夫夜有求，与瞽师并，东方开，斯照矣。动而有益，则损随之。故《易》曰："剥之不可遂尽也，故受之以复。"

【注释】

①䁥（lù）：冀幸，希望。②至人：有最高道德的人。容：修饰自己的容貌。③眣：外物进入眼睛。④漠然：淡泊平静的样子。

【译文】

圣人推行善事，不是为了求得名声，但恰恰名声会跟着来到。名声不和利益相期遇，但是利益却归附它。因此说人的忧愁欢喜，不要冀幸去感染他人而感化作用往往自然产生。所以说，至德的人不需要

修饰自己的外表，就像眼睛吹入芥子自然用手去抚摸，又像快要跌倒用手支撑一样。圣人的无为而治，开头看不出有什么能耐，漠然寂静，但到后来就知道了他的伟大。就像太阳运行，连骏马都无法和它赛跑。现在人们在暗夜里寻找东西和瞎子是相同的，等到东方旭日升起，万物都被照见，情形就大不相同了。人的举动会带来利益，那么损害也会随之而来。因此《周易》中说："剥落是不可能全部干净的，因此又用复生来承续它。"

【原文】

情先动，动无不得；无不得则无著①，发著而后快。故唐、虞之举错也，非以偕情也，快己而天下治；桀、纣非正贼之也②，快己而百事废。喜憎议而治乱分矣③。圣人之行，无所合，无所离，譬若鼓，无所与调，无所不比。丝管金石，小大修短有叙，异声而和；君臣上下，官职有差，殊事而调。夫织者日以进，耕者日以却，事相反，成功一也。申喜闻乞人之歌而悲，出而视之，其母也。艾陵之战也④，夫差曰："夷声阳，句吴其庶乎！"同是声而取信焉异。有诸情也。故心哀而歌不乐，心乐而哭不哀。夫子曰："弦则是也，其声非也。"文者，所以接物也，情系于中而欲发外者也。以文灭情，则失情；以情灭文，则失文。文情理通，则凤麟极矣。言至德之怀远也。输子阳谓其子曰："良工渐乎矩凿之中⑤。"矩凿之中，固无物而不周。圣王以治民，造父以治马，医骆以治病⑥。同材而各自取焉。上意而民载，诚中者也。未言而信，弗召而至，或先之也，怅于不己知者，不自知也。矜怛生于不足，华诬生于矜。诚中之人，乐而不伪，如鹍好声，熊之好经。夫有谁为矜。春女思，秋士悲，而知物化矣。号而哭，叽而哀，而知声动矣；容貌颜色，理诎佹倨⑦，知情伪矣。故圣人栗栗乎其内，而至乎至极矣。

【注释】

①莙（jūn）：堵塞，填塞。②正：只是。贼：伤害。③分：指情绪表现于外。④艾陵：在山东莱芜东北，公元前484年，吴军败齐于此。⑤矩凿：矩尺和凿子，在这里喻指法度。⑥医骆：古越国的医师。⑦诎（qū）拽（zhuài）倨佝：屈伸直曲，在这里指身体动作。

【译文】

国君用情感化万民，感动没有是不得人心的，没有不得人心那么上下便没有闭结，拨开心中的闭结而后人心大快。所以，唐尧、虞舜的举止措施，不是用来背离情感的，它是使自己快乐而天下也得到治理。反过来说，夏桀、商纣不是一定要来危害百姓，为了使自己快乐而百事废弃。国君对谏议的喜好与厌恶将会导致天下治理得混乱与否。正因为这样，圣人君主就不能以自己的情感意愿去做事，它应该是无所迎合，也无所分离的。就像鼓声没有什么乐器能和它合调，也没有什么乐器不能和它并用。管弦、金钟、石磬，大小、长短排列有次，各种声音互相协调应和，奏出美妙的乐曲。同样，君主身处上位，群臣自处下位，尽管官职各不相同、事务各有区别，但配合协调得就像一支乐章。这就像织布是向前进展的，翻耕是往后倒退的，劳动的方式不一样，但获得成功是一致的。申喜听到乞讨的人唱歌心中悲伤，出门一看，歌唱者竟然是失散多年的母亲。艾陵吴、齐之战的时候，吴王夫差说："我们吴军的士气高昂、呼喊声激昂喜悦，吴国准能打胜仗。"同样是声音，但从中获得的信息却是不同的，这是因为声音中含有不同的情感。所以心情悲哀，这歌声就不欢乐；内心快乐，那么即使哭泣也不哀痛。也正因为这样，所以当闵子骞在守完三年孝后拿琴弹奏时，孔子会说这样的话："琴还是这把琴，但弹出的琴声音调却不一样了。"音声是用来交接外物的，情感维系在其中，而要在外部显露出来。用音声来湮灭情感，那么就会失去真情；用情感湮灭音声，那么就会失去音声。音声、情感条达通畅，那么就是凤凰和麒麟都会降临庭院；说的是最高的德行可以使远方的人归附。输子阳对他的儿子说："高明匠工技艺的逐渐提高是在矩尺和凿子之中。"在矩尺和凿子之下，确实是没有物体不能够周合的。圣明的君主用这个道理治理百姓，造父就是靠着它来驾驭车马，医骆就是根据它来诊治疾病的。国君有志向没有说话而百姓却能掌握实行它，这是因为发自内心世界的真诚之情感化了大家。还没说什么，就取得了互相的信任；也没有发什么号召，就使人主动前往，这是因为事先就有了感应和默契。有些人总是埋怨人家不了解自己，实际上有这种认识的人首先是缺乏自知之明。之所以骄傲，实际上在于自身只是半罐子水；而之所以浮夸虚华又在于自傲骄横。内心真诚的人，他的快乐发自内心自然而然，如同鸱鸟喜欢歌唱、狗熊喜欢树上悬吊一样，它们又哪有故作姿态保持矜持的成分？怀春少女思念情人，秋节至士子心中悲伤，从而感知万物的自然变化。有时嚎啕大哭，有时悲叹而哀，从声调中可以知道感情的变化。而某人的容颜及身体动作，也能反映出其人的意识和情感。正因为这样，所以圣人总是战战兢兢、小心翼翼、毫不松懈，从而使自己的修养达到极高的境界。

【原文】

功名遂成，天也；循理受顺①，人也。太公望、周公旦，天非为武王造之也；崇侯、恶来②，天非为纣生之也。有其世，有其人也。教本乎君子，小人被其泽；利本乎小人，君子享其功。昔东户季子之世③，道路不拾遗，耒耜余粮，宿诸亩首，使君子小人各得其宜也。故一人有庆④，兆民赖之⑤。凡高者贵其左，故下之于上曰左之，臣辞也；下者贵其右，故上之于下曰右之，君让也。故上左迁，则失其所尊也；臣右还，则失其所贵矣。小快害道，斯须害仪。子产腾辞⑥，狱繁而无邪，失诸情者，则塞于辞矣。成国之道，工无伪事，农无遗力，士无隐行，官无失法。譬若设网者，引其纲而万目开矣⑦。舜、禹不再受命，尧、舜传大焉，先形乎小也。刑于寡妻，至于兄弟，禅于家国，而天下从风。故戒兵以大知小，人以小知大。君子之道，近而不可以至，卑而不可以登，无载焉而不胜，大而章，远而隆，知此之道，不可求于人，斯得诸己也。释己而求诸人，去之远矣。君子者乐有余而名不足，小人乐不足而名有余。观于有余不足之相去，昭然远矣。含而弗吐，在情而不萌者，未之闻也。君子思义而不虑利，小人贪利而不顾义。子曰："钧之哭也，曰：'子予奈何分乘我何⑧'其哀则同，其所以哀则异。"故哀乐之袭人情也深矣。凿地漂池，非止以劳苦民也。各从其蹠而乱生焉。其载情一也，施人则异矣。故唐、虞日孳孳以致于王；桀、纣日快快以致于死，不知后世之讥己也。

【注释】

①受：顺应。顺：秩序，规律。②崇侯：商纣时崇国诸侯，名虎。恶来：商纣王的大臣，与崇侯虎两人都善于谄媚。③东户季子：传说中的

古代贤明的君主。④庆：善心。⑤赖：托付。⑥腾辞：传递书信。腾：传递。⑦纲：提网的绳。⑧子予：指孔子的弟子宰予，字子我。乘：欺压。

【译文】

功业名声取得成功，这是天时的作用；遵循天理顺应人情，这是人为的作用。太公望、周公旦，不是上天专门为周武王而造的；崇侯、恶来，也不是上天特意为商纣王而生出的；这是在于有那样的社会，就会出现那样的人。君子的天职是实行教化治理，小人就能承受到他们的恩泽；小人的职责则是生产财富、提供物质利益，能让君子享用。过去东户季子的时代，路不拾遗，农具、粮食留在田头过夜也不会遗失，这是因为东户季子让君子、小人各自得到相宜的利益。所以说一个人干了好事，万民都会得到幸福。大凡居高位的天子以左边为贵，因此臣下对国君称"佐君"，这是臣下的用词；地位低的臣下以右边为贵，因此国君对臣下称"佑臣"，这是国君的谦让之词。因此国君离开左位，就会失去他的尊贵；臣下离别右位，也就会失去他的贵重了。贪图一时的痛快会损害大道，只图眼前利益会伤害大义。子产颁布新法而受到不少流言的责难，但是实行新法尽管案件刑狱增多，却遏制住了邪气。如果在治理国家的措施中丧失了真情慈仁，就会受到舆论的抵制而无法实施。在成功的治国之道下，应该是，工匠不偷工减料、弄虚作假，农夫不惜劳力、努力耕种，士人不隐居避世，官吏不犯法乱纪。这就好比撒网的人，牵引纲绳而上万个网眼一起都张开了。舜、禹不再受天命而登基，是由于尧传位给舜，舜再传位给禹；尧为舜创立了基业，舜又继承弘扬了这基业，而这些基业都是从小的方面慢慢积累起来的。这就像他们在家为正妻做出表率，又示范于兄弟，再影响传播遍整个国家，这样天下也就形成了好风气，好习俗。因此战争凭借大的可以知道小的，人可以从小便知其长大的作为。君子的治国之道，看似靠近却不能够达到，看似低下却不能够登临，像无人主宰

而又无所不胜，广大而显明，越久越显伟大，越远越显崇高。要掌握这种治世之道，不能求助于别人，而只能从自身做起。离开自己而求之于人，那就离开治道太远了。君子的快乐有余而名声是不足的，小人的快乐不足而名声是有余的。看到他们之间的有余和不足，就能够知道他们中间的差距。内心饱含情感而不向外吐露，有真情而不流露在外，还没有听说过。君子思考的是大义而不考虑小利，而小人贪求的是小利而不顾大义。孔子说："子予说同样是哭，有什么不一样。我对他说：'子予，你这样的问题怎么奈何得了我呢！尽管他们的哭是一样的，但哀哭的原因却是不一样的呀！'"所以悲哀和快乐反映人的思想感情是很深刻的。有些人想掘地，有的要填池，这些人并不一定存心想折腾百姓、劳役民众，只是各自按自己的意愿去做而搞出的乱子。这些人表达自己的感情是一致的，但是施予他人就会有善恶的不同。因此唐尧、虞舜一天天勤勉努力而成就了帝王之业，夏桀、商纣每天放纵情欲而招致灭亡，不知道后代人讥讽自己。

【原文】

骄溢之君无忠臣，口慧之人无必信①。交拱之木②，无把之枝；寻常之沟，无吞舟之鱼。根浅则末短，本伤则枝枯。福生于无为，患生于多欲，害生于弗备，秽生于弗耨③。圣人为善若恐不及，备祸若恐不免。蒙尘而欲毋眯，涉水而欲无濡，不可得也。是故知己者不怨人，知命者不怨天。福由己发，祸由己生。圣人不求誉，不辟诽，正身直行，众邪自息。今释正而追曲，倍是而从众，是与俗俪走④，而内无绳，故圣人反己而弗由也。

【注释】

①口慧：口头给人许诺好处却不兑现。②交拱：两手合抱。③耨：除草。④俪走：同行并趋，这里指随波逐流。

【译文】

过分骄横霸道的国君不会有忠臣，善辩之人没有可靠的信誉；缠绕而长的藤类树木长不出一握粗的枝干，狭小的水沟不会有能吞舟的大鱼。根基浅那么树梢就短；树根如受伤则枝叶也就枯萎。福来自于无为，祸生于多欲；灾害来自无防备，荒芜是因为没除草。圣人为善行善唯恐赶不及，防备祸患唯恐躲不开。蒙上灰尘而想要不眯眼，涉水过河又想不沾湿衣服，这些都是不可能的事情。所以有自知之明的人是不会胡乱埋怨人的，知道命运的人，不埋怨老天。福气是由自己兴起，灾祸是由自己产生。圣人不追求赞誉，也不逃避非议诽谤，他立身正道，所以各种邪气无法兴起，奸邪自然平息。现在放弃正路而追求邪道，违背正理而追随世俗的人，这就是与陋俗并行，内心失去准绳，因此圣人返回自身本性而不同流合污。

【原文】

善御者不忘其马，善射者不忘其弩，善为人上者不忘其下。诚能爱而利之①，天下可从也。弗爱弗利，亲子叛父。

【注释】

①利：施加利益。

【译文】

善于驾车的人不会忘了他的马匹，善于射箭的人不会忘记他的弓弩，善于为人君的人是不会忘记他的臣民的。诚心诚意地爱护子民并为他们谋利益，那么天下人就会归顺跟随。如果既无爱心又无利益，就是亲生儿子也要背叛他的父亲。

【原文】

天下有至贵而非势位也，有至富而非金玉也，有至寿而非千岁也。

原心反性[1]，则贵矣；适情知足，则富矣；明死生之分，则寿矣。

【注释】

①原心：使心回到本原。反性：返回到自己的天性。

【译文】

天下有最珍贵的东西，但它绝对不是权势和地位，有最宝贵的财富但它不是黄金美玉，有最长的寿命而不是享有千岁。使心回到本原，返回自己的天性，那么这便是最尊贵的；适合自己的性情，知道满足，就是最大的富有；明确死生的区别，那么就会长寿了。

【原文】

言无常是，行无常宜者，小人也；察于一事，通于一伎者[1]，中人也；兼覆盖而并有之[2]，度伎能而裁使之者[3]，圣人也。

【注释】

①伎（jì）：通"技"，技能，才能。②覆盖：兼容覆盖。③裁：制。

【译文】

说话不算话，行为反复无常，这是小人；能明察事理，精通某种技艺，这算中等人；能够兼容覆盖天下而拥有一切美德，能度量人的才能后决定如何运用的人，才称得上是圣人。

第十一卷　齐俗训

【原文】

率性而行谓之道，得其天性谓之德。性失然后贵仁，道失然后贵义。是故仁义立而道德迁矣，礼乐饰则纯朴散矣，是非形则百姓眩矣①，珠玉尊则天下争矣。凡此四者，衰世之造也，末世之用也。夫礼者，所以别尊卑，异贵贱；义者，所以合君臣、父子、兄弟、夫妻、朋友之际也。今世之为礼者，恭敬而忮②；为义者，布施而德；君臣以相非，骨肉以生怨，则失礼义之本也，故构而多责③。

【注释】

①眩：昏昧。②忮（zhì）：嫉恨。③构：结怨。责：责难。

【译文】

依循本性而行事叫作道，得到它的天性叫作德。天性丧失以后才崇尚仁，道丧失以后才崇尚义。因此仁义建立而道德离散了，修饰礼乐纯朴天真就消失了，是非形成那么百姓更加迷乱了，重视珠玉那么天下便开始争夺了。所以说，仁义、礼乐、珠玉、是非这四种东西，都是衰败之世制造出来的，用在末世。礼原本是用来区别尊卑、分别贵贱的；义原本是用来协调君臣、父子、兄弟、夫妻、朋友间关系的。但今天讲礼节的人，外表恭敬而内心嫉恨；讲义理的人，施舍他人却希望能够得到恩惠。君臣之间互相非难，骨肉之间互相怨恨，这样就失去了原本提倡礼义的目的和意义，反而使人们因结怨而互相责难。

【原文】

夫水积则生相食之鱼，土积则生自冗之兽①，礼义饰则生伪匿之本。夫吹灰而欲无眯，涉水而欲无濡，不可得也。古者民童蒙不知东西，貌不羡乎情②，而言不溢乎行，其衣致暖而无文，其兵戈铢而无刃，其歌乐而无转，其哭哀而无声，凿井而饮，耕田而食，无所施其美，亦不求得。亲戚不相毁誉，朋友不相怨德。及至礼义之生，货材之贵，而诈伪萌兴，非誉相纷，怨德并行，于是乃有曾参孝已之美，而生盗跖、庄蹻之邪。故有大路龙旂③，羽盖垂緌④，结驷连骑，则必有穿窬拊楗⑤、逾备之奸；有诡文繁绣⑥，弱緆罗纨，必有菅屩跐跰、短褐不完者。故高下之相倾也，短修之相形也，亦明矣。

【注释】

①自冗(rǒng)之兽：自相残杀的猛兽。②羡：超过。③大路：即大车。路：通"辂"。龙旂：画有龙纹交错的旗子。④羽盖：用翠鸟的毛装饰的华盖。垂緌：下垂的緌章，装饰在旗子上，用来表明身份。⑤穿窬(yú)：在墙上挖洞，这里指入室行窃。拊(fǔ)楗：击断门闩，这里指行窃。⑥诡文：奇异的花纹。

【译文】

水聚集在一起便会产生互相吞食的鱼儿，土堆积成山则会产生互相伤残的猛兽，礼义的制定和施行则会产生伪善君子。尘土飞扬灰尘蒙脸却不想眯眼，过河涉水却不想沾湿衣裳，这实际上是不可能的。古时候人们混沌幼稚分不清东南西北，外貌上表现不出美慕的情感，言语诚实而不夸夸其谈。他们衣着朴素只求保暖，兵器迟钝无须开刃，歌谣直抒欢乐不用婉转修饰，哭泣只为表达悲哀故无须故意放声。他们凿井而饮，耕田而食，无须用美物笼络感情，也不贪求得到什么。亲戚间不互相毁谤也不互相赞誉，朋友间不互相怨恨也不互相感恩。

但一到礼义产生，有了货物财产的价值观念后，这欺诈伪善就产生了，诋毁赞誉就纷纷兴起，怨恨感恩就并行世间。在这个时候便有了曾参、孝己的美名，也就产生了盗跖、庄蹻的邪行。所以是，有了绣龙、垂缨伞盖的大车和结驷连骑的马车，那必定就有翻越墙壁、撬门入室、掘墓盗宝的奸邪发生。有穿着奇彩锦绣细布轻绢的人，必定就有草鞋不整、粗衣烂衫的人。这就是我们平时说的高低互相倾斜、长短互相对照的道理，这是再清楚不过的了。

【原文】

昔太公望、周公旦受封而相见，太公问周公曰："何以治鲁？"周公曰："尊尊亲亲①。"太公曰："鲁从此弱矣！"周公问太公曰："何以治齐？"太公曰："举贤而上功。"周公曰："后世必有劫杀之君！"其后齐日以大，至于霸，二十四世而田氏代之。鲁日以削，至三十二世而亡。故《易》曰："履霜，坚冰至。"圣人之见终始微言。故糟丘生乎象箸②，炮烙生乎热斗。子路撜溺而受牛谢③，孔子曰："鲁国必好救人于患。"子赣赎人而不受金于府，孔子曰："鲁国不复赎人矣。"子路受而劝德，子赣让而止善④，孔子之明，以小知大，以近知远，通于论者也。由此观之，廉有所在，而不可公行也。故行齐于俗，可随也。事周于能，易为也。矜伪以惑世，伉行以违众⑤，圣人不以为民俗。

【注释】

①尊尊：尊敬尊贵者。亲亲：亲其所当亲。②糟丘：指酿酒的渣滓堆积成了山，称为糟丘。象箸：即象牙制成的筷子。箸：筷子。③撜：同"拯"，拯救。④子赣：也作子贡，孔子弟子。⑤伉行：行为清高，不合世俗。

【译文】

从前太公望、周公旦受封在宫廷相见,太公问周公说:"你打算怎样治理鲁国?"周公说:"尊敬尊者而亲敬亲者。"太公说:"鲁国从此就要削弱下去了。"周公问太公说:"那你又打算怎样治理齐国呢?"太公说:"我要举荐贤才、崇尚功德。"周公说:"后代必定有弑君夺权的人出现。"从那以后,齐国一天天强大,一直到称霸诸侯,但是二十四代后田常弑君而代之。而鲁国一天天削弱,到了三十二代终于灭亡。所以《周易》中说:"踏着寒霜,冰雪时节就要到来。"圣人就是能从开头细微的迹象预见到事物发展的结果。因此纣王饮酒积糟成丘始于象牙筷子,酷刑炮烙始于用熨斗烙人。子路救出溺水之人,而接受了主人一头牛的谢礼。孔子评论说:"鲁国一定会兴起助人为乐的好风气。"子赣用钱财赎救出鲁国之人,子赣不愿接受官府的钱财,孔子对此事评论说:"鲁国再也不会有自己掏钱财来赎救人的事了。"子路接受牛谢而奖励行德之人,子赣谦让而制止了行善的行为。孔子之所以伟大,是能从小处看到大处,从近处看到远处,从这个意义上说,孔子真是一位通晓事理的圣人。由此看来,廉洁也有它所适

用的范围，而不可以到处推行。因此行为如果合于习俗，人们就能够追随它；行事和能力相契合，就容易做得到。反过来说，如果用矜持、虚伪来迷惑世人，或行为高尚而违背众愿，圣人是不能以此来引为风俗的。

【原文】

为仁者必以哀乐论之，为义者必以取予明之。目所见不过十里，而欲遍照海内之民，哀乐弗能给也。无天下之委财①，而欲遍澹万民②，利不能足也。且喜怒哀乐，有感而自然者也。故哭之发于口，涕之出于目，此皆愤于中而形于外者也，譬若水之下流、烟之上寻也，夫有孰推之者！故强哭者虽病不哀，强亲者虽笑不和，情发于中而声应于外，故厘负羁之壶餐③，愈于晋献公之垂棘；赵宣孟之束脯，贤于智伯之大钟。故礼丰不足以效爱，而诚心可以怀远。

【注释】

①委财：积蓄的财物。②澹：通"赡"，赡养。③厘负羁之壶餐：厘负羁：也作"僖负羁"，是春秋时期曹国的大夫，他曾经送一壶饭给出奔到曹国而未受国君礼遇的晋公子重耳，后得到重耳的保护。

【译文】

实行仁政的人一定是通过哀伤喜乐之情去影响他人的，推行大义的人一定是通过施予剥夺让人明白义理的。眼睛所能看到的距离不过十来里地，而想以仁慈普照天下百姓，只用哀乐之情是远远不够的。没有天下积累的财物，而想普遍瞻顾天下万民，利益是不能满足他们的。况且喜怒哀乐之情，都是人们有了感触才自然形成和流露出来的。所以哭声发之于口、泪水出之于眼，这都是内心的悲愤之情在外部的表现，就好比水往低处流，烟往上边冒一样，又有谁去人为地推动它？所以勉强哭的人，即使哭得精疲力竭，也不会显得悲哀；勉强做出亲善友好的态度，即使脸上堆满了笑容，也不会显得和谐。这些都说明只有真情出自内心，外在的声音和行为才会表现得真诚而不虚伪。所以僖负羁馈赠的一壶水泡饭要远远强过晋献公借以灭虞的垂棘之璧；赵宣孟的一束干肉脯要远远胜过智伯灭仇由所献的大钟。这都说明礼节周全不能够用来验证真爱，而真诚之心倒足以使远方的人都为之感动而归顺。

【原文】

故公西华之养亲也①，若与朋友处；曾参之养亲也，若事严主烈君；其于养，一也。故胡人弹骨②，越人契臂③，中国歃血也④，所由各异，其于信，一也。三苗髽首⑤，羌人括领，中国冠笄⑥，越人劗鬋⑦，其于服，一也。帝颛顼之法，妇人不辟男子于路者，拂之于四达之衢，今之国都，男女切踦，肩摩于道，其于俗，一也。故四夷之礼不同，皆尊其主而爱其亲，敬其兄；猃狁之俗相反，皆慈其子而严其上。夫鸟飞成行，兽处成群，有孰教之！

【注释】

①公西华：孔子的弟子公西赤，字华，其养亲之事出自《论语·雍也》。②弹骨：古匈奴盟誓时用骨制的酒器喝酒为盟。③契臂：古代越国的人在盟誓的时候用刀割破手臂，出血滴入酒中而盟。④歃血：古代中原地区的人盟誓的时候口中含牲口的血，或者把血涂于嘴边，以示盟好。⑤髽首：以麻束发。⑥笄：簪子。⑦劗鬋：剪除头发。

【译文】

因此公西华奉养父母，就如同和朋友相处那样随和；曾参侍奉父母，恭敬多于和睦，就像侍奉庄严威猛的国君那样小心翼翼，他们表现出的态度尽管不同，但在奉养父母上的孝心是一样的。因此北方胡人盟誓用头骨装酒，越人盟誓刺臂流血，中央地区国家会盟时口含畜血，在这里，他们所使用的方法各不相同，但在表现真诚信义上是一致的。三苗人用麻束发，西方羌人把领子结扎起来，中原人插簪戴帽子，东南越人剪断头发，在这里，他们装饰打扮各异，但服饰和装扮的实用性是一致的。帝颛顼的法规，妇女在路上不回避男子的，就要在四通八达的道口遭受击打。现在的都会，男女偎依亲昵，肩膀相碰，在这里，古今礼节尽管不同，但各有其风俗习惯这是一致的。因此四方部族的礼俗是不同的，但都尊崇他们的国君、爱护他们的亲人、敬重自己的兄长；而北方猃狁的风俗与中原相反，表现出对子孙相当慈爱，对他们的国君很严厉。那飞鸟成行、兽类群处，这又是谁教导的它们呢？

【原文】

故鲁国服儒者之礼，行孔子之术，地削名卑，不能亲近来远。越王勾践劗发文身①，无皮弁搢笏之服②、拘罢拒折之容③，然而胜夫差于五湖，南面而霸天下，泗上十二诸侯皆率九夷以朝④。胡、貉、匈奴之国，纵体拖发，箕倨反言，而国不亡者，未必无礼也。楚庄王裾衣博袍⑤，令行乎天下，遂霸诸侯。晋文君大布之衣，牂羊之裘⑥，韦以带剑，威立于海内，岂必邹鲁之礼之谓礼乎？是故入其国者从其俗，入其家者避其讳。不犯禁而入，不忤逆而进，虽之夷狄徒倮之国，结轨乎远方之外，而无所困矣。

【注释】

①劗（zuān）：剪，剃。②皮弁：一种用白鹿皮做成的帽子，又称武冠。搢：插。③拘罢：圆规一类的工具。拒折：矩尺一类的工具。④泗上：泗水之滨。⑤裾：衣服的大襟。⑥牂羊之裘：这里指代粗劣的衣服。牂羊：母羊。

【译文】

所以鲁国采用儒家礼节，施行孔子学说，结果反而国土被削减，名望被削弱，不能使近者亲附，远者归服。越王勾践剃发文身，没有戴皮帽、插笏板上朝的朝服，也没有规规矩矩的仪态，但在太湖一带战胜吴王夫差后，就南面而坐，称霸天下，使泗水之滨的诸侯都率各自管辖的边远小国来朝拜。北方的胡、貉、匈奴等国家，衣服胡乱缠裹，披头散发，又是席地叉腿而坐，说话叽哩呱啦，但国家不会灭亡，这是因为他们看似无礼，实质有他们的礼节。楚庄王身穿宽衣长袍，照样发号施令于天下，并最终称霸诸侯。晋文公衣着粗布，身披羊皮，皮带系宝剑，但照样威名天下。由此看来，哪能一定说孔、孟的礼节才叫礼节呢？所以到了别的国家就该遵随他们的习俗，到了人家家里就应回避人家的忌讳；不要违反当地的禁令，也不要触犯当地的习俗，这样你就是到了像东夷、北狄这样赤足裸体的落后国家、车子到了遥远的方外之地，也没有什么困惑的。

【原文】

所谓礼义者，五帝三王之法籍风俗，一世之迹也。譬若刍狗土龙之始成①，文以青黄，绢以绮绣②，缠以朱丝，尸祝袗袨③，大夫端冕以送迎之。及其已用之后，则壤土草灾而已，夫有孰贵之？故当舜之时，有苗不服，于是舜修政偃兵，执干戚而舞之。禹之时，天下大雨，禹令民聚土积薪，择丘陵而外之。武王伐纣，载尸而行，海内未定，故不为三年之丧始。禹遭洪水之患，陂塘之事，故朝死而暮葬。此皆圣人之所以应时耦变，见形而施宜者也。今之修干戚而笑镢插④，知三年非一日，是从牛非马，以徵笑羽也。以此应化，无以异于弹一弦而会棘下。夫以一世之变，欲以耦化应时，譬犹冬被葛而夏被裘。夫一仪不可以百发⑤，一衣不可以出岁。仪必应乎高下，衣必适乎寒暑。是故世异则事变，时移则俗易。故圣人论世而立法，随时而举事。尚古之王，封于泰山，禅于梁父，七十余圣，法度不同，非务相反也，时世异也。是故不法其已成之法，而法其所以为法。所以为法者，与化推移者也。夫能与化推移为人者，至贵在焉尔。故狐梁之歌可随也，其所以歌者不可为也；圣人之法可观也，其所以作法不可原也；辩士言可听也，其所以言不可形也。淳均之剑不可爱也⑥，而欧冶之巧可贵也⑦。今夫王乔、赤诵子，吹呴呼吸，吐故纳新，遗形去智，抱素反真，以游玄眇，上通云天。今欲学其道，不得其养气处神，而放其一吐一吸，时诎时伸，其不能乘云升假亦明矣。五帝三王，轻天下，细万物，齐死生，同变化，抱大圣之心，以镜万物之情，上与神明为友，下与造化为人。今欲学其道，不得其清明玄圣，而守其法籍宪令，不能为治亦明矣。

【注释】

①刍狗：草扎的狗。土龙：泥巴做的龙。②绢：名词用作动词，缠绕。③尸祝：祭祀时代表鬼神接受祭祀的人叫尸，传达鬼神的话的叫祝。袀袨：纯黑色的祭服。④镢（jué）：即大锄。插：即锹。镢插：在这里泛指农业活动。⑤仪：弓弩上面用来瞄准的标尺。⑥淳均：古代的宝剑名。⑦欧冶：春秋时期著名的冶炼巧匠，淳均宝剑的制造者。

【译文】

所谓礼义，实际上是五帝三王所建立起来的法典和习俗，只不过适合于那个时代。这就和祭祀时用的刍狗和祈雨时用的土龙一样，开始扎制它们的时候，用青黄色作为装饰，然后用锦绣包裹、丝帛镶边，最后用红色丝线缠紧，尸祝穿上黑色的祭服，大夫戴着礼帽，表情庄重肃穆地迎送它们。一旦等到祭祀完毕，它们就如同泥土草芥一样被扔掉，还有谁看重珍惜它们？所以，在舜的时代，有苗不归顺，于是舜修治德政，并停止战争讨伐，将盾牌和大斧用于歌舞之中。在禹的时代，天下洪水泛滥，禹命令民众堆聚土壤、聚积柴草，选择丘陵高处居住。武王讨伐纣王时，用车载着去世不久的父亲的灵柩前去，等消灭纣王后，海内还没安定下来，所以武王就为文王守三年孝，以表示发扬文王的美德，这样才有了服三年之丧的做法。禹时天下洪水泛滥，禹忙于修筑陂塘水库，所以人在早上死去的，晚上就被安葬了。这些都是圣人为了适合时代和客观情况所采取的权宜措施。今天如果只赞美干戚之舞而嘲笑锄耰之舞，只赞誉三年服丧而对一日的丧期进行非议，这就好像只赞美牛而非难马一样，也像用徵音来取笑羽音一样。以一种不知变通的礼法来约束日益变化的社会，就好比只有一根琴弦就想弹奏出《棘下》的乐曲。而根据时世的变化制定相关的礼法，再运用到已再次变化了的时世，就很难做到恰当适宜。如不变化礼法，就会像冬天穿葛布衣、夏天穿皮大衣一样可笑。所以调整一次弓弩上的瞄准器是不可能用它来发射一百次的，同样一件衣服也不可能一年穿到头。这说明瞄准器必须根据目标的高低不断调整，人穿的衣服也必须根据气候的变化不断更换。所以说是"世异则事变，时移则俗易"。因此，圣人是根据世道来制定法规，随应时代来治理国家。古代帝王在泰山上祭过天，在梁父山上祭祀大地，这样的帝王多达七十多位，他们的法度各不相同，并不是他们有意标新立异与世俗格格不入，而是因为时代社会变了。因此，不能照搬他们那些现成的法令，而应该效法他们制定法令的原则。而他们制定法令的原则就是根据变化了的时世不断改变法令。能够根据时世变化而不断变法，这就是最可贵的。所以，古代狐梁的歌是可以学着唱的，但他之所以能如此动人的奥妙却难以掌握；古代圣人的法规也是可以模仿的，但他们制定法规的缘由却探究不到；古代雄辩之士的辩词是可以模仿的，但他们如此善辩的内涵却是难以揭示的。淳钧之剑也没什么值得珍惜的，值得珍惜的是欧冶子的铸剑技术。那王乔和赤诵子能够一呼一吸、吐故纳新、物我两忘、抛弃智虑、坚守素朴、返璞归真，遨游于玄眇境地，与上天相通而成仙。今天如果有人想学到他们的成仙之道，只知道模仿他们的一吐一吸、时伸时屈的动作，而没有掌握他们涵养元气、修炼精神的奥妙，要想腾云驾雾升天成仙是不可能的。五帝三王他们之所以能不看重天下，渺视万物，把生死看成同一，在于他们怀着无所不容的圣明之心来观照事物的真谛，上与天道为友，下和造化作伴。今天如果有人想学到他们的处世之道，只死守着他们的法典条文，而没有他们那种清静玄冥的精神境界，要想治理天下是不可能的。

【原文】

故曰"得十利剑，不若得欧冶之巧；得百走马，不若得伯乐之数。"朴至大者无形状，道至眇者无度量，故天之圆也不得规；地之方也不得矩。往古来今谓之宙，四方上下谓之宇，道在其间而莫知其所。故其见不远者，不可与语大；其智不闳者①，不可与论至。昔者冯夷得道以潜大川②，钳且得道以处昆仑③。扁鹊以治病，造父以御马，羿以之射，倕以之所，所为者各异，而所道者一也。夫禀道以通物者，无以相非也，譬若同陂而溉田，其受水均也。今屠牛而烹其肉，或以为酸，或以为甘，煎熬燎炙，齐味万方，其本一牛之体。伐楩楠豫樟而剖梨之④，或为棺椁，或为柱梁，披断拨㩭⑤，所用万方，然一木之朴也。故百家之言，指奏相反，其合道一体也，譬若丝竹金石之会乐同也，其曲家异而不失于体。伯乐、韩风、秦牙、管青⑥，所相各异，其知马一也。故三皇五帝法籍殊方，其得民心均也。故汤入夏而用其法，武王入殷而行其礼，桀纣之所以亡，而汤武之所以为治。

【注释】

①闳：广博。②冯夷：相传是河神。③钳且：传说中的神灵。④楩（pián）、楠、豫、樟：都是著名的木材。梨：剖开，解析。⑤拨：剖开，分开。㩭：顺。⑥伯乐、韩风、秦牙、管青：都是善于相马的人。

【译文】

所以说得到十把利剑，不如得到欧冶子的铸剑技术；得到一百匹千里马，不如得到伯乐的相马技术。自然中最大的朴是没有形状的，最微小的道是无法度量的。因此上天的圆形是不能够用规来测量的，大地的方形也是不能够用矩来测定的。古往今来叫作宙，四方上下称作宇。道处在它们的中间，但没有人知道它的具体所在。因此那些见识不远大的人，不能够和他谈论大道；智慧不宏大的人，不能和他议论最高的道。从前冯夷得了道术，而潜入河中成为河神；钳且得了道术便处于昆仑之中。扁鹊靠着道来治病，造父凭着道来驾御车马，羿凭着道成了神射手，倕靠着道成了能工巧匠。在这里，他们所做的具体事情各不相同，但得道用道是一致的。秉受了道而通晓万物事理的人，彼此间是不会产生矛盾和非议的，这就好像用同一个水塘的水来灌溉农田一样，它承受的水是均匀的。现在屠宰牛而制作牛肉，有的做成酸的，有的做成甜的，煎熬烧烤，做出各种各样醇美之味，然而它们都出自于同一条牛。砍下梗楠豫樟，剖开加工，有的做成棺，有的做成柱，砍断分割剖细，所用的地方各种各样，然而它们都出自于同一木头的本体。所以诸子百家的言论，旨意是相反的，但是它们符合道是一致的，这就好比弦乐管乐金钟石磬的合奏乐曲，它们的曲谱各自是不同的，但是都不可能脱离曲谱的乐曲本身。同样，伯乐、韩风、秦牙、管青，他们相马的方法各不相同，但了解马性是一致的。所以三皇五帝的法令典籍尽管有差异，但他们都得民心是一致的。所以商汤推翻夏朝以后用夏朝的基本法规，武王推翻殷朝以后用殷朝的基本法礼，夏桀和殷纣王用这些礼法导致灭亡，而商汤和武王则凭着这些礼法治理好了天下。

第十二卷　道应训

【原文】

太清问于无穷曰："子知道乎？"无穷曰："吾弗知也。"又问于无为曰："子知道乎？"无为曰："吾知道。""子知道，亦有数乎①？"无为曰："吾知道有数。"曰："其数奈何？"无为曰："吾知道之可以弱，可以强；可以柔，可以刚；可以阴，可以阳；可以窈②，可以明；可以包裹天地，可以应待无方。此吾所以知道之数也。"太清又问于无始曰："乡者③，吾问道于无穷，无穷曰：'吾弗知之。'又问于无为，无为曰：'吾知道。'曰：'子之知道亦有数乎？'无为曰：'吾知道有数。'曰：'其数奈何？'无为曰：'吾知道之可以弱，可以强；可以柔，可以刚；可以阴，可以阳；可以窈，可以明；可以包裹天地，可以应待无方，吾所以知道之数也。'若是，则无为知与无穷之弗知，孰是孰非？"无始曰："弗知之深而知之浅，弗知内而知之外，弗知精而知之粗。"太清仰而叹曰："然则不知乃知邪？知乃不知邪？孰知知之为弗知，弗知之为知邪？"无始曰："道不可闻，闻而非也；道不可见，见而非也；道不可言，言而非也，孰知形之不形者乎？"故老子曰："天下皆知善之为善，斯不善也。故'知者不言，言者不知'也。"

【注释】

①数：一定的法度、道理。②窈：昏暗的样子。③乡：通"向"，先前。

【译文】

太清问无穷道："你了解道吗？"无穷说："我不了解道。"又向无为问道："你了解道吗？"无为说："我了解道。"太清又问："你了解的道它有道理吗？"无为说："我了解的道它有道理。"太清问："它的道理是怎样的呢？"无为说："我所了解的道，可以变得弱小，可以变得强大，可以变得柔软，可以变得刚强；可以阴也可以阳，可以暗也可以明；可以包裹天地也可以应对无穷。这就是我所了解的道。"

太清又向无始询问道："从前我向无穷问道，无穷说：'我不了解道。'又向无为询问，无为说：'我了解道。'我说：'你了解的道，它也有道理吗？'无为说：'我了解的道有道理。'我问：'它的道理是怎样的呢？'无为回答说：'我所了解的道，它可以变得弱小，也可以变得强大，可以变得柔软，可以变得刚强；可以成为阴，也可以成为阳；可以变得幽暗，也可以变得光明；可以包裹天地也可以应对无穷的变化。这就是我所了解的道。'像这样，那么无为的了解和无穷的不了解，哪个正确、哪个错误呢？"无始回答说："说不了解它的是深刻的，说了解的恰恰说明他了解的肤浅；说不了解的恰恰说明他了解了它的实质，说了解的恰恰说明他只了解它的表相；说不了解的恰恰说明他了解了它的精粹，说了解的恰恰说明他只了解它的大概。"太清听后仰天叹息说："这么说来，不了解的却是了解，了解的却是不了解。谁晓得了解的却是不了解，不了解的却是了解呢？"无始接着说："道是不可闻的，能听闻到的就不是道；道是不可见的，能看得见的就不是道；道是不可言说的，能言说的就不是道。谁晓得有形物体是从无形的形体中产生的呢？"因此《老子》中说："天下的人都知道善是善的，那么不善就显露出来了。"所以"懂得道的人不说道，说道的人并不懂得道"。

【原文】

田骈以道术说齐王①，王应之曰："寡人所有，齐国也。道术难以除患，愿闻国之政。"田骈对曰："臣之言无政，而可以为政。譬之若林木无材而可以为材。愿王察其所谓，而自取齐国之政焉己。虽无除其患害，天地之间，六合之内②，可陶冶而变化也。齐国之政，何足问哉！"此老聃之所谓"无状之状，无物之象"者也。若王之所问者，齐也。田骈所称者，材也。材不及林，林不及雨，雨不及阴阳，阴阳不及和，和不及道。

【注释】

①田骈（pián）：战国时期黄老学派代表人物。②六合：指天地和四方。

【译文】

田骈用黄老道德之术游说齐宣王，齐宣王回答说："我所拥有的是齐国，你向我说的道术难以消除当前齐国的祸患，所以我倒希望听到你对齐国治政的一些高见。"田骈回答说："我说的道术尽管不直接涉及政事，但是可以运用到治政中去。这就好比说树林里没有成材的树木，但它可以培育出好的树木，供人们使用。所以希望君王能从我说的道理中，得到有助于治理齐国的启发。虽然我的言论现在不能除去某些祸患，但是可以穷究天地之奥，探索六合之秘，可以陶冶化育万物、应对万端变化。那区区齐国的政事，又有什么值得挂齿的呢？这就是老子说的'没有形状的形状，没有物体的形象'了。像大王所询问的内容，说的只不过是一个齐国；而我田骈所称说的，是材料。而实际上材料不如树林，树林不如雨水，雨水不如阴阳，阴阳比不上天和，天和不如大道。"

【原文】

魏武侯问于李克曰①："吴之所以亡者，何也？"李克对曰："数战而数胜。"武侯曰："数战数胜，国之福，其独以亡，何故也？"对曰："数战则民罢②，数胜则主骄，以骄主使罢民，则国不亡者，天下鲜矣。骄则恣③，恣则极物；罢则怨，怨则极虑。上下俱极。吴之亡犹晚矣！夫差之所以自到于干遂也。"故老子曰："功成，名遂，身退，天之道也。"

【注释】

①魏武侯：战国时的魏国国君，魏文侯之子。李克：魏武侯的大臣，一说为李悝。②罢：通"疲"，疲劳。③恣：放纵。

【译文】

魏武侯问李克说："强大的吴国遭到灭亡，是什么原因呢？"李克回答说："每次打仗都打了胜仗，所以要灭亡。"武侯问："屡战屡胜，这是国家的福气，吴国偏偏为此而灭亡，这又是什么原因呢？"李克解释说："经常打仗，百姓必然感到疲惫不堪；而屡战屡胜必然导致君主骄傲；让骄横的君主去指挥役使疲惫的百姓，不亡国这样的事情是很少见的。君主骄傲就会放纵，放纵就会极尽外物之欲，百姓疲困就会产生怨恨，怨恨多了就会极尽巧诈的心机，国君和百姓都达到了极限，吴国的灭亡还算晚的。吴王夫差就是因为这个才败在越王勾践手下自杀于姑苏的。因此《老子》中说："功成名就，引身告退，这是天道的规律。"

【原文】

桓公读书于堂，轮人研轮于堂下①，释其椎凿而问桓公曰："君之所读者何书也？"桓公曰："圣人之书。"轮扁曰②："其人在焉？"桓公曰："已死矣。"轮扁曰："是直圣人之糟粕耳！"桓公悖然作色而怒曰③："寡人读书，工人焉得而讥之哉！有说则可④，无说则死。"轮扁曰："然，有说。臣试以臣之所轮语之：大疾则苦而不入⑤，大徐，则甘而不固⑥。不甘不苦，应于手，厌于心，而可以至妙者，臣不能以教臣之子，而臣之子亦不能得之于臣。是以行年七十，老而为轮。今圣人之所言者，亦以怀其实，穷而死，独其糟粕在耳！"故老子曰："道可道，非常道；名可名，非常名。"

【注释】

①轮人：制作车轮的人。②轮扁：即上文提到的"轮人"，古代以职业相称，此人名扁，故称轮扁。③作色：改变脸色。④有说：解释清楚。⑤大疾：太紧。大：同"太"。⑥甘：滑。

【译文】

齐桓公在殿堂上读书，一位做车轮的工匠在堂下制作车轮，他放下手中的槌子和凿子，向桓公询问说："国君您正在读的是什么书？"桓公说："是圣人的书。"这位叫轮扁的工匠又问："这位圣人还活着吗？"桓公回答说："已经死了。"轮扁马上说："那您读的只能是圣人的糟粕了。"桓公听了，变了脸色发怒说："我在此读书，你一个工匠怎能妄加议论呢？你说出道理来也就罢了，如说不出道理来，就处死你。"轮扁不慌不忙地说："是的！有话

可说。我试着用我的斫轮来说说这个道理。如果榫头大，榫眼开小了，就会涩滞安不进去；如果榫眼开大了，榫头做小了，就会太松滑动不牢。不松不紧，得心应手，达到神妙境界的技术，我无法传授给我的儿子，而我的儿子也无法从我这里学到这技术。因此我已经是六十岁的人了，到老了还得亲自做车轮。现在圣人所说的话，也是怀藏着宝贵的技艺无法传授，困穷而死去，而只有那些可以言传的糟粕存在罢了。"因此《老子》中说："道，能够说出来的道，不是永恒的道；名，能够叫出来的名，不是永恒的名。"

【原文】

越王勾践与吴战而不胜，国破身亡，困于会稽。忿心张胆①，气如涌泉，选练甲卒②，赴火若灭。然而请身为臣，妻为妾，亲执戈为吴兵先马走，果禽之于干遂。故老子曰："柔之胜刚也，弱之胜强也，天下莫不知，而莫之能行。"越王亲之，故霸中国。

【注释】

①忿心：内心激怒。张胆：放开胆量。②甲：甲士。卒：步兵。③先马走：在车前开路的人。

【译文】

越王勾践被吴王夫差打得大败，国破家亡，被围困在会稽山上。他心中愤怒肝胆张大，怒气像泉水涌流，训练选拔士兵，决心赴汤蹈火与吴国决一雌雄。但经过大臣文种的劝说，以屈辱条件和吴国达成协议，勾践亲自为吴王作奴仆，妻子去当女奴；又亲自执戈为吴王牵马开道，经过这样多年的卧薪尝胆，最后终于在干遂把吴王擒住。因此《老子》中说："柔弱可以胜过刚强，弱小可以胜过强大，天下没有人不知道这个道理，但是没有人能够实行它。"而越王勾践亲自去实行了，所以他最终称霸了中原。

【原文】

赵简子死，未葬，中牟入齐①。已葬五日，襄子起兵攻，围之未合②，而城自坏者十丈，襄子击金而退之。军吏谏曰："君诛中牟之罪而城自坏，是天助我，何故去之？"襄子曰："吾闻之叔向曰③：'君子乘人于利，不迫人于险。'使之治城④，城治而后攻之。"中牟闻其义，乃请降。故老子曰："夫唯不争，故天下莫能与之争。"

【注释】

①中牟：地名，在今河南鹤壁西。②合：交战。③叔向：春秋时晋国大夫羊舌肸，字叔向。④治：修理。

【译文】

赵简子刚死，还没有安葬，中牟的守将就叛变投靠齐国了。赵襄子安葬父亲简子五天以后，率领军队包围了中牟，大部队还没有合围而城墙突然自行倒塌十来丈，赵襄子下令鸣金收兵。军吏劝谏说："国君亲率兵马征讨中牟守将的罪行，城墙自行倒塌，这说明老天爷帮助我们去讨伐这些天理难容的罪人，为什么我们要撤退呢？"赵襄子解释道："我听叔向说过：'君子不该在自己有利的形势下去欺凌别人，君子也不该在别人处境艰险时去逼迫他。'所以让中牟守兵将城墙修好后，再去攻打他们！"中牟城内的守将听到赵襄子这番仁义的话后，便请求投降。因此《老子》中说"正因为不与别人争，所以天下也没有人能争得过他"。

【原文】

昔者公孙龙在赵之时，谓弟子曰："人而无能者，龙不能与游。"有客衣褐带索而见曰①："臣能呼。"公孙龙顾谓弟子曰："门下故有能呼者乎？"对曰："无有。"公孙龙曰："与之弟子之籍。"后数日，往说燕王,至于河上,而航在一汜②,使善呼者呼之,一呼而航来。故曰圣人之处世,不逆有伎能之士③。故老子曰:"人无弃人,物无弃物,是谓袭明。"

【注释】

①衣褐带索:身穿粗布衣腰系粗麻绳。②一汜(sì):在水的一边。③逆:拒绝。

【译文】

从前公孙龙在赵国的时候,对弟子说:"一个人如果无技能,我是不会和他交往的。"这时,有一个穿着破衣烂衫的客人谒见公孙龙说:"我能大声呼喊。"公孙龙回头问弟子:"我门下可有能大声呼喊的弟子吗?"弟子回答:"没有。"于是公孙龙说:"那么就让这位客人入我门下吧!"几天以后,公孙龙带着弟子前往燕国游说。到了黄河边,看到渡船在河对岸,便叫那位能呼喊的弟子呼喊摆渡船上的艄公,此人只呼喊一声,渡船便摇了过来。因此圣人处在世间,不会背弃有一技之能的人。所以《老子》中说:"人中没有弃置无用之人,万物中也没有无用的东西,这就叫作聪明。"

【原文】

颜回谓仲尼曰:"回益矣①。"仲尼曰:"何谓也?"曰:"回忘礼乐矣。"仲尼曰:"可矣,犹未也。"异日复见,曰:"回益矣。"仲尼曰:"何谓也?"曰:"回忘仁义矣。"仲尼曰:"可矣,犹未也。"异日复见,曰:"回坐忘矣②。"仲尼遽然曰③:"何谓坐忘?"颜回曰:"隳支体④。黜聪明,离形去知,洞于化通,是谓坐忘。"仲尼曰:"洞则无善也,化则无常矣。而夫子荐贤,丘请从之后。"故老子曰:"载营魄抱一,能无离乎?专气至柔,能如婴儿乎?"

【注释】

①益:进步。②坐忘:端正地坐着,达到了物我两忘的境界。③遽然:突然。④隳:废除。

【译文】

颜回对孔子说:"我近来很有长进。"孔子问道:"这话怎么说?"颜回说:"我忘掉了礼乐。"孔子接着说:"好啊,但还不够。"过了几天,颜回又去拜访孔子,说:"我颜回又有新的长进了。"孔子问:"此话又如何解释?"颜回说:"我忘掉了仁义。"孔子还是这样回答:"好啊,但还是不够。"过了若干天,颜回又去拜访孔子,说:"我已经达到坐忘的境界了。"孔子突然变了脸色说道:"那你说说什么叫'坐忘'呢?"颜回回答说:"我静坐时能够忘掉我自己,无所闻也无所见,好像远离形体,无知无觉、浑然一体,这就叫'坐忘'。"孔子说:"无知无觉,浑然一体就不会有嗜欲,融道为一体就不拘泥于常理。由此看来,你的境界已远远超过我们,我也只能跟随在你的后面了。"所以《老子》中说:"精神与形体浑然一体,能不相分离吗?积聚精气以致柔顺,能像无欲的婴儿吗?"

第十三卷　氾论训

【原文】

古者有鍪而绻领以王天下者矣①，其德生而不辱②，予而不夺。天下不非其服，同怀其德。当此之时，阴阳和平，风雨时节，万物蕃息。乌鹊之巢可俯而探也，禽兽可羁而从也③。岂必褒衣博带④，句襟委章甫哉⑤！

【注释】

①鍪（móu）：头盔。绻：翻卷。②辱：伤害。③羁：用绳子拴着。④褒衣博带：这是古代儒士的衣着。褒、博都是宽大的意思。⑤句襟：曲襟。章甫：殷代的一种帽子。

【译文】

古代三皇以前的君王有戴着头盔翻卷领部而统治天下的，他们实行德政使人民繁衍而不加杀害，给予百姓财物而不夺取。所以天下没人讥笑非议他们的服饰，而共同含怀他们的德泽。在这个时候，阴阳二气平和，风调雨顺，万物繁衍生息，乌鸦喜鹊低处筑巢也不会有人去掏窝伤害它们，禽兽驯服得只需用绳子牵着就可以跟随主人，那时候的人们哪里需要儒生的宽衣大带穿着曲领衣戴着帽子呢？

【原文】

古者民泽处复穴①，冬日则不胜霜雪雾露，夏日则不胜暑热蚊虻；

圣人乃作，为之筑土构木以为宫室，上栋下宇以蔽风雨，以避寒暑，而百姓安之。伯余之初作衣也②，緂麻索缕③，手经指挂，其成犹网罗④。后世为之机杼胜複，以便其用，而民得以揜形御寒。古者剡耜而耕⑤，摩蜃而耨⑥，木钩而樵，抱甀而汲⑦，民劳而利薄，后世为之耒耜耰锄⑧，斧柯而樵，桔皋而汲，民逸而利多焉。古者大川名谷冲绝道路，不通往来也，乃为窬木方版以为舟航⑨，故地势有无得相委输。乃为鞯蹻而超千里，肩荷负儋之勤也，而作为之揉轮建舆，驾马服牛，民以致远而不劳。为鸷禽猛兽之害伤人而无以禁御也，而作为之铸金锻铁，以为兵刃。猛兽不能为害。故民迫其难则求其便，困其患则造其备。人各以其所知去其所害，就其所利。常故不可循，器械不可因也，则先王之法度有移易者矣。

【注释】

①复穴：上古的一种挖地建成的一种双层结构的窟室。②伯余：传说是黄帝的臣子，发明了制衣的方法。③緂（chān）：用手搓麻。索：搓。缕：麻线。④网罗：这里指制作粗糙的衣服。⑤剡：使锋利。耜：上古的一种耕种的农具。⑥蜃：大蛤蜊。耨：锄地。⑦甀（zhuì）：一种口很小的容器。⑧耰（yōu）锄：上古用来平田松土的农具。⑨窬（yú）：挖空。

【译文】

古时候人们居住在水泽和窟穴之中，冬天难以忍受霜雪雾露的侵袭，夏天难以忍受暑热和蚊虫的叮咬。于是圣人就给百姓垒土架木筑建屋室，上面是梁下面是檐，用来遮蔽风雨，以便躲避寒暑，百姓从此得到安居。伯余开始教人制作衣服、搓麻绳、捻麻线，手缠指绕编结成像罗网那样粗糙的衣服；后来又发明了织布机，这样就方便人纺织布帛，使百姓得以遮体御寒。古时候人们磨利石头当犁来耕地，又磨快蛤蜊当锄头来除草，用木钩刀来砍柴，抱着瓦瓮来汲水，这时的人既劳累辛苦又获利微薄；后来发明了耒耜锄头来耕翻土地播种，又制造出斧头砍柴，利用桔槔来汲水，人既轻松又获利丰厚。古时候大川深谷，道路阻绝，不能互通往来，于是人们挖空树木，拼合木板做成舟船，使各地的人和物产得以运输，互通有无。又因为人们到千里之外全靠徒步行走，肩挑背驮非常劳累，于是发明了车子，用马牛拉拖，这样人坐车到远方也不显得劳累；还因为猛兽凶禽伤害人，无法防御抵抗，于是人就熔铸金铁，铸成兵器、刀具，这样凶猛的禽兽就不敢来危害百姓了。所以百姓在困难的逼迫下，就要求得到生存的方便；被患祸所困扰，就要制造相应的防卫工具。人们各自凭着他们所具有的智慧，去避免遇到的祸害，而靠近对他们有利的事情。因此常规不可一成不变去遵循，器械也不能够因循不变，那么先王留下的法度也不是不能改变的。

【原文】

鲁昭公有慈母而爱之。死为之练冠①，故有慈母之服②。阳侯杀蓼侯而窃其夫人，故大飨废夫人之礼③。先王之制，不宜则废之；末世之事，善则著之；是故礼乐未始有常也。故圣人制礼乐，而不制于礼乐。治国有常，而利民为本；政教有经，而令行为上。苟利于民，不必法古；苟周于事，不必循旧。夫夏商之衰也，不变法而亡。三代之起也，不相袭而王。故圣人法与时变，礼与俗化，衣服器械各便其用，法度制令各因其宜，故变古未可非，而循俗未足多也。

【注释】

①练冠：古代的一种丧服。②服：按照丧礼规定的丧服。③大飨：一种祭祀名。按照古礼，大飨之时，国君在饮酒的时候持爵，夫人持豆。阳侯喜欢蓼侯夫人的美貌，便杀了蓼侯并强取其妻。于是此后在大飨时就废掉夫人持豆的礼仪。

【译文】

鲁昭公对抚养自己的慈母十分爱戴,她死了以后,替她服丧一年,所以就有了为慈母服丧的规定。阳侯很垂涎蓼侯夫人的美貌,在宴飨时杀了蓼侯并抢走了他的夫人,所以从此以后举行大飨祭典时废除了由夫人执豆的礼仪。由此看来,先王的制度,不适宜的就废除它;末世出色的政绩,也要让它显明。可见礼乐的规定是没有常规的。因此礼乐是圣人制定的,但圣人并不受礼乐的限制。治理国家虽有常规,但必须以便利民众为根本;刑赏教化虽有常法,但必须以切实有效为最好。只要对民众有利,就不必非要效法古制;如果适合实际情况,就不必一定遵循旧法。夏朝、商朝到了末世,桀纣不变法而灭亡;夏禹、商汤、周武王不因袭旧法却兴旺发达而称王。所以圣人的法度是随时代的变化而变化,礼节随着习俗的不同而改变;衣服器械各自方便他们的使用;法令制度各自适合时宜。所以改变古法无可非议,而因循守旧不值得赞美。

【原文】

夫圣人作法而万物制焉，贤者立礼而不肖者拘焉①。制法之民，不可与远举②；拘礼之人，不可使应变。耳不知清浊之分者，不可令调音；心不知治乱之源者，不可令制法。必有独闻之耳，独见之明，然后能擅道而行矣③。

【注释】

①拘：受约束。②远举：远大的行为。③擅：得到。

【译文】

圣人制定法令，只是想制约普通人；贤人确立礼节，只有无能的人才拘泥其中。受法令制约的人要想有大作为是不可能的；拘泥于礼节的人是难以做到随机应变的。耳朵听觉不能分辨清浊的人，是不可以让他去调整音律的；内心不明白国家治乱根源的人，是不可以让他去制定法令的。只有拥有听到别人难以听到的声音的听觉和能看别人难以看到的东西的视觉的人，才能随心所欲地择道前进。

【原文】

夫殷变夏，周变殷，春秋变周，三代之礼不同，何古之从？大人作而弟子循，知法治所由生，则应时而变；不知法治之源，虽循古，终乱。今世之法籍与时变①，礼义与俗易，为学者循先袭业，据籍守旧教，以为非此不治，是犹持方枘而周员凿也②，欲得宜适致固焉，则难矣。今儒、墨者称三代文武而弗行，是言其所不行也；非今时之世而弗改，是行其非也，称其所是，行其所非，是以尽日极虑而无益于治，劳形竭智而无补于主也。今夫图工好画鬼魅③，而憎图狗马者何也？鬼魅不世出，而狗马可日见也。夫存危治乱，非智不能，道而先称古，虽愚有余。故不用之法，圣王弗行；不验之言，圣王弗听。

【注释】

①籍：通"籍"。②枘（ruì）：榫头。员：通"圆"。凿：卯眼。③图工：画师。

【译义】

殷朝取代夏朝，周朝改变商朝，春秋改变周朝，三代的礼节是不同的，遵从什么古代呢？遵从古礼法，不过是长辈制订法律弟子遵循罢了。知道法律所产生的原因，可以适应时势变化；如果不明白法律产生的根源，那么因循守旧，套用古礼古法，就有可能导致大乱。现实社会的法令条文与时代一起变化，礼仪和习俗一起转移，从事学问的人却遵循先人沿袭旧业，根据法籍守旧教，认为不是这样不能治理，这就像拿着方形的榫头而要和圆形的榫眼相合，要想达到适宜和牢固，那是很困难的。

现在儒、墨称颂三代、周文、周武而不实行，这无疑是在宣扬一套根本行不通的东西。现在的儒、墨，非议现在的社会而不加改变，这实际就是在实行他们所非议的东西。称赞他们认为正确的，做的却是他们认为错误的事，因此整天用尽心思伤透脑筋却对国君毫无益处，劳损形体竭尽智力，如此却无补于事。现在的画工总爱画鬼怪而讨厌画狗马，这是什么道理呢？这是因为鬼怪不可能在世上出现，而狗与马倒是能天天见到，画鬼怪容易画狗马难啊！挽回危局、治理乱世，没有聪明才智是无法做到的；但只是复述古人、称道古代，即使让笨蛋来做也是绰绰有余。所以无用的方法和法规，圣王是不能推行的；没有验证的言论，圣王是不能听取的。

【原文】

昔者，《周书》有言曰："上言者下用也，下言者上用也。上言者常也①，下言者权也②。"此存亡之术也。唯圣人为能知权。言而必信，期而必当③，天下之高行也。直躬其父攘羊而子证之④，尾生与妇人期而死之⑤。直而证父，信而溺死，虽有直信，孰能贵之？夫三军矫命，过之大者也。秦穆公兴兵袭郑，过周而东。郑贾人弦高将西贩牛，道遇秦师于周、郑之间，乃矫郑伯之命，犒以十二牛，宾秦师而却之，以存郑国。故事有所至，信反为过，诞反为功。何谓失礼而有大功？昔楚恭王战于阴陵，潘尫、养由基、黄衰微、公孙丙相与篡之，恭王惧而失体，黄衰微举足蹴其体，恭王乃觉，怒其失礼，夺体而起，四大夫载而行。昔苍吾绕娶妻而美，以让兄，此所谓忠爱而不可行者也。是故圣人论事之局曲直，与之屈伸偃仰⑥，无常仪表，时屈时伸。卑弱柔如蒲韦⑦，非摄夺也；刚强猛毅，志厉青云，非本矜也，以乘时应变也。

【注释】

①常：常法。②权：变通。③期：约定。当：实现诺言。④直躬：春秋时期楚国叶县人。攘：偷。⑤尾生：战国时期鲁国人，他和女子在桥下约会，但是女子没来，后来河水上涨，他为了履行诺言，至死不肯离开。⑥屈伸：圣人对事物的态度。偃仰：事物的发展变化。⑦蒲韦：即蒲苇。

【译文】

以前，《周书》上说过："明智之言，被臣下使用；不智之言，被君主使用。明智之言，是永久可行的；不智之言，是权变暂用而已。"这就是君主掌握存亡的权术。只有圣人能够知道权变事宜，不失其道。说话一定要恪守信用，约定的事一定要履行诺言并付诸行动，这是天下公认的高尚品行。直躬的父亲偷了别人的羊，直躬检举证实了父亲的偷盗行为；尾生和一女子相约在桥下见面，但女子失约，而尾生为了守信约，站在桥下任上涨的河水淹死。直躬为正直而检举父亲、尾生为守信而被河水淹死，他们虽然正直和守信，但又有谁来推崇看重

他们的行为？假传君命调动三军，这是最大的罪过。秦穆公发兵偷袭郑国，过了周都向东进发。郑国商人弦高准备到京都贩牛，在周、郑中间碰到了秦军，于是弦高假传郑国国君的命令，用十二头牛犒劳秦军、礼待秦军，使秦军以为郑国已知道这次偷袭计划而不敢贸然前进，只得撤退，从而保存了郑国。因此行事超过了限度，守信用反而成为过错，欺骗反而成为有功。什么叫失礼却反有大功劳？过去楚恭王在阴陵与晋国交战，恭王被射中左眼，这时楚国的潘尪、养由基、黄衰微、公孙丙冒死冲入敌军中将恭王抢出；而这时的恭王已吓得瘫在地上失去威仪，黄衰微为使恭王不失去君王的威仪，情急之中狠踢恭王一脚，恭王猛然清醒，并被黄衰微的失礼行为所激怒，挣脱了众人的搀扶而站立起来，于是四大夫载着恭王上了战车逃了回来。从前苍吾绕娶了漂亮妻子，就将妻子让给了兄长哥哥，这虽然是钟爱其兄但是却不能这样做。因此圣人研究事情的曲直，能根据实际情况，随之伸缩俯仰，没有一定的可做不可做的框框，时而屈曲时而伸展，没有固定的法式。应该柔弱时，他就柔弱得像蒲苇一样，但他这柔弱并不是慑于威势；应该刚强猛毅时，他就刚强猛毅得气冲云天，但他这刚强猛毅绝对不是自夸骄傲，而是用来趁着时势应对变化。

【原文】

天下莫易于为善，而莫难于为不善也。所谓为善者，静而无为也。所谓为不善者，躁而多欲也。适情辞余①，无所诱惑，循性保真，无变于己。故曰为善易。越城郭，逾险塞，奸符节②，盗管金③，篡弑矫诬④，非人之性也，故曰为不善难。今之所以犯囹圄之罪而陷于刑戮之患者，由嗜欲无厌⑤，不循度量之故也。何以知其然？天下县官法曰⑥："发墓者诛，窃盗者刑。"此执政之所司也。夫法令网其奸邪，勒率随其踪迹⑦，无愚夫意妇皆知为奸之无脱也，犯禁之不得免也。然而不材子不胜其欲，蒙死亡之罪，而被刑戮之羞，然而立秋之后，司寇之徒继踵于门，而死市之人血流于路。何则？惑于财利之得而蔽于死亡之患也。夫今陈卒设兵，两军相当，将施令曰："斩首拜爵，而屈挠者要斩！"然而队阶之卒皆不能前遂斩首之功，而后被要斩之罪，是去恐死而就必死也。故利害之反，祸福之接，不可不审也。

【注释】

①辞余：把本性之外的东西抛掉。②符节：古代朝廷用作凭证的信物。③管：钥匙。金：金印。④篡弑（shì）：杀君夺位。矫诬：假托名义进行诬陷。⑤厌：满足。⑥县：同"悬"，颁布。官法：法律条文。⑦勒率：逮捕，惩罚。

【译文】

天下没有比从事善事容易的了，也没有比从事不善之事困难的了。所谓做善事，只要清静无为便能做到；所谓从事不善之事，是说急躁而多嗜欲。性情安适，去除多余的欲望，不受诱惑，依循本性，保存纯真，不让自己改变天性，就能为善，所以说做善事容易。而要翻越城郭，穿过险塞，偷盗符节、印章、钥匙，又要杀君夺权，制造假命令，这些事情都不符合人的天性，所以说从事不善的事是困难的。现在之所以有人被关押或蒙受刑罚，是因为这些人欲望无限膨胀、不遵守法规而造成的。怎么知道是这样的呢？天下悬挂官方的法令说："盗墓的处死，偷盗的判刑。"这些是执法机构所管理的事情。法律网罗那些奸邪之人，法网随时追寻他们的踪迹，即使是愚昧的人都懂得触犯刑法是逃脱不了法律制裁的，违反禁令是不能免除惩罚的。虽然这样那些不成器的人遏制不住自己的欲望，冒着有可能被判死罪的风险去干坏事，最终还是受到了法律的严惩，蒙受刑罚的耻辱。因而每年在立秋以后，司寇之类的官员会接连来到门上，将其处死，以致被处死的人血流满地。为什么会有这样的情况呢？这是因为这些死囚被利欲之心冲昏了头脑，而看不到死亡的祸患正等着他呢！现在双方对阵两军交战，将军发号施令说："冲上前去杀敌的人能够授予爵位，而退缩逃跑的要受到腰斩。"即使这样队列中的士兵，都不能向前成就斩首之功，而却在后面受到腰斩的惩处，这是害怕冲上前去被敌人杀死，却往往忽视违反军法也是要处死这点。所以说利和害是相反相成的，祸与福是互相承接的，这个道理不能不弄清楚啊！

第十四卷　诠言训

【原文】

洞同天地①，浑沌为朴，未造而成物，谓之太一。同出于一，所为各异，有鸟有鱼有兽，谓之分物。方以类别，物以群分，性命不同，皆形于有。隔而不通，分而为万物，莫能及宗②，故动而谓之生，死而谓之穷，皆为物矣，非不物而物物者也③，物物者亡乎万物之中。

【注释】

①洞同：混沌的样子。②宗：根本，本道。③不物：还没有形成的具体事物的状态。

【译文】

无形的天地，混沌不分充满质朴的元气，没有创造而形成万物，这种状态为"太一"。万物都出于这个"太一"，所形成的物种却各不相同，有飞禽、走兽、游鱼，称呼它们是要区别类别。以后则可根据不同的种类将它们区分开来，它们的物种、群体和生命形态都各不相同，但表现在有形这点上是一致的。各类物种因种类不同而互相阻隔不贯通，于是便显示出它们彼此间的千差万别，并再也无法返回到混沌的状态中去。所以万物均处于它们的生命运动状态，这也就有了"生"，而"死"是万物生命运动的终结，万物死亡的时候也叫作穷尽，这里的穷尽不是恍惚虚无而是又投入到创造万物的活动中去。而道在创造了万物之后，便消散在万物之中了。

【原文】

稽古太初①，人生于无，形于有，有形而制于物。能反其所生，若未有形，谓之真人。真人者，未始分于太一者也。圣人不为名尸②，不为谋府③，不为事任，不为智主，藏无形，行无迹，游无朕④。不为福先，不为祸始，保于虚无，动于不得已。欲福者或为祸，欲利者或离害。故无为而宁者，失其所以宁则危；无事而治者，失其所以治则乱。星列于天而明，故人指之；义列于德而见，故人视之。人之所指，动则有章；人之所视，行则有迹。动有章则词，行有迹则议，故圣人掩明于不形，藏迹于无为。王子庆忌死于剑，羿死于桃棓⑤，子路菹于卫，苏秦死于口。人莫不贵其所有，而贱其所短，然而皆溺其所贵，而极其所贱，所贵者有形，所贱者无朕也，故虎豹之强来射，蝯狖之捷来措。人能贵其所贱，贱其所贵，可与言至论矣。

【注释】

①稽：考察。太初：宇宙的原始状态。②名尸：声名的拥有者。尸：主。③谋府：谋略的府库。④朕：预兆。⑤桃棓（bàng）：桃木棍。

【译文】

考察古代天地未分之时，人是从无形中产生的，无形生出有形，有了形体之后就要受万物制约了。如果能够返回到产生人的根本境地，就像没有形体的人那样，这样的人就叫"真人"。真人是尚未与"太一"分离的时候产生的。圣人不做名誉的承受者，也不做谋略的储藏者，不做事情的执行者，更不做智谋的主人；他隐藏起来没有形体，行动起来没有痕迹，遨游起来没有征兆。他不为福先也不为祸始；他心境保持在虚无状态，行动完全都不出于己意。想要获得幸福的人有时却获得了灾祸，想要获得利益的人有时却遭受了损害。因此不如"无为"，"无为"倒能使人安宁，失去"无为"，就会危险；这就像顺应自然而治理的，失掉用来治理的根本，便会混乱。星辰排列在天空上闪闪发光，所以人们能够对它指指点点；大义分列在道德中而被人察见，所以人们才会关注它。人们所指点的星辰，运行起来有它的轨迹；人们所看见的东西，行动起来便有痕迹。运动起来就有形象便有讥诃产生，行动起来有痕迹就有非议出现。因此圣人把聪明掩藏在无形之中，把形迹隐藏在没有作为之中。王子庆忌因勇武死于刀剑之下，后羿因喜猎而被桃木棍子打死，子路则因勇忠而被人剁成肉酱，苏秦因雄辩死在嘴上。人没有不是推重张扬他的长处，而掩盖看轻他的短处的；因而常常沉醉得意于他自以为的长处和优点，而掩饰遮盖自以为低贱的短处和缺点。那些值得推重张扬的长处往往因表现出来而显得有具体特征，而那些短处缺点因被掩饰遮盖而不为人所见。然而正是由于推重张扬长处，显得有具体特征而导致祸害：虎豹就因具有勇猛强大的长处和特征而招致射猎，猿猴就因具有敏捷灵巧的长处和特征而招致捕捉。那么反过来，如果一个人能珍重他的短处而不张扬他的长处和优点，那么便可以和他谈论最高的道理了。

【原文】

自信者不可以诽誉迁也①，知足者不可以势利诱也，故通性之情者②，不务性之所无以为；通命之情者③，不忧命之所无奈何；通于道者，物莫不足滑其调。詹何曰："未尝闻身治而国乱者也。未尝闻身乱而国治者也。"矩不正，不可以为方；规不正；不可以为员；身者，事之规矩也，未尝枉己而能正人者也。

【注释】

①迁：改变，变更。②性：指天性、本性。③命：天命，命运。

【译文】

自信的人，不能够用诽谤赞誉来改变他；知足的人，不能够用权势利益来诱惑他。所以通达天性情理的人，不从事本性无法做到的事情；通达命运之情的人，不担忧命运本身所不能支配的遭遇；通晓大道的人，万物中没有什么能搅乱他的天和。詹何说："还不曾听说过自身修养很好而国家治理得很差的事，也不曾听说过自身修养很差而国家治理得很好的事。"矩尺不正就不能划出方形，圆规不标准就无法画出圆形。自身的修养就像上面所说的矩尺圆规一样，没有听说过自身不正而使别人端正的事。

【原文】

原天命，治心术①，理好憎，适情性，则治道通矣。原天命则不惑祸福，治心术，则不妄喜怒②；理好憎则不贪无用，适情性则欲不过节。不惑祸福则动静循理，不妄喜怒则赏罚不阿，不贪无用则不似欲用害性，欲不过节则养性知足。凡此四者，弗求于外，弗假于人，反己而得矣。天下不可以智为也，不可以事治也，不可以仁附也，不可以强胜也。五者，皆人才也，德不盛，不能成一焉。德立则五无殆，五见则德无位矣。故得道则愚者有余，失道则智者不足。渡水而无游数，虽强必沉；有游数，虽羸必遂；又况托于舟航之上乎！

【注释】

①心术：即心认识事物的方法和途径，与人的思想相似。②妄：通"忘"。

【译文】

理清天命的根源，治理好思想，理顺好憎关系，调整适宜的情性，那么治世之道就通畅了。搞清天性的根源，就不会受灾祸幸福的迷惑；治理好思想，就不会妄生欢喜愤怒之情；理顺好憎关系就不会贪求那些于本性无用的东西；协调适宜的情性，那么欲念就不会超过限度。不被灾祸幸福所迷惑那么行动静止都能依循道理；不喜怒无常那么实行赏罚就不会偏袒；不贪求于本性无用的东西就不会因物欲而伤害本性，欲望有限度就可以怡养天性而知足。这四个方面，都不能从外界求得，也不必借助别人的力量，只需立足自身就能得到。天下不能够用智术来统治，不能够凭聪明来认识，不能够用本事来治理，同样不能够只以仁术就使人归附，单凭强力取胜更不可能。这智力、聪明、本事、仁术、强力五项都归属人的才能范畴，但如果只有这些才能而德行不高，就不能做成任一件事情。只有德行修养好了，这五项才能才可以随之发挥作用；反之只强调突出这五项才能，那么德行修养就容易被忽略。所以得道之人就是愚笨的也会有余力，失道的人就是聪明的也会感到力不从心。渡水而没有游泳技术，即使身强体壮也一定会沉没；而有了游泳技术，即使身体瘦弱也一定能成功。更何况托身于舟船之上呢！

【原文】

为治之本，务在于安民。安民之本，在于足用。足用之本，在于勿夺时。勿夺时之本，在于省事。省事之本，在于节欲。节欲之本，在于反性。反性之本，在于去载①。去载则虚，虚则平。平者，道之素也；虚者，道之舍也。能有天下者必不失其国，能有其国者必不丧其家，能治其家者必不遗其身，能修其身者必不忘其心，能原其心者必不亏其性，能全其性者必不惑于道。故广成子曰②："慎守而内，周闭而外亲，多知为败，毋亲毋听，抱神以静，形将自正。不得之己而能知彼者，未之有也。"故《易》曰："括囊，无咎无誉。"能成霸王者，必得胜者也；能胜敌者，必强者也；能强者，必用人力者也；能用人力者，必得人心也。能得人心者，必自得者也；能自得者，必柔弱也。强胜不若己者，至于与同则格③；柔胜出于己者，其力不可度。故能以众不胜成大胜者，唯圣人能之。

【注释】

①去载：除去外物带给人的本性的负担。②广成子：传说中的仙人，相传黄帝曾向他问道。③格：抗拒。

【译文】

治理国家的根本，在于安定百姓；安定百姓的根本，在于满足他们的用度；满足用度的根本，在于不要耽误生产时节；不耽误生产时节的根本，在于节省官事；节省官事的根本，在于节制贪欲；节制贪欲的根本，在于归返虚静平和的天性；归返天性的根本，在于抛弃外表的粉饰。抛弃外表的粉饰就能达到虚静，虚静就能平定。平定是道的基本素质，虚静则是道的居所宅舍。能够拥有天下的人，必定不会失去一国；能够统治好一国的，必定不会失去他的家族；而能够治理好自己家族的，必定不会丧失自身；能够修治好自身的，一定不会遗忘他的心灵；能够使心灵返归根本的，必定不会亏损他的天性；能够保全他的天性的，必定不会对道产生迷惑。所以广成子说："谨慎地持守着你的内心，周密地堵塞外欲，智慧过多不是一件好事情；不要看不要听，以虚静平和的心态拥有精神，那么形体就会自然端正。"自己不能够得到道旨而要了解别人，这是从未有过的事。因此《周易》中说："收束口袋，没有过错也不会有赞誉。"能够成就霸王之业的，一定是获得胜利的人；能够战胜敌人的，一定是个强大的人；能够强大的人，一定是利用了人民力量的人；能够利用人民力量的，也必定是得人心的人；能够得到人心的人，也一定是得到道旨的人；能够自己掌握道旨的人，必定是柔弱的人。强者能胜过不如自己的人，但碰上力量与自己相同的就要格斗；而以柔弱战胜比自己力量强大的，他的无形的柔性之力是无法计算的。所以能从多次失败中转变为大胜利，这只有圣人才能做到。

【原文】

德可以自修，而不可以使人暴；道可以自治，而不可以使人乱。虽有圣贤之宝①，不遇暴乱之世，可以全身，而未可以霸王也。汤、武之王也，遇桀、纣之暴也。桀、纣非以汤、武之贤暴也，汤、武遭桀、纣之暴而王也。故虽贤王，必待遇。遇者，能遭于时而得之也，非智能所求而成也。君子修行而使善无名，布施而使仁无章②，故士行善而不知善之所由来，民澹利而不知利之所由出③。故无为而自治。善有章则士争名，利有本则民争功利二争者生，虽有贤者，弗能治。故圣人掩迹于为善，而息名于为仁也。

【注释】

①宝：这里指道。②章：章法。③澹利：追逐利益。

【译文】

推行德行可以使自我得到修养，而不能够使人暴虐；实行道术能够修治自身，而不能够使人混乱。即使有圣贤的道德，但如没遇上残暴动乱的世道，道与德也只能用来保全自身，而不能靠它们称霸称王。

汤、武之所以能称王天下，是因为碰上了桀、纣的残暴。桀、纣不是因为汤、武的贤圣而残暴的，汤、武倒是碰上了桀、纣的暴政才称王的。因此即使是圣贤，也必须等待一定的机遇才行。机遇就是指遇到时机能把握它，这不是靠智术才能寻求成功的。君子修行而不谋求善名，布施恩惠但并不张扬自己的仁义，所以士推行善事却不知善事的来由，百姓得到了利益却不知利益从何处出现，因此顺应自然而自身便得到修治。反过来说，谋求善名就容易导致士人们争夺名声，知道利益之本源就容易引起百姓争夺功劳；争名夺利的风气一旦形成，就是有贤明的君王也是不容易治理好社会的。因此圣人推行善事不留形迹，施行仁惠不留名声。

【原文】

天有明，不忧民之晦也，百姓穿户凿牖，自取照焉①。地有财，不忧民之贫也，百姓伐木芟草②，自取富焉。至德道者若丘山，岿然不动，行者以为期也。直己而足物，不

为人赣③，用之者亦不受其德，故宁而能久。天地无予也，故无夺也；日月无德也，故无怨也。喜德者必多怨，喜予者必善夺。唯灭迹于无为，而随天地自然者，唯能胜理，而为受名。名兴则道行，道行则人无位矣。故誉生则毁随之，善见则怨从之。利则为害始，福则为祸先。唯不求利者为无害，唯不求福者为无祸。侯而求霸者，必失其侯，霸而求王者必丧其霸。故国以全为常，霸王其寄也；身以生为常，富贵其寄也，能不以天下伤其国，而不以国害其身者，焉可以托天下也。不知道者，释其所已有，而求其所未得也。苦心愁虑以行曲，故福至则喜，祸至则怖，神劳于谋，智遽干事；祸福萌生，终身不悔，己之所生，乃仅愁人。不喜则忧，中未尝平；持无所监，谓之狂生。

【注释】

①照：光明，光线。②芟（shān）草：除草。③赣：赐予。

【译文】

上天有光明，不必忧虑百姓在黑暗中生活，百姓可以开通门户打开窗子，自己得到光明；大地有财物，不必忧虑百姓的贫穷，百姓自会砍伐木头割取野草，使自己富裕。因此得道者就像山丘，巍然挺立不动，而行道之人将它作为目标来鞭策自己。这岿然不动的山丘只是依其本性生出万物而使百姓富足，不是特意要赐给百姓，而取用山丘财货的百姓也不必因为受了山的恩德而要去回报它，所以这山能安宁长久。天地也是这样不赐予，所以也就无剥夺；就像日月那样无恩施，故也不招惹怨恨。喜欢得到的人必然怨气多，喜欢给予的人必然善于夺取，只有消灭形迹在无为之中，而随着天地自然变化的人，才能够战胜欲望而不贪慕名声。名誉兴盛起来这道术就行不通了，道术通行那么人就没有名位了。所以赞誉产生，那么诋毁也就随之而来，善行显示，这恶恨也就跟着而至。利益就是祸患的开始，幸福是灾祸的先导。只有不追求利益的人才没有祸害，只有不追求幸福的人才没有灾

祸。诸侯王要去谋求当霸主，就会连诸侯的爵位都保不住；称霸的人想统治天下当天子，就会连霸主的位子都保不牢。所以国家以保全自己为长久之计，称王称霸只是一种暂时的寄托；人生也以活命为长久之计，大贵大富只是一种暂时的寄托。能够不因为拥有天下而伤害国家，能够不因为拥有国家而伤害身体，这样的人可以将天下托付给他。不懂得道的人，放弃自己已经拥有的，而去追求自己所没有得到的，煞费苦心玩弄智巧邪行，好事来了就高兴，灾难来了就恐惧；精神因谋划而疲惫不堪，智术劳累在事务上。这样一来，灾祸由此产生也终身不悔，一切是自作自受，却反而去埋怨别人。生活中不是沾沾自喜，就是忧心忡忡，心中不曾平静过，行为没有原则标准，叫作狂生。

【原文】

人主好仁，则无功者赏，有罪者释；好刑，则有功者废，无罪者诛。及无好者①，诛而无怨，施而不德，放准循绳，身无与事，若天若地，何不覆载。故合而舍之者君也，制而诛之者法也，民已受诛，怨无所灭，谓之道。道胜，则人无事矣。圣人无屈奇之服，无瑰异之行，眼不视，行不观，言不议，通而不华，穷而不慑，荣而不显，隐而不穷，异而不见怪，容而与众同，无以名之，此之谓大通。

【注释】

①无好者：没有任何偏好者，不好仁，也不好刑。

【译文】

人主爱好仁惠，那么没有功劳的人就受到奖赏，有罪者会得到释放；人主爱好刑罚，就会废弃有功者，诛杀无罪者。没有私好的圣主，诛罚罪人而不招来怨言，施舍众人而不求报恩。因为他效法水准遵循墨绳，自身不参与事情本身，就像天地一样，什么事物不能够覆盖和承载呢？因此将万物融合起来使它们平和是国君的职责；制裁和诛杀罪犯是法律的功能。人如受惩罚而不表示怨恨遗憾，这就说明事情处理得符合道的要求。大道取胜那么百姓就没有事可做了。圣人不穿奇异服装，没有怪异行为。他的服饰别人不去看，他的行动别人不注意，他的言论不引起别人的评论，显达而不奢华，失意而不担心，荣华而不显贵，隐居时不困窘，超凡脱俗而不使人感到怪诞，仪容和普通人一样，没有什么办法来称谓他，这就叫"大通"。

第十五卷　兵略训

【原文】

古之用兵者，非利土壤之广而贪金玉之略①，将以存亡继绝，平天下之乱，而除万民之害也。凡有血气之虫，含牙带角，前爪后距②，有角者触，有齿者噬，有毒者螫，有蹄者趹③，喜而相戏，怒而相害，天之性也。人有衣食之情，而物弗能足也，故群居杂处，分不均、求不澹，则争。争，则强胁弱而勇侵怯，人无筋骨之强，爪牙之利，故割革而为甲，铄铁而为刃。贪昧饕餮之人④，残贼天下，万人摇动，莫宁其所有。圣人勃然而起，乃讨强暴，平乱世，夷险除秽，以浊为清，以危为宁，故不得不中绝。兵之所由来者远矣！黄帝尝与炎帝战矣，颛顼尝与共工争矣。故黄帝战于涿鹿之野，尧战于丹水之浦，舜伐有苗，启攻有扈，自五帝而弗能偃也，又况衰世乎！

【注释】

①略：通"掠"，夺取。②距：鸡脚后面长得像脚趾一样的突起。③趹（jué）：踢。④贪昧：贪财好利。饕餮：贪婪，凶狠。

【译文】

古代用兵的人，不是为了谋求土地的广阔，贪图获取别人的金玉财宝，而是想保存灭亡的国家、延续将要绝灭的世族，平息天下暴乱，为百姓铲除祸害。凡是有生命的动物，有的嘴长牙齿，有的头长犄角，有的脚上生着前爪后距；这样，长着犄角的就用角触撞，长着牙齿的就用牙噬咬，长着毒刺的就用刺螫，长着蹄脚的动物就用蹄踢人。这些动物高兴时互相嬉戏，发怒时互相伤残，这些都是天然的本性。人类也有衣食的欲求本能，但这些物资又不能充分满足他们，因此成群居住杂乱相处在一起，分财不均，需求不能满足，那么争斗就发生了。争斗时，强壮的就胁迫弱小的，勇猛的就欺凌怯懦的。但同时人类又没有强健的筋骨和锋利的爪牙，因此就切割皮革而制成铠甲，熔炼金属制成兵刃。而那些贪婪财物且蛮横残暴的人，残害天下百姓，使人民受到侵扰而不能安生。于是这时圣人就愤怒地挺身而出，毅然兴兵讨伐强暴，平定乱世，铲除险恶，清除混乱，把混浊变得清澈，将危亡变成安宁，所以使那些凶恶强暴者不得不停止作恶行为。战争的由来已经是很遥远的了。黄帝曾经和炎帝打过仗，颛顼曾经和共工发生过战争。因此黄帝在涿鹿之野打败炎帝，尧帝在丹水之浦消灭南蛮，舜帝讨伐过叛乱的有苗，夏启攻打过不服的有扈氏。这说明战争即使在五帝时代也没有停息过，那就更不用说衰乱的时代了。

【原文】

夫兵者，所以禁暴讨乱也。炎帝为火灾，故黄帝擒之。共工为水害，故颛顼诛之。教之以道，导之以德而不听①，则临之以威武。临之威武而不从，则制之以兵革②。故圣人之用兵也，若栉发耨苗③，所去者少，而所利者多。杀无罪之民，而养无义之君，害莫大焉；殚天下之财，而澹一人之欲④，祸莫深焉。使夏桀、殷纣有害于民而立被其患，不至于为炮烙；晋厉、宋康行一不义而身死国亡，不至于侵夺为暴。此四君者，皆有小过而莫之讨也，故至于攘天下，害百姓，肆一人之邪，而长海内之祸，此大伦之所不取也。所为立君者，以禁暴讨乱也。今乘万民之力，而反为残贼，是为虎傅翼，易为弗除！夫畜池鱼者必去猵獭，养禽兽者必去豺狼，又况治人乎！

【注释】

①导：劝导。②制：制伏。③栉发：梳理头发。耨苗：除草。④澹：满足。

【译文】

军队是用来禁止暴力和讨伐叛乱的。炎帝造成了火灾，所以黄帝将他擒获；共工造成水害，所以颛顼将他诛灭。用道来教导他，用德来引导他而都不听从，便用武力威胁使他害怕，如果这样还不管用，就只能派兵对他加以制裁了。所以圣人用兵，就像梳头和锄草一样，清除的是少数害虫，保护的是多数百姓的利益。杀害无辜的百姓，而奉养没有道义的君主，祸害之中没有比这更大的了。穷尽天下的财物来满足一个暴君的欲望，灾难之中没有比这更深的了。假若夏桀和商纣所做的危害百姓之事，在刚开始时就被阻止了，所谓的炮烙酷刑也不会出现了；假若晋厉公和宋康王在干第一件不正当的事情时被及时制止，也不至于侵夺暴虐他国。这四位暴君，之所以后来残害百姓、扰乱天下，是因为他们的恶行没有人及时出来制止。所以，放纵一个暴君的邪恶，实际上就是增加了天下的祸乱，给百姓带来祸害，因此出于天理人伦，放纵一个邪恶的暴君是不可以的。确立君主的目的是用来禁止暴力和讨伐叛乱。现在依靠着万民的力量，而反过来残害百姓，这是给老虎添上翅膀，为什么不除掉呢？养鱼的人都知道只有清除池塘里的猵獭才能养好鱼，养家禽家畜的人也知道只有消灭豺狼才能养好家禽家畜，更何况是治理百姓的君主呢！

【原文】

刑，兵之极也；至于无刑，可谓极之矣。是故大兵无创①，与鬼神通，五兵不厉②，天下莫之敢当，建鼓不出库，诸侯莫不慴𢥠沮胆其处③。故庙战者帝④，神化者王。所谓庙战者，法天道也；神化者，法四时也。修政于境内而远方慕其德，制胜于未战而诸侯服其威，内政治也。

【注释】

①大兵：大的战争。②五兵：五种兵器，一弓，二殳，三矛，四戈，五戟也。厉：磨砺。③慴墆（dì）沮胆：恐怖而丧胆。④庙战：指谋于庙堂而胜敌，也称庙算、庙胜。

【译文】

刑杀是战争达到的顶点，至于能够做到没有伤亡便使敌军屈服则可称作最理想的结局。所以真正的战争并不造成伤害，这是因为战争的艺术性极高，已能与鬼神相通了。在这种情况下，各种兵器不加磨砺，天下却没有人敢于阻挡；战鼓不用从府库里拿出来，诸侯在其所居之处没有不恐惧而丧胆的。因此能够在朝廷中通过决策取胜的人可以称帝，能够在精神上感化别人的人可以称王。所谓在朝廷中通过决策取胜，是指效法天道；所谓在精神上感化别人，是指效法四季的变化。在国内修明政治，远方的人民就会仰慕他的德行，战争还没发生就已稳操胜券，诸侯也被他的声威所震慑，这是因为内政得到了治理的缘故。

【原文】

兵有三诋①。治国家，理境内，行仁义，布德惠，立正法，塞邪隧②，群臣亲附，百姓和辑，上下一心，君臣同力，诸侯服其威而四方怀其德，修政庙堂之上③，而折冲千里之外④；拱揖指撝而天下响应⑤，此用兵之上也。地广民众主贤将忠，国富兵强，约束信，号令明，两军相当，鼓錞相望⑥，未至兵交接刃而敌人奔亡，此用兵之次也。知土地之宜，习险隘之利，明奇正之变，察行陈解续之数，维抱缩而鼓之，白刃合，流矢接，涉血属肠，舆死扶伤，流血千里，暴骸盈场，乃以决胜，此用兵之下也。今夫天下皆知事治其末，而莫知务修其本，释其根而树其枝也。

【注释】

①诋：根本，策略。②隧：指地道、墓道，这里引申为指邪道。③庙堂：朝廷。④折冲：使敌人战车后撤。⑤拱揖指撝（huī）：从容安舒，指挥若定。⑥镈：大钟。

【译文】

用兵打仗有三个策略。治理国家，整治境内；推行仁义，布施德惠；建立正确的法规，堵塞奸邪之道；使群臣亲近归附，百姓和洽；上下一心，君臣同心协力；诸侯信服他的威力，天下四方之民感怀他的德泽；在朝廷上修明政治，就能使千里之外的敌军不敢进犯；从容安舒指挥若定，而天下纷纷响应，这是用兵的上策。地广人多，主贤将忠，国富兵强，守约诚信，号令分明，两军力量相当，军鼓大钟之声相闻，但还没冲杀交手敌军就吓得奔走逃亡，这是用兵的中策。知道土地的适宜用途，熟悉有利的险要地形，懂得灵活机变及正面交锋的变化，审察行军布阵，明白兵力分散和集中的规律，然后击鼓进军，刀刃相拼，飞箭迸撞，踩着血水，踏着伤亡者流出的肚肠，抬回牺牲者的尸体，扶下伤员，流血千里，尸骸遍野，经过这样残酷的恶战才决出胜负，这是用兵的下策。如今天下人都知道治理末节，而不知道修治根本，就像抛弃树根而树立起它的枝叶一样。

【原文】

夫兵之所以佐胜者众，而所以必胜者寡。甲坚兵利，车固马良，畜积给足，士卒殷轸①，此军之大资也，而胜亡焉。明于星辰日月之运，刑德奇赅之数②，背乡左右之便，此战之助也，而全亡焉。良将之所以必胜者，恒有不原之智③，不道之道，难以众同也。夫论除谨，动静时，吏卒辨，兵甲治，正行伍，连什伯，明鼓旗，此尉之官也。前后知险易，见敌知难易，发斥不忘遗，此候之官也。隧路亟，行辎治，赋丈均④，处军辑，井灶通，此司空之官也。收藏于后，迁舍不离，无婬舆，无遗辎，此舆之官也。凡此五官之于将也，犹身之有股肱手足也，必择其人，技能其才，使官胜其任，人能其事。告之以政，申之以令，使之若虎豹有爪牙，飞鸟之有六翮，莫不为用。然皆佐胜之具也，非所以必胜也。兵之胜败，本在于政。政胜其民，下附其上，则兵强矣。民胜其政，下畔其上，则兵弱矣。故德义足以怀天下之民，事业足以当天下之急，选举足以得贤士之心，谋虑足以知强弱之势，此必胜之本也。

【注释】

①殷轸：很多。②刑德：指阴阳在一年四季中此消彼长的变化情况。奇赅：指打仗过程中将使用的变化多端的战术。③原：考察，推究。④赋丈：分派士兵修筑战壕一类的差事。

【译文】

战争取胜的因素很多，但战争必胜的决定因素却很少。铠甲坚固，兵器锋利，战车结实，马匹精良，储备丰富，给养充足，士卒众多且年轻体壮，这些都是战争取胜的重要因素，但战争胜利并不取决于这些条件。明察日月星辰的运行，掌握阴阳刑德奇秘变化的规律，用兵诡秘之术、行军列阵、安营扎寨的方位选择等，这些对战争取胜都有帮助，但战争取胜仍然不决定于这些因素。优秀的将帅打仗之所以常常取胜，是因为有不可深究的智谋和不可言传的法术，是很难和普通人一样的。选择任命军吏谨慎、动静适合时宜、军吏士卒管理有方、兵器铠甲装备齐全，这是司马的职责。整肃队伍，配合什佰，明察鼓旗的变化，这是尉官的职责。了解部队行军前方是否安全、敌军是否难以对付、始终不忘侦察瞭望敌情，这是候官的职责。保持道路畅通、及时运输辎重并使之安全到达、军垒大小均平、营帐搭扎安稳、军灶水井齐备，这是司空的职责。在后面收藏战利品，转移住宿不会离散，没有过量的装载，没有遗失的辎重，这是舆官的职责。这五种官员的职责对于将帅来说，就像身体和手足的关系，一定要挑选恰当的人来担任，使被挑选的人的才能能胜任其职责，并保证做好这些职责范围内的事情。把政事告诉他们，把命令向他们申明，使他们像虎豹具有爪牙，飞鸟长有健羽一样，来为将帅效力。然而这些都是帮助胜利的工具，不是用来取得必胜的条件。战争的胜败，根本在于政治。政治能够驾驭民众，臣下能够归附他的国君，那么军队也必然会强大；反之民众反对其现实政治，臣下背叛他们的国君，那么军队也必然会弱小。所以德政、道义最为关键，德政道义足以感怀天下百姓，事业成就完全可以应对天下的危急之

事，选用的贤才足以得到天下贤士的拥戴，计谋智虑足以掌握敌我双方力量的强弱，这些才是取得胜利的根本因素。

【原文】

兵静则固，专一则威，分决则勇①，心疑则北，力分则弱。故能分人之兵，疑人之心，则锱铢有余②；不能分人之兵，疑人之心，则数倍不足。故纣之卒，百万之心；武王之卒，三千人皆专而一。故千人同心，则得千人力；万人异心，则无一人之用。将卒吏民，动静如身，乃可以应敌合战。故计定而发，分决而动，将无疑谋，卒无二心，动无堕容③，口无虚言，事无尝试，应敌必敏，发动必亟。故将以民为体，而民以将为心，心诚则支体亲刃④，心疑则支体挠北。心不专一，则体不节动；将不诚心，则卒不勇敢。故良将之卒，若虎之牙，若兕之角、若鸟之羽，若蚈之足。可以行，可以举；可以噬，可以触；强而不相败，众而不相害，一心以使之也。故民诚从其令，虽少无畏；民不从令，虽众为寡。故下不亲上，其心不用；卒不畏将，其刑不战。守有必固，而攻有必胜；不待交兵接刃，而存亡之机固已形矣⑤。

【注释】

①分：名分。②锱铢（zhū）：古代的计量单位，一两的四分之一为一锱，一锱为六铢。③堕容：怠慢的神色。④亲刃：亲密坚固。⑤形：表现出来。

【译文】

军队静止就会稳固，专一就会有威力，职分确定就会勇猛，心中疑惑就要失败，力量分散就会变弱。所以能够分散对方的兵力，惑乱对方的军心，那么用少量的兵力就能绰绰有余对付敌军了；不能够分散敌人的兵力，惑乱对方的军心，就是数倍于敌的力量也是不够的。

因此商纣王的军队百万人，却有百万条心；周武王的军队，只有三千人，但都能意志专一。所以千人同心，那么就能发挥千人的力量；万人异心，则抵不上一个人的作用。将帅和士卒，官吏和百姓，如能同心同德，互相配合行动像人体各器官那样协调，就可以对付敌军，与敌军决战。所以计划制定之后就要坚决执行，任务明确之后就要付诸实施。将帅谋事不犹豫、士卒思想无异心，行动就不会懈怠；将帅没有不切实际的口号，处事果断坚决，应对敌人必定敏捷灵活，行动也必定快速。所以将帅把人民当作自己的身体，而人民把将帅看成自己的心脏，心诚则肢体亲附心脏，心疑则肢体背离心脏。意志不专一，则身体不能节制行动；将帅不诚信，士卒就不会勇敢。所以良将的士卒，就像老虎的牙齿、兕牛的利角、鸟雀的羽毛，百脚虫的脚，可以行动，可以占领；可以嗤咬，可以顶撞；强壮而不会相互损伤，众多而不会互相妨害，这是因为由同一个心意加以支配而造成的。所以百姓都听从将帅的命令，那么即使兵力少也不必害怕；如果百姓都不听从将帅的指挥，那么即使兵多将广也等于势单力薄。所以臣下不亲近君主，他们的心意就不能被使用；士卒不畏惧将帅，他们的身体就不会用来作战。守卫必定有坚固的阵地，而攻取一定要取得胜利；不必等到两军交战开火，胜败存亡的征兆就早已表现出来了。

【原文】

善用兵者，当击其乱，不攻其治；是不袭堂堂之寇①，不击填填之旗；容未可见，以数相持；彼有死形，因而制之。敌人执数②，动则就阴，以虚应实，必为之禽。虎豹不动，不入陷阶；麋鹿不动，不离置罘③；飞鸟不动，不絓网罗④；鱼鳖不动，不擐唇喙⑤。物未有不以动而制者也。是故圣人贵静。静则能应躁，后则能应先，数则能胜疏，博则能禽缺。

【注释】

①堂堂：阵容盛大的样子。②执数：指掌握作战规律。③罝罘：网类。④絓：悬挂。⑤擐（huàn）：贯穿。

【译文】

善于用兵的人，应当在混乱之时打击敌人，不能在治平之时攻击敌人；不会去偷袭那些阵容整齐的敌人，不会去攻打旗帜整齐的军队；看不见敌人阵容时，必须用数目相当的队伍来准备对抗；当敌人露出致命的弱点时，就因势消灭他。敌人如果掌握了作战规律，准备周密，我方妄动就是自寻凶险；敌人以虚来对付我方的实，我军也必定会被敌人擒获。虎豹隐伏不乱跑是不会跌入陷阱的；麋鹿安详不乱动是不会触上罗网的；鸟儿停着不乱飞是不会被网罗捕获的；鱼鳖不乱游动是难以被钓钩钩住嘴唇的。万物无不因为出来活动而被制服。因此圣人珍视清静。清静就能够应付敌人的躁动，处于后位则能够对付前头，计划周密能够胜过计划疏漏的，军队完整则能擒住队列残缺的兵士。

【原文】

所谓天数者，左青龙，右白虎，前朱雀，后玄武①。所谓地利者，后生而前死，左牡而右牝②。所谓人事者，庆赏信而刑罚必③，动静时，举措疾。此世传之所以为仪表者固也，然而非所以生。仪表者，因时而变化者也。是故处于堂上之阴而知日月之次序，见瓶中之冰而知天下之寒暑。夫物之所以相形者微，唯圣人达其至。故鼓不与于五音而为五音主，水不与于五味而为五味调，将军不与于五官之事而为五官督。故能调五音者，不与五音者也；能调五味者，不与五味者也；能治五官之事者，不可揆度者也。是故将军之心，滔滔如春，旷旷如夏④，湫漻如秋⑤，典凝如冬，因形而与之化，随时而与之移。

【注释】

①左青龙，右白虎，前朱雀，后玄武：古代的天文学家把天上的二十八星宿分为东西南北四个方向，每方有七个星宿，分别称为青龙、白虎、朱雀、玄武，后来兵家借用来排兵布阵。②左牡而右牝：暴露凶险，隐蔽吉利。③庆赏：重赏。④旷旷：广大的样子。⑤湫漻：寂寥的样子。

【译文】

所说的天道规律，指的是左边是青龙，右边是白虎，前面是朱雀，后边是玄武。所说的地利，就是处高而生、处下而死，左面是丘陵而右面是深谷。所说的人事是指对赏赐讲究信用、对处罚坚决实行，行动停止合于时势，举止措施行动迅速。这些就是社会上流传下来的法则，然而它不是产生法则的根本之道。法规的产生，是根据时代发展变化的。所以观察堂前的阴影移动而能知日月运行的位置，看到瓶中的水结冰而知天下寒暑的变化。事物各自形成、变化的迹象都是相当微妙的，只有圣人能够认清这种变化。因此鼓虽不参与五音，却为五音的主导；水不参与五味，却能与五味调和；将军不直接参与五官的事务，但却是五官的总督。所以能协调五音的是那奏不出五音的鼓；能够调和五味的，必是不参与五味的；能够治理五官之事的，必是难以揣度估量的。因此将军的心，和暖如春，明朗如夏，寂寥如秋，凝固如冬，顺形势变化而变化，随着时势推移而推移。

【原文】

兵贵谋之不测也，形之隐匿也，出于不意、不可以设备也①。谋见则穷，形见则制。故善用兵者，上隐之天，下隐之地，中隐之人。隐之天者，无法制也。何谓隐之天？大寒甚暑，疾风暴雨，大雾冥晦，因此而为变者也。何谓隐之地？山陵丘阜②，林丛险阻，可以伏匿而不见形者也。何谓隐之人？蔽之于前，望之于后，出奇行陈之间，发如雷霆，疾如风雨，捲巨旗③，止鸣鼓，而出入无形，莫知其端绪者也④。

【注释】

①设备：设防备。②阜：大的土山。③捲：卷取。④端绪：来龙去脉。

【译文】

战争可贵的是计谋不为人预料，部队形迹的隐匿，出于敌人的意料之外，使之不能够加以防备。计谋被人识破那么就会走上穷途，行迹暴露那么就会被制服。所以真正能用兵的人是，上利用天象隐蔽自身，下利用地形藏匿自我，中间发挥人的作用来隐蔽自身。如果用天象来隐蔽自我，就没有什么敌人不能被制服。那么什么叫利用天象隐蔽自我呢？就是利用大寒酷暑、狂风暴雨、大雾昏天这样的天气条件来因势变化、迷惑对方。那么什么叫利用地形隐蔽自我呢？就是利用山地丘陵、丛林险阻这些地形条件来藏隐部队以作埋伏袭击。什么叫隐藏在人中间？就是在敌人前进的道上埋伏，或尾随敌军跟踪观察，或出奇兵冲入敌军阵营，这攻击的迅猛如雷霆，推进的速度如风雨，一旦达到目的就偃旗息鼓悄然离去不见踪影、不留形迹，没有人知道他的来龙去脉。

【原文】

凡国有难，君自宫召将，诏之曰："社稷之命，在将军，即今国有难，愿请子将而应之。"将军受命，乃令祝史太卜斋宿三日①，之太庙，钻灵龟，卜吉日，以受鼓旗。君入庙门，西面而立。将入庙门，趋至堂下，北面而立。主亲操钺，持头，授将军其柄，曰："从此上至天者，将军制之。"复操斧，持头，授将军其柄，曰："从此下至渊

者，将军制之。"将已受斧锁，答曰："国不可从外治也②，军不可从中御也③。二心不可以事君，疑志不可以应敌。臣既以受制于前矣，鼓旗斧钺之威，臣无还请，愿君亦以垂一言之命于臣也。君若不许，臣不敢将。君若许之，臣辞而行。"乃爪鬋④，设明衣也⑤，凿凶门而出⑥；乘将军车，载旌旗斧钺，累若不胜⑦；其临敌决战，不顾必死，无有二心。是故无天于上，无地于下，无敌于前，无主于后；进不求名，退不避罪，唯民是保。利合于主，国之实也，上将之道也。如此，则智者为之虑，勇者为之斗。气厉青云，疾如驰骛。是故兵未交接，而敌人恐惧。若战胜敌奔，毕受功赏，吏迁官，益爵禄，割地而为调，决于封外，卒论断于军中。顾反于国，放旗以入斧锁，报毕于君曰："军无后治。"乃镐素辟舍，请罪于君。君曰："赦之。"退，斋服，大胜三年反舍，中胜二年，下胜期年。兵之所加者，必无道国也，故能战胜而不报，取地而不反。民不疾疫，将不夭死，五谷丰昌，风雨时节。战胜于外，福生于内，是故名必成而后无余害矣。

【注释】

①祝史：掌管祭祀向神灵祷告的官。太卜：占卜的长官。斋宿：在祭祀前所要遵守的戒律，包括吃素斋，沐浴洁身，不与妻妾同房等，表示对上天的虔诚。②从外治：指接受朝廷内外的统治。③从中御：君主在宫廷内进行指挥。④爪鬋：古代的丧礼，在入殓的时候把死者的手指甲剪去。鬋：剪除。⑤明衣：古代丧礼中给死者所穿的衣服。⑥凶门：朝向北的门。古代的门都没有朝北开的，将军在出征的时候凿一扇向北开的门，表示下定了必死的决心。⑦累：危难。

【译文】

大凡国家发生战祸，国君便在宫中召见将军，命令他说："社稷的命运托付给你，现在国家有危难，希望你能率兵应敌。"将军接受了命令，就下令祝史、太卜斋戒三天，然后前往太庙，钻刻灵龟，卜定吉日来举行授旗仪式。授旗那天，国君进入太庙门以后，面朝西边站立。将军进入太庙门，快步走到堂下，面朝北站立。国君亲自拿着大斧，手持斧头将斧柄授给将军，说："从现在起，上至苍天，都由将军控制。"国君又拿着大斧，手持斧头将斧柄交给将军，说："从现在起，下至深渊，都由将军指挥。"将军接过斧钺后回答国君说："国家的政事不能由受命在外的武将治理，军队的事务不可由宫廷来干预，臣如怀有二心是不能侍奉国君的，心志疑惑的将帅是不能够出征应战的。我既然已经在君王面前接受了任命，免征权力的鼓旗和斧钺已为臣所掌握，臣下达军令时就不必请求君主了，希望国君不要对臣下达军事命令。君王如果不允许，我不敢为将。君王如果允许，我就告辞出发。"于是便依丧礼剪短手足指甲，安排好了丧衣，凿开北门而去，以示必死之决心。乘着将军之车，载着军旗斧钺，神情

凝重。但他们面对敌人决战的时候，则奋不顾身，一心报效国君。因此作战起来不怕天不怕地，不怕敌人在前头，不怕君王从后牵制；进攻打仗不是为了名利，后退撤离不逃避罪责，一心一意只求保护百姓。利益符合国君的要求，这是国家最宝贵的，也是将帅应具有的德行。将帅如能做到这些，那么有智慧的人就会替他出谋划策，勇敢的人就会替他英勇作战，气壮山河，疾速如同烈马奔驰，因此，两军尚未交战，敌军就恐惧害怕了。如果打了胜仗赶走敌人，全军上下都会受到奖赏，军吏也会得到升迁、增加爵禄，分割到土地在境外作出决定，在军中对有罪的人判处罪行。率军返回国内以后，交还军旗和斧钺，向君王禀报战事结果完毕，说："军中没有什么遗留的事要处理。"然后穿上素白丧服辟舍居住，并向国君请没有完全尽责之罪。国君说："免罪。"于是将帅退下后穿上斋戒的服装。取得重大胜利的将帅经三年后才返回府第居住，取得中等胜利的将帅二年后才返回府第居住，取得小胜利的将帅则需一年后才返回府第居住。正义战争的矛头总是指向昏君统治的国家，所以能够做到战胜敌国而不遭敌国的报复，夺取土地而不会被敌国反攻，人民将不会有疾病瘟疫发生，将军也不会战死，五谷丰收，风雨按时来临，在外战胜敌国，对内造福人民，所以这样的战争必定给君王和将帅带来名声而不会留下祸害。

第十六卷　说山训

【原文】

魄问于魂曰："道何以为体？"曰："以无有为体。"魂曰："无有有形乎？"魂曰："无有。""何得而闻也？"魂曰："吾直有所遇之耳①！视之无形，听之无声，谓之幽冥②。幽冥者，所以喻道，而非道也。"魄曰："吾闻得之矣！乃内视而自反也③。"魂曰："凡得道者，形不可得而见，名不可得而扬。今汝已有形名矣，何道之所能乎！"魄曰："言者，独何为者？""吾将反吾宗矣。"魄反顾，魂忽然不见，反而自存，亦以沦于无形矣。

【注释】

①直：通"只"，只是。②幽冥：幽僻，晦暗。③内视：内心自省。自反：变回原来的样子。

【译文】

魄向魂询问说："道用什么作为形体呢？"魂回答说："道用无有作为自己的形体。"魄说："无有它有形体吗？"魂回答说："没有。"魄又问："既然没有形体，你又是怎么知道它的呢？"魂回答："我只是凭遭遇而知道它。看它没有形体，听它没有声音，称呼它叫幽冥。幽冥，只是用来比喻道，它本身不是道。"魄说："我知道了你说的内容。就是凭内心照察而让它恢复原貌的意思。"魂说："凡得道者，其形体不能够看见，名声不能够称扬。现在你已经有了形体和名声，怎么能得到道呢?"魄说:"你正在说话,怎么能说没有形体呢?"魂说:"我就要返归我的本原了。"魄回头来看魂,果然魂一下子不见了,消失得无影无踪,魄又转身察看自身,也隐没在无形之中了。

【原文】

圣人终身言治,所用者非其言也,用所以言也。歌者有诗,然使人善之者,非其诗也。鹦鹉能言,而不可使长。是何则?行其所言,而不得其所以言。故循迹者①,非能生迹者也。神蛇能断而复续,而不能使人勿断也。神龟能见梦元王②,而不能自出渔者之笼。

【注释】

①循迹:追寻别人的足迹。②元王:应为"元公",春秋时期宋国国君。

【译文】

圣人终身都在讲治理,他们运用的不是他们说的那些话,而是他说这些话时依据的思想和精神。歌词中有诗句,然而使人感到动听的并不是这些诗句而是那动人美妙的旋律。鹦鹉能够模仿人说话,而不能够让它自主说话。这是为什么呢?这是因为鹦鹉能够模仿人说话,而不知道模仿人说话的原因。因此只追随别人形迹的人,不是能开创新的道路的人。神蛇能够在被砍断后复活,但是不能使人不再砍断它。神龟能在宋元王的梦中显灵而不被捕获,但是它却不能逃出渔人的笼子。

【原文】

四方皆道之门户牖向也,在所从窥之①。故钓可以教骑,骑可以教御,御可以教刺舟。越人学远射,参天而发②,适在五步之内,不易仪也③。世已变矣,而守其故,譬犹越人之射也。

【注释】

①窥：观察。②参天：朝向天空。③仪：法则。

【译文】

四面八方都是道的门户窗口，就看你从什么位置上去观察。因此善于垂钓者可用钓鱼原理教人骑马，善于骑马者可用骑术教人御术，善于驾御者可用御术教人撑船。越人学习远射技艺，仰头望着天空发射，箭只落在五步之内的地方，这是因为他不懂射术的缘故。社会已经变化了，如果还守着老一套旧规矩，这就好比越人学习射术一样。

【原文】

月望①，日夺其光，阴不可以乘阳也。日出，星不见，不能与之争光也。故末不可以强于本，指不可以大于臂。下轻上重，其覆必易。一渊不两鲛。

【注释】

①望：农历每月十五日。

【译文】

每月十五日，太阳与月亮东西相望成直线，地球居于中间，月亮无光，这是阴不能凌驾在太阳之上的缘故。太阳出来，星星就隐匿看不见了，这是因为它们不能和太阳争夺光辉的缘故。所以枝末是不可以强过根本的，手指是不可以粗过臂膀的。下面轻上面重，必然要倾覆。一个深渊中不会生活两条蛟龙。

【原文】

水定则清正①，动则失平。故惟不动，则所以无不动也。江河所以能长百谷者，能下之也。夫惟能下之，是以能上之。天下莫相憎于胶漆，而莫相爱于冰炭。胶漆相贼②，冰炭相息也。

【注释】

①清正：清澈平稳。②贼：残害。

【译文】

水流静止时才会清澈平稳，流动时就会失去平定，因此只有不动，才可以映照清楚不动的事物。长江、黄河之水之所以能成为百谷之长，是因为它能处低洼之处，比百谷低下。正是因为江、河比百谷低下，所以才能大于百川。天下没有比胶和漆更不能相容的了，也没有什么比冰和炭更相爱的了。胶漆互相残害而冰炭则互相消灭。

【原文】

兰生幽谷，不为莫服而不芳①。舟在江海，不为莫乘而不浮。君子行义，不为莫知而止休。夫玉润泽而有光，其声舒扬②，涣乎其有似也③。无内无外，不匿瑕秽④。近之而濡，望之而隧。夫照镜见眸子，微察秋毫，明照晦冥。故和氏之璧，随侯之珠，出于山渊之精，君子服之，顺祥以安宁，侯王宝之，为天下正。

【注释】

①服：佩戴。②舒扬：舒缓上扬。③涣乎：色彩鲜明。有似：指有君子的风度。④瑕：玉上的斑点。秽：污秽。

【译文】

兰草生长在幽深的宫殿中，不因为无人佩戴它而变得不芳香；大船航行在江河上，并不因为无人乘坐而不漂浮；君子推行大义，不会因为无人理解而停止。美玉润泽有光彩，发出的声音都舒缓柔和，鲜明光亮与君子的秉性相似；无论内外，都不藏匿瑕疵污垢；靠近它则显得湿润，远望它又感到十分幽深。照镜能看得到眼珠子，秋毫之末都可以明察，光辉可以照耀黑暗。因此和氏之璧、隋侯之珠，由高山深渊的精纯之气孕育而成。君子佩戴它，和顺吉祥而安静。侯王重视

第十六卷　说山训

259

它，用来作为天下平正的标准。

【原文】

　　鲁人身善制冠，妻善织履，往徙于越而大困穷。以其所修而游不用之乡，譬若树荷山上，而畜火井中。操钓上山，揭斧入渊，欲得所求，难也。方车而蹠越①，乘桴而入胡②，欲无穷，不可得也。楚王有白猿，王自射之，则搏矢而熙。使养由基射之③，始调弓矫矢④，未发而猿拥柱号矣。有先中中者也。呙氏之璧，夏后之璜，揖让而进之，以合欢，夜以投人，则为怨；时与不时。画西施之面，美而不可说；规孟贲之目，大而不可畏；君形者亡焉。人有昆弟相分者，无量，而众称义焉。夫惟无量，故不可得而量也。登高使人欲望，临深使人欲窥，处使然也。射者使人端，钓者使人恭，事使然也。曰杀罢牛可以赎良马之死，莫之为也。杀牛，必亡之数。以必亡赎不必死，未能行之者矣。季孙氏劫公家，孔子说之，先顺其所为而后与之入政，曰："举在与直，如何而不得？举直与枉，勿与遂往。"此所谓同污而异涂者。众曲不容直，众在不容正，故人众则食狼，狼众则食人。欲为邪者，必相明正，欲为曲者必相达直。公道不立，私欲得容者，自古及今，未尝闻也。此以善托其丑。众议成林，无翼而飞，三人成市虎，一里能挠椎⑤。夫游没者，不求沐浴，已自足其中矣。故食草之兽不疾易获，水居之虫，不疾易水。行小变而不失常。信有非礼而失礼：尾生死其梁柱之下，此信之非也；孔氏不丧出母⑥，此礼之失者。曾子立孝，不过胜母之闾；墨子非乐，不入朝歌之邑；曾子立廉，不饮盗泉⑦；所谓养志者也。纣为象箸而箕子唏，鲁以偶人葬而孔子叹，故圣人见霜而知冰。

【注释】

　　①方：出。蹠：到。②桴：木筏。③养由基：春秋楚大夫，擅长

射箭。④矫：举起。⑤挠椎：锥子能变弯。⑥孔氏：指孔子的曾孙，名白，字子上。出母：被父亲休了的母亲。⑦盗泉：古代泉名，位于今山东泗水东北。

【译文】

鲁国某人善于做帽子，妻子善于织鞋子，他们搬迁到越国去谋生，结果陷入困境。这是因为他们的特长不能在那个地区得以发挥，所以导致生活窘迫，这就好比在山上种荷花，在井里保存火种一样。拿着钓鱼工具上山，举着斧头来到深渊，想要得到所需要的东西，这将是件很困难的事。驾着车子到越国去，乘着木筏到北方胡地，要想不走上绝路是不可能的。楚王庭中有一个白猿，国王亲自射它，但还没等楚王动手，这白猿已夺过箭杆和楚王嬉戏起来了；假如让养由基去射它，刚开始调整弓箭，还没有射出，白猿就已经抱着柱子悲号起来了，这是由于养由基专业且熟练的射箭架势将白猿吓住了。咼氏之美玉，夏后氏之璜，恭恭敬敬献给人家，人家会非常高兴；但如果在夜里黑暗中将它们掷抛给人家，人家就会受到惊吓而产生怨恨。这些就是合时和不合时而产生的不同结果。打扮成西施的面容，虽然

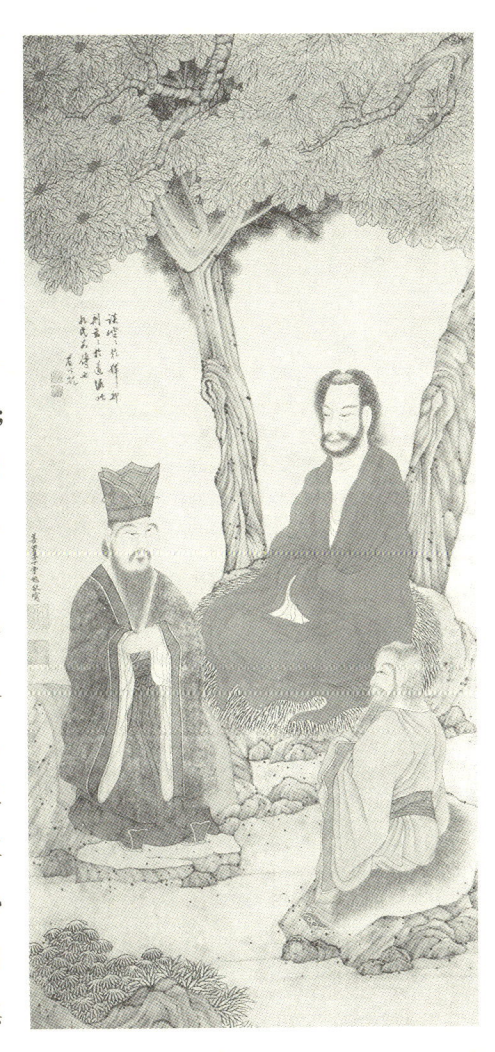

美丽但不动人；画出的孟贲眼睛，虽然大但不能使人害怕，这是因为画仅仅是形似而无神韵的缘故。兄弟几人去分割财产，因为家中财产多得无法计算，因此他们不计较分多分少，人们也因此称赞他们讲信义。这是因为财产多得无法估计、没有限量，所以才不去计较每人所分得的多少。

  登临高丘使人想远望，面临深渊使人不由自主地想往下看，这是由人所处的环境决定的。同样，射箭要端正身体，钓鱼要态度恭敬，这是由所从事的事情决定的。有人说："杀死老弱的牛可以换回骏马的死去。"却没有人这样做。杀牛，必定使它死亡。用必定死去的牛，换回不一定死去的马，没有人会这样去做。鲁季孙氏挟持鲁定公，把持了朝政，孔子对此事很高兴，首先顺着季氏，而后和他一起入朝参政。后来有人评价这件事："将奸邪之徒举荐给正直的人，奸邪之徒打着正直者的招牌，什么好处捞不到？把正直之人举荐给奸邪之徒，正直者终究不会跟随下去的。"这就是所说的同是存在不正之人影响，而最终的道路就不一样。歪曲多了不允许正直存在，偏邪多了不允许公正容身。因此人多可以吃掉狼，而狼多时就会吃掉人。想要做邪恶之事的人，必定先要表现得光明正大。想要做屈曲之事的人，也必定要表现得通达正直。公正之道没有树立起来，而私欲能得到限制的，这就是丽姬之类用自己的美好面庞却寄托了害人的丑行。众人的流言蜚语可以使平地成林，可以无翅而高飞；经过三个人的流言蜚语的传播，就足以使人相信街市上真有虎在行走，一村子人的流言蜚语的传播，就足以使人相信真有人能将铁椎头扭弯。会游泳潜水的人不求在澡盆里洗澡，因为江河池塘足以满足洗浴的要求。所以以草为主食的动物是不担忧生活沼泽的改变的，生活在水中的动物是不担忧水域改变的，因为微小变化是不会影响它们的生活习性的。信用有时候会出现差错，礼仪有时候会出现偏差。尾生为了履行信约而淹死在桥下，这就是错用信用导致的后果；孔子的曾孙子上不为休弃的生母守孝，这是礼节的失败。曾子建立孝道，不肯路过名为胜母的里巷。墨子主张非乐，不肯进入朝歌的大门。孔子保持廉洁，口渴也不喝盗泉的水。他们这些人都是涵养高尚的人。商纣王用了象牙筷子，箕子由此叹息，鲁国用了木俑人陪葬，孔子由此哀叹，这是因为圣人看见寒霜就知道冰雪即将来临。

【原文】

走不以手，缚手走不能疾；飞不以尾，屈尾飞不能远；物之用者必待不用者。故使之见者，乃不见者也；使鼓鸣者，乃不鸣者也。尝一脔肉①，知一镬之味②；悬羽与炭③，而知燥湿之气，以小明大。见一叶落，而知岁之将暮；睹瓶中之冰，而知天下之寒；以近论远。三人比肩，不能外出户；一人相随，可以通天下。足蹍地而为迹④，暴行而为影，此易而难。庄王诛里史⑤，孙叔敖冠浣衣。文公弃荎席，后霉黑⑥，咎犯辞归⑦。故桑叶落而长年悲也。鼎错日用而不足贵，周鼎不爨而不可贱，物固有以不用而为有用者。地平则水不流，重钧则衡不倾，物之尤必有所感，物固有以不用为大用者。

【注释】

①脔肉：小块肉。②镬（huò）：古代煮肉的大锅。③悬羽与炭：古代测量空气湿度变化情况的方法。④蹍：用脚踩踏。⑤庄王：楚庄王。里史：楚国的奸臣。⑥霉黑：受潮的衣服发霉后的黑斑。⑦咎犯：晋文公的舅舅，曾随文公流亡，后辅佐晋文公称霸。

【译文】

跑步虽不用手，但若捆住手，就不能跑得快；鸟飞行不用尾巴，但是将尾巴卷屈起来就飞不远。物品之所以具有一定功用，必定依赖没有功用的部分。因此能够使眼睛看见的东西，乃是不能看见的部分的物体相对应；能使鼓发出声响的地方，乃是自身不发声响的部分。品尝一小块肉，就可以知道一锅菜肴的味道；在平衡物两边悬挂羽毛和木炭，可以测定天气湿度变化情况，这是用小的事物来说明大的内容。看见一片叶子凋落，就可知道一年快到冬天了；看见瓶子中的结冰情况，就知道天下的寒冷变化，这是用近处推知远处发生的变化。三个人并着肩膀，不能从门里出去；一个个人鱼贯相随，可以通达天下。想脚踩到地下使足迹平正，在日光下行走使影子正直，这是看起来容易做到而实际很难的事。楚庄王杀了佞臣里史，于是孙叔敖裁制帽子洗好衣服，准备去任令伊；晋文公抛弃荏席，让身着黑霉衣衫的流亡者随后返国，于是咎犯要求辞归乡里。因此桑树落叶会引发年长的人心里悲伤。小小的鼎锅每天使用而不被人珍贵，周王室内的大鼎从来不用煮饭做菜却被人重视，看成是传国宝鼎。事物中本来就有把不用而作为有用的，周鼎便是这样。地势平坦水就不会流动，重量均等秤便不会倾斜，万物的轻重必然都可以用衡器反映出来。事物中常有把不用作为大用的，衡器就是这样。

【原文】

先倮而浴则可，以浴而倮则不可；先祭而后飨则可，先飨而后祭则不可；物之先后各有所宜也。祭之日而言狗生，取妇夕而言衰麻，置酒之日而言上冢，度江、河而言阳侯之波。或曰知其且赦也而多杀人，或曰知其且赦也而多活人，其望赦同，所利害异。故或吹火而然，或吹火而灭。所以吹者异也。烹牛以飨其里，而骂其东家母，德不报而身见殆。文王污膺[1]，鲍申伛背[2]，以成楚国之治。裨谌出郭而知[3]，以成子产之事。朱儒问径天高于修人，修人曰："不知。"曰："子虽不知，犹近之于我。"故凡问事必于近者。寇难至，躄者告盲者[4]，盲者负而走，两人皆活，得其所能也。故使盲者语，使躄者走，失其所也。郢人有鬻其母⑤，为请于买者曰："此母老矣，幸善食之而勿苦。"此行大不义，而欲为小义者。介虫之动以固，贞虫之动以毒螫，熊罴动以攫搏，兄牛之动以抵触，物莫措其所修而用其短也。治国者若耨田，去害苗者而已。今沐者堕发，而犹为之不止，以所去者少，所利者多。砥石不利而可以利金，檠不正而可以正弓⑥。物固有不正而可以正，不利而可以利。力贵齐，知贵捷。得之同，返为上；胜之同，迟为下。所以贵镇邪者，以其应物而断割也；刂靡勿释⑦，牛车绝辚⑧。为孔子之穷于陈、蔡而废六艺，则惑；为医之不能自治其病，病而不就药，则勃矣。

【注释】

①文王：春秋时期楚文王。污膺：胸部内陷。②鲍申：又称保申，楚国大夫。伛背：驼背。③裨谌：春秋时期郑国大夫。④躄者：两腿残疾的人。⑤鬻：卖。⑥檠（qíng）：使弓箭端正的器具。⑦刂靡：断裂。⑧辚：门槛。

【译文】

先裸体然后洗澡是合乎情理的，已经沐浴再裸体则是不行的。先祭祀而后食用是可以的，先食用然后再祭祀则是对神灵的不敬。事物的先后次序，各自都有适当的要求。祭祀的时候说母狗生小狗，娶媳妇的日子说穿戴孝服，置酒宴飨的时候却说上坟，渡江河时说阳侯的波涛，这些都是不适宜的。有人说朝廷将要大赦，赶快多杀些犯人；有的说朝廷将要大赦，这样能赦免不少人的死罪。他们要求赦免的愿望是相同的，但是所包含的利害之心是根本不同的。这就好比有人吹火能使火燃烧，有人吹火使火熄灭，这是因为吹火的方法不同。杀牛烹牛招待乡亲，但同时却骂起了东家之母，这正是所施恩惠都没来得及被报答却又得罪了人家。楚文王胸部内陷，鲍申有驼背，但就是这样丑陋的长相却将楚国治理得井井有条。裨谌一出郭便知道治国之策，而助成子产的政治。侏儒向高个子请教天有多高，高个子说："我不知道。"侏儒说："你虽然不知道天有多高，但总还是比我离天要近得多啊！"因此询问事情，一定要找同事情相接近的人。强盗来了，瘸子将此消息告诉了瞎子，于是瞎子背着瘸子逃跑，两人都幸免于难，这是因为他们二人取长补短，各自发挥自己的特长。反过来由瞎子将此消息告诉瘸子，瘸子背着瞎子逃跑，那么就无法各自发挥特长。楚都郢城有人要将母亲卖出，他对买主说："这位老母亲年迈了，请你好好奉养她，别让她受苦。"这真是干了如此忤逆不孝的坏事却还装出假慈悲来宽慰自己的良心。这是干了大的缺德事却想行一点小义。龟鳖之类凭借甲壳生存活动，贞虫之类依靠毒刺生存活动，熊罴之类的活动靠搏取，兕牛之类的活动靠角抵，万物没有弃置它们的长处，而使用它们短处的。治理国家如同田间除草，只要除去危害禾苗的杂草就是了。现在洗头的人虽然掉头发，但还不停止洗头，因为所失掉的头发少，而所得到的好处多。磨刀石本身不锋利，但它能把刀磨快；檠本身不端正，但它能矫正弓弩。所以不少事物自身不正却能矫正别的事物，自身不锋利却能使其他事物锋利。力量可贵在爆发力，智慧可贵在敏捷。所得到的东西相同，快速为上策；所取得的胜利相同，迟缓为下策。所以人们珍视莫邪的原因，是因为物体接触它便能立即割断。牛车如果不停地摩擦门槛，门槛也会被压断。因为孔子曾在陈蔡遭受困厄，就不信孔子，废弃孔子传授的六艺，那就糊涂了。因为当医生的不能自己治疗自己的疾病，因而生病不吃药，那么就是荒谬的了。

第十七卷 说林训

【原文】

以一世之度制治天下，譬犹客之乘舟，中流遗其剑，遽契其舟楫①，暮薄而求之，其不知物类亦甚矣！夫随一隅之迹，而不知因天地以游，惑莫大焉。虽时有所合，然而不足贵也。譬若旱岁之土龙，疾疫之刍狗，是时为帝者也。曹氏之裂布②，蛷者贵之③，然非夏后氏之璜。

【注释】

①遽（jù）：急忙。契：用刀刻记号。楫：船舷。②曹：楚人称布为"曹"。裂布：剩下的布料。③蛷（qiú）：一种毒疮，可以用曹布烧成灰来救治。

【译文】

凭借着一个朝代的制度来治理天下，就像客人乘船，到达中流剑落入水中，于是急忙在船舷边刻上记号，天晚的时候再到船舷边求剑。这实际上说明了此人不懂得事物是不断变化的道理。如果只知道去追随一个片面的踪迹，而不知道按照天地的变化去游观，没有比这更糊涂的了。虽然有时能够与时相合，但是这样不值得珍视。比如干旱时用来求雨的土龙，得疾病时用来祈求消灾的刍狗，这些只是暂时得到尊崇的事物。把孩童垫的尿布烧成灰，是患蠼螋病的人所珍视的，但是它终究不是夏后氏的玉璜。

【原文】

　　无古无今，无始无终，未有天地而生天地，至深微广大矣。足以蹑者浅矣，然待所不蹑而后行；智所知者褊矣，然待所不知而后明。游者以足蹶①，以手抴②，不得其数，愈蹶愈败，及其能游者，非手足者矣。鸟飞反乡，兔走归窟，狐死首丘，寒将翔水③，各哀其所生。毋贻盲者镜，毋予跛者履，毋赏越人章甫，非其用也。椎固有柄，不能自椓，目见百步之外，不能自见其眦④。狗彘不择甂瓯而食⑤，偷肥其体而顾近其死；凤皇高翔千仞之上，故莫之能致。月照天下，蚀于詹诸；腾蛇游雾，而殆于蝍蛆。乌力胜日，而服于雏礼；能有修短也。莫寿于殇子，而彭祖为夭矣。短绠不可以汲深，器小不可以盛大，非其任也。

【注释】

　　①蹶：用脚踩踏。②抴：用手推。③寒将：一种水鸟。④眦：眼角。⑤甂（biān）：古代的一种盆。瓯（ōu）：小盆。

【译文】

　　大道没有古也没有今，没有开

始也没有终结，没有天地而生出了天地，它是极其精深广大的啊！人走路时跨出的一步是有限的，但就是不停地跨步踩踏未曾踩踏过的地方才能走向远方；智力每次掌握的东西是有限的，但正是不断掌握未曾掌握的东西才能越变越聪明。游泳的人用脚踩水，用手划水，没有掌握游泳的技艺，越蹬沉的越快；而当人等到能够运用自如的时候，不一定需要手足了。鸟儿飞翔再远再高，也总得返回鸟巢；兔子跑得再快再远，也总得返回洞穴；狐狸死时，头总朝着巢穴；水鸟总贴着水面飞翔，它们各自依恋着自己生存的环境。不要给盲人送镜子，不要送鞋给瘸子，不要送帽子给越国人，这是因为这些物件对他们来说是无用的。椎子固然有柄，但是只凭自己却不能敲打安装。眼睛可以见到百步之外，但是却不能见到自己的眼角。猪狗不管这装食物的器具是什么，它们只顾进食，贪吃而肥了躯体，但这样反而是接近了死亡；凤凰高飞在千仞的高空，不是圣德之君不能使它归来。月亮能够照亮天下，却被蟾蜍所侵蚀；腾蛇能够腾云驾雾，却被蟋蟀所制服；三足乌的力量胜过太阳，却被雏礼所制服，这说明它们各自的能耐有长有短。最长寿的是没出生就死去的婴儿，而活了八百岁的彭祖却是短命的。短绳不能够到深井打水，小器皿不能够盛大物品，这是因为它们胜任不了。

【原文】

怒出于不怒，为出于不为。视于无形，则得其所见矣；听干无声，则得其所闻矣。至味不慊①，至言不文，至乐不笑，至音不叫，大匠不斫②，大豆不具③，大勇不斗，得道而德从之矣。譬若黄钟之比宫④，太簇之比商，无更调焉。以瓦鉒者全⑤，以金鉒者跋，以玉鉒者发，是故所重者在外，则内为之掘⑥。逐兽者目不见太山，嗜欲在外，则明所蔽矣。听有音之音者聋，听无音之音者聪；不聋不聪，与神明通。

【注释】

①慊（qiàn）：快意，满意。②不斫（zhuó）：不用斧头砍。③豆：古代食器，形似高脚盘，有盖。具：陈列。④比：并列相随。⑤鉒：通"注"，下赌注之意。⑥掘：通"拙"，愚笨。

【译文】

愤怒出自无所愤怒，有为出自无所为。能看清无形，那么就能看清所有东西；能听见无声之声，那么就没有什么不能听见的了。最鲜美的味道吃了没有快意，最高深的言语不讲究文饰，最好的乐曲人听了不会发笑，最动听的音乐人听了不会呼叫，最高明的工匠不用斧斫，最大的食器不盛食物，最大的勇敢不以打斗取胜，得道之人德便跟从他。比如十二律中黄钟和五音中宫音相并随，太蔟和商音相并随，不需要更换其他的调式。用瓦器作赌注的人心定不慌，以黄金作赌注的人心神不宁，将美玉作赌注的人内心焦虑，这是因为过于看重黄金和美玉这些外物，必然会导致心智变得笨拙。追逐野兽的人，眼睛不会见到泰山，嗜欲用在外物上，那么光明便被蒙蔽了。听有声之声会耳聋，听无声之声会耳灵；不聋不聪，就能和神明相通达。

【原文】

使但吹竽，使氏厌窍，虽中节而不可听，无其君形者也。与死者同病，难为良医；与亡国同道，难与为谋。为客治饭而自藜藿①，名尊于实也②。乳狗之噬虎也，伏鸡之搏狸也③，恩之所加，不量其力。使景曲者，形也；使响浊者，声也。情泄者中易测，华不时者不可食也。蹠越者或以舟，或以车，虽异路，所极一也。佳人不同体，美人不同面，而皆说于目。梨、橘、枣、栗不同味，而皆调于口。人有盗而富者，富者未必盗；有廉而贫者，贫者未必廉。荻苗类絮而不可为絮④，黂不类布而可以为布⑤。出林者不得直道，行险者不得履绳。羿之所以射远中微者，非弓矢也；造父之所以追速致远者，非辔衔也。海内其所出，故能大。轮复其所过，故能远。

【注释】

①藜藿：野菜名。②名：名声，名誉。③伏鸡：孵蛋的母鸡。④荻：植物名，似芦苇。⑤黂（fén）：粗麻。

【译文】

让倡优吹竽，却让乐工给他按发音孔，虽然符合节拍却不能入耳，这是因为两人同奏一只乐器使它失去了主宰。和死人得同一种病的医生很难成为高明的医生，和将要灭亡的国家的道术相同，难于一起同他计谋。给客人准备饭菜而自己却吃野菜，这种人将仁义之名看得比吃饭更重要。哺乳期的母狗敢咬老虎，孵化小鸡的母鸡可以与狸子搏斗，这是因为它们受母爱的驱使，可以不去衡量自己的力量。使影子弯曲的原因是形体弯曲，使回声变混浊的是浊音。情欲外露的人，他的内心世界容易测度，果实不按时成熟的不能够食用。

到越国去的人，有的乘船、有的乘车，虽然交通工具和路线都不同，但是所到的地方是一致的。佳人体态各异，美女脸蛋各不相同，但都招人喜欢。梨、橘、枣、栗味道各异，但是人们都喜欢吃。有人是靠偷盗发财的，但发财的人并不一定是盗贼；有人是因为廉洁而清贫的，但清贫的人并不一定都廉洁。芦荻花像棉花絮，但是不可以将它当棉花絮来使用；粗麻不是布，但是可以用它来织成布。要穿出林子的人不可能走直道，在险要地方行走的人不可能走直线。羿之所以能够射中远距离的细微目标，不只是凭着弓箭；造父之所以驾车跑得又快又远，不只是靠缰绳和马嚼子。大海能容纳百川，所以浩瀚无边；车轮能周而复始地不停转动，所以走得远。

【原文】

羊肉不慕蚁，蚁慕于羊肉，羊肉膻也。醯酸不慕蚋①，蚋慕于醯酸。尝一脔肉而知一镬之味，悬羽与炭而知燥湿之气，以小见大，以近喻远。十顷之波可以灌四十顷，而一顷之陂可以灌四顷，大小之衰然②。明月之光可以远望，而不可以细书；甚雾之朝可以细书，而不可以远望寻常之外。画者谨毛而失貌③，射者仪小而遗大。治鼠穴而坏里闾，溃小疱而发痤疽④，若珠之有纇⑤，玉之有瑕，置之而全，去之而亏。榛巢者处林茂，安也；窟穴者托埵防⑥，便也。王子庆忌足蹑麋鹿，手搏兕虎，置之冥室之中，不能搏龟鳖，势不便也。汤放其主而有荣名，崔杼弑其君而被大谤，所为之则同，其所以为之则异。吕望使老者奋，项托使婴儿矜⑦，以类相慕。

【注释】

①醯酸：醋。蚋：蚊。②衰：区别。③谨：重视。④疱：小疙瘩。⑤纇（lèi）：珠上的斑点。⑥埵防：高的堤坝。⑦项托：也作项橐，传说中的神童，七岁时就难倒孔子。

【译文】

羊肉不喜爱蚂蚁，但是蚂蚁却喜爱羊肉，因为羊肉有膻味；醋酸不喜爱蚋虫，但蚋虫却喜爱醋酸，因为醋酸有酸味。尝一小块肉，就可以知道一锅食物的滋味；在平衡物两边悬挂羽毛和木炭，就能测出湿度的变化，从小的差别而看到大的变化，从近处可以知道远方的事情。十顷大的陂塘，可以浇灌四十顷的农田；但一顷的水塘就不够灌溉四顷农田，这是因为有大小的差别。明亮的月光，可以用它看到远处的物体，但不可以靠月光来写蝇头小字；大雾迷漫的早晨，可以看清蝇头小字，但却看不清几米以外的物体。绘画者只注意细节就不可能画好全貌，射箭者瞄准有微小的偏差就会出很大的差错。挖掘鼠穴而破坏了宅院，小疙瘩破溃而引发痈疮，这就好像珍珠上有疵点，美玉上有微瑕，放置它可以保全，除去它会有残缺。在树木丛生的森林里筑巢的鸟儿，将巢筑在树林茂密的深处，因为那里安全。挖掘窟穴的动物将洞穴建在堤防的高处，因为那里方便。王子庆忌脚可以踩麋鹿，手能够搏杀犀牛和老虎，但如果将他关在黑暗的房间里，恐怕连龟和鳖都捉不住，这是因为所处的环境不能给他造成方便。商汤放逐夏桀而获得美名，而崔杼却因杀死齐庄公而受到他人的谴责，他们所做的事均为臣犯君主，但冒犯君主的原因却不一样。吕望九十为军师出征纣王使得老年人为之振奋；项托七岁难住孔子使得少年们为之骄傲，这是因为同类互相敬慕的缘故。

【原文】

凡用人之道，若以燧取火，疏之则弗得，数之则弗中，正在疏数之间。从朝视夕者移，从在准直者亏；圣人之偶物也①，若以镜视形，曲得其情。杨子见逵路而哭之②，为其可以南可以北；墨子见练丝而泣之③，为其可以黄可以黑。趋舍之相合，犹金石之一调，相去千岁，合一音也。鸟不干防者④，虽近旨射；其当道，虽远旨释。酤酒而酸，买肉而臭，然酤酒买肉不离屠沽之家，故求物必于近之者。以诈应诈，以谲应谲⑤，若披蓑而救火，毁渎而止水，乃愈益多。西施、毛嫱，状貌不可同，

世称其好，美钧也。尧、舜、禹、汤，法籍殊类，得民心一也。圣人者，随时而举事，因资而立功，涔则具摆对，早则修土龙。临淄之女，织纴而思行者，为之悖戾。室有美貌，缯为之纂绎。徽羽之操，不入鄙人之耳；掺和切适，举坐而善。过府而负手者，希不有盗心；故侮人之鬼者，过社而摇其枝。晋阳处父伐楚以救江，故解捽者不在于捌格⑥，在于批伉。木大者根攫⑦，山高者基扶，蹠巨者志远，体大者节疏。狂者伤人，莫之怨也；婴儿詈老，莫之疾也，贼心。尾生之信，不如随牛之诞⑧，而又况一不信者乎！忧父之疾者子，治之者医，进献者祝，治祭者庖。

【注释】

①偶物：看待事物。②逵路：道路四通八达。③练丝：洁白的生丝。④干防：危害。⑤谲：欺骗。⑥解捽：消除争端。捌格：劝解。⑦根攫：根系分布广。⑧随牛：即弦高，春秋时郑国商人，假传郑伯之令，巧妙吓退秦国军队。

【译文】

大凡用人的方法，就像用燧钻木取火一样，钻得太慢、不连续不能出火，钻得太快过密又不容易钻准，最好是快慢疏密恰到好处。从早晨看晚上太阳移动了，用曲的东西校正直的东西，物体就会残缺。圣人看待事物，就好比照镜子一样，能够做到全面把握事物的曲直情况。杨朱看到四通八达的道路就哭泣起来，因为这道路既可通南也可通北，不知如何选择；墨子看见洁白的生丝就抽泣，因为这生丝既可以染成黄色也可以染成黑色，人的取舍志向，就像金钟石磬一旦定形，音调也就固定，相隔千年，音调仍然不会发生变化。燕子之类不伤害人类，即使相距很近也没有人射伤；鸟类中挡道妨碍人类的，即使离人很远，人也不会放过它们。买酒而发酸，买肉而变臭，所以打酒买肉仍然离不开屠坊酒店，因为寻求外物必定会去近的地方。用欺诈应

对欺诈，用骗术对付骗术，这就好像披着蓑衣去救火，挖开河渠来堵水一样，只会乱上添乱。西施和毛嫱，形体外貌很不相同，世人称赞她们的美艳则是相同的；尧、舜、禹、汤的治国法典各不相同，但他们的德政深得人心则是一致的。圣人随着时势变化而行事，根据自己的才能资质来建功立业；比如多雨时要准备好贮水器具，天旱时制作土龙以求雨。临淄的女工，织绢时思念远行的亲人，就会织出粗劣的丝帛。室中有美貌之人，心中不定，织缯就不会细密。徵和羽这样的高雅乐曲，却不为那些粗俗人欣赏；把中和的曲调转变为激切的音调，全坐席的人都会加以称赞。路过府库而背着手的人，很少不存有盗窃之心的。因此害怕别人的鬼魂作祟而得病的，经过神社时就要摇动树枝。晋阳处父讨伐楚国来解救被围困的江国，因此解决冲突不在于参加战斗，而在于打击其要害，使争斗者自动撒手停止争斗。高大树木的根一定根系发达，高耸的山峰一定以宽厚牢固的土地作基础；脚掌宽大的人善走远路，个儿大的人血脉流畅。疯子伤人，没人会埋怨；幼儿骂老汉，没人会嫉恨：这是因为他们并无害人之心。尾生的守信用，不如弦高的欺骗，更何况是一个不守信用的人呢？忧虑父亲疾病的是儿子，而给他治病的是医生。求神时供奉祭品的是祝，而筹办祭品的是厨师。

第十八卷　人间训

【原文】

清净恬愉①，人之性也；仪表规矩，事之制也②。知人之性，其自养不勃③；知事之制，其举错不惑。发一端，散无竟，周八极，总一筦谓之心。见本而知末，观指而睹归，执一而应万，握要而治详，谓之术。居智所为，行智所之，事智所秉④，动智所由，谓之道。道者，置之前而不挚，错之后而不轩⑤，内之寻常而不塞⑥，布之天下而不窕。是故使人高贤称誉己者，心之力也；使人卑下诽谤己者，心之罪也。夫言出于口者不可止于人，行发于迩者，不可禁于远。事者，难成而易败也；名者，难立而易废也。千里之堤，以蝼蚁之穴漏；百寻之屋，以突隙之烟焚。《尧戒》曰："战战栗栗，日慎一日，人莫蹪于山而蹪于垤。"是故人皆轻小害，易微事，以多悔。患至而后忧之，是犹病者已倦而索良医也，虽有扁鹊、俞跗之巧⑦，犹不能生也。

【注释】

①恬愉：安适愉快。②制：原则，法度。③勃：通"悖"，这里是违背、荒谬的意思。④所秉：这里指所持的依据、遵守的原则。⑤轩：本意为车子前高后低，这里引申为高高翘起的意思。⑥寻常：古代长度单位。八尺为一寻，两寻为一常。⑦俞跗：上古时的名医，相传擅长外科手术，是黄帝的臣子。

【译文】

　　清静恬淡是人的天性；法则规章是对事物的规定。知道了人的天性，他的自身修养不会混乱；懂得处事的原则，那么人的行为就不会有困惑。从一个端点出发，可以消散在没有止境之地；遍及八方极远之处，可以总括在一个洞管之中，这就是意识主宰心的作用。看到事物的根本就能推知事物的未来，观察事物的指向就能预见事物的归宿，执掌一方而应对万端变化，把握要害而治政周详，这就是权术的要义。静居时知道在做什么，行动时知道该去哪里，办事时知道所依原则，举止时知道所做的原因，达到这种境界的叫作道。道，放到前面而不觉得低，放在后面它不会翘起，纳入窄处它不显壅塞，布散天下而不觉得有空隙。所以使别人推崇赞誉自己，这是心的功力；使人轻视诽谤自己，这是心的罪过。话是从你口中说出的，别人无法阻止你；行为发生在你身上，远处的人无法禁止你。事业

是难以成功却容易失败的，名誉是难以树立而容易毁坏的。千里长堤，因为蝼蚁的洞穴渗水而决溃，百寻高的大厦，常常因为烟囱缝隙的火苗而被焚毁。尧自我警告说："恐惧戒慎，一天比一天小心。"人们没有被大山绊倒的，而却被蚁穴的小土堆绊倒。因此人们往往轻视小事忽略小害，等到酿成大祸才为之后悔。灾祸降临后再犯愁，这就好比病危才去求良医，这时即使有扁鹊、俞跗这样的名医也难以治好病人的病。

【原文】

有功者，人臣之所务也；有罪者，人臣之所辟也①。或有功而见疑，或有罪而益信，何也？则有功者离恩义，有罪者不敢失亡心也。魏将乐羊攻中山②，其子执在城中，城中县其子以示乐羊③，乐羊曰："君臣之义，不得以子为私。"攻之愈急。中山因烹其子，而遗之鼎羹与其首，乐羊循而位之，曰："是吾子。"已，为使者跪而啜三杯。使者归报，中山曰："是伏约死节者也，不可忍也。"遂降之。为魏文侯大开地④，有功。自此之后，日以不信。此所谓有功而见疑者也。何谓有罪而益信？孟孙猎而得麑，使秦西巴持归烹之⑤，母随之而啼。秦西巴弗忍，纵而予之。孟孙归，求麑安在，秦西巴对曰："其母随而啼，臣诚弗忍，窃纵而予之。"孟孙怒，逐秦西巴。居一年，取以为子博。左右曰："秦西巴有罪于君，今以为子傅，何也？"孟孙曰："夫一麑而不忍，又何况于人乎！"此谓有罪而益信者也。故趋舍不可不审也，此公孙鞅之所以抵罪于秦，而不得入魏也。功非不大也，然而累足无所践者⑥，不义之故也。

【注释】

①辟：通"避"。②乐羊：战国时魏国武将。③县：通"悬"，悬挂。④魏文侯：战国七雄之一魏国的建立者。在位期间，兴修水利，

奖励耕战，进行封建制的改革，使魏成为战国初期的强国。⑤秦西巴：孟孙的家臣。⑥累足无所践者：指无立足之地。

【译文】

建功立业，这是人臣所务求的；犯下罪过，这是人臣要回避的。有的立功反而被怀疑，有的犯罪反而更加得到信任，这是为什么？这是因为有功的人背离恩义，有罪的人不敢失去仁爱之心而造成的。魏国将领乐羊攻打中山国，他的儿子乐舒被拘禁在城中，后来又被绑着吊在城头上给乐羊看。乐羊看了后说："为了君臣的情义，效忠君王，尽我做臣子的职责，我不能为了儿子而有私情。"攻打中山城越发猛烈。中山国君于是下令烹了他的儿子，并送给乐羊一鼎肉汤和儿子的头。乐羊抚摸着他儿子的头，哭泣着说："这是我的儿啊！"说完向使者跪下，喝下一杯肉羹。使者回去报告："乐羊是个不惜为节义献身的人，对他真的没有办法。"于是中山国只得向魏国投降。乐羊在这次战争中为魏文侯开拓了大片的土地，并因此立了大功。但谁知道，从此以后，魏文侯一天天地不信任乐羊。这就是有了功劳却反而引起别人的猜疑。那么，什么叫有了罪过却反而受人信任呢？鲁国孟孙氏打猎，得到了一头小鹿，于是让手下人秦西巴拿回家去烹煮。母鹿紧随着秦西巴哀啼不止，秦西巴不忍心伤害幼鹿，于是就放掉幼鹿还给母鹿。孟孙氏回来后，询问烧好的鹿肉在哪里，秦西巴只得回答："这幼鹿的母亲在我身后不停地哀啼，我实在不忍心，于是自作主张放掉了幼鹿还给母鹿。"孟孙氏听后大怒，一气之下赶走了秦西巴。过了一年，孟孙氏又将秦西巴召回担任太子的师傅。孟孙氏身边的人说："秦西巴得罪过你，为什么现在又让他来做你儿子的老师呢？"孟孙回答说："连一头幼鹿都不忍心加以伤害，更何况对人呢？"这就是有了罪过却反而受人信任的例子。因此对取舍不能不慎重考虑，这就是公孙鞅在秦国触犯权贵，而不能够进入魏国避难的原因。公孙鞅的功劳不能算不大，但是不敢正身站立，没有可以立足的地方，是他实行不义政策的原因所造成的。

【原文】

圣王布德施惠，非求其报于百姓也；郊望禘尝①，非求福于鬼神也。山致其高而云起焉，水致其深而蛟龙生焉，君子致其道而福禄归焉。夫有阴德者必有阳报，有阴行者必有昭名。古者，沟防不修，水为民害，禹凿龙门②，辟伊阙③，平治水土，使民得陆处。百姓不亲，五品不慎④；契教以君臣之义⑤，父子之亲，夫妻之辨，长幼之序。田野不修，民食不足，后稷乃教之辟地垦草⑥，粪土种谷，令百姓家给人足。故三后之后，无不王者，有阴德也。周室衰，礼义废，孔子以三代之道教导于世，其后继嗣至今不绝者，有隐行也。秦王赵政兼吞天下而亡，智伯侵地而灭⑦，商鞅支解，李斯车裂，三代种德而王，齐桓继绝而霸。故树黍者不获稷，树怨者无报德。

【注释】

①郊望禘尝：泛指祭祀鬼神。②龙门：龙门山，在今山西河津。③伊阙：在今河南洛阳南二十里处的龙门石窟前。此地两山对峙，伊水从中穿过，称为伊阙，传说是禹开凿的。④五品：也称五常、五伦，指父子、君臣、夫妻、兄弟、朋友五种人伦关系。⑤契：帝喾之子，尧的异母弟，生母为简狄，相传为殷商始祖。⑥后稷：帝喾之子，生母为姜嫄，相传为周朝始祖，擅长种植各种粮食作物，在尧舜时代当过农官，教民耕种。⑦智伯：也作知伯，名瑶，又称智囊子，春秋末年晋国四卿之一，独擅晋国大权。

【译文】

圣明的国君布散德泽施予恩惠，不是为了向老百姓求得报答；祭祀天地日月星辰山川宗庙，不是为了向鬼神求取幸福。山达到一定高度，自然会兴起云雨；河水深到一定程度，也自然会有蛟龙出现；君子修行达到一定道德境界，也必然会有福禄归属他们。那些暗中积德的人，必定会得到公开的好报；那些暗中施惠者，也必定会得到显耀的声望。古时候沟渠堤防失修，洪水成了人民的灾害，于是大禹凿开龙门，劈开伊阙，治理好了水患，使人民得以在陆上安居。百姓不亲近、五种人伦关系不清顺，于是契就教育百姓知道君臣、父子、夫妇、兄弟之间的尊卑等次和相关礼节。田地荒芜，民众缺衣少粮，于是后稷就指导百姓开垦荒地，改良土壤，播种粮食，让百姓能够家家丰衣足食。因此三代明君的后代没有不称王的，这是积有阴德的缘故。周王室衰微，礼义废弃，孔子就用三代的道理来教育世人，他的后嗣至今没有断绝，这是孔子德行高的缘故造成的。秦始皇赵政用暴力兼并天下并很快灭亡，智伯扩张领土而亡国，商鞅实行苛政而遭肢解，李斯谋害忠良而遭车裂。夏、商、周三代种下恩德而称王，齐桓公帮助弱国生存下去而成为霸主。因此种黍的不会收获稷子，种下怨恨的人也不会得到恩德的报答。

【原文】

昔者，宋人好善者，三世不解。家无故而黑牛生白犊，以问先生①，先生曰："此吉祥②，以飨鬼神③。"居一年，其父无故而盲，牛又复生白犊，其父又复使其子以问先生。其子曰："前听先生言而失明，今又复问之，奈何？"其父曰："圣人之言，先忤而后合，其事未究，固试往复问之。"其子又复问先生，先生曰："此吉祥也，复以飨鬼神。"归致命其父。其父曰："行先生之言也。"居一年，其子又无故而盲。其后楚攻宋，围其城。当此之时，易子而食，析骸而炊，丁壮者死，老病童儿皆上城，牢守而不下。楚王大怒，城已破，诸城守者皆屠之。此独以父子盲之故，得无乘城。军罢围解，则父子俱视。

【注释】

①先生：这里指术数先生，即会算卦、占卜的人。②吉祥：吉祥的征兆。③飨（xiǎng）：祭祀。

【译文】

从前宋国有一个爱好行善的人，三代坚持不懈行善做好事。家中无缘无故黑牛生出了白色的牛犊子，因此而询问前辈先生。先生说："这是吉祥的征兆，用这纯白牛犊去祭祀鬼神吧。"过了一年，他的父亲无故眼睛瞎了，黑牛又生了一个白犊，父亲又让自己的儿子去问先生。他的儿子说："以前听先生的话而你却失明了，现在又去询问，干什么？"他的父亲说："圣人的话常常是先好像不对，但以后会应验吻合，而且这件事还没完，你就去试着问问吧！"儿子又去问先生这怪事。先生回答说："这也同样是吉祥的征兆，还是用这纯白牛犊去祭祀鬼神吧！"儿子回来后传达给自己的父亲，父亲说："那就按照先生的话去做吧！"过了一年，他的儿子又无故眼睛瞎了。这事以后楚国攻打宋国，包围了宋的都城。这个时候，城里能充饥的东西都吃光了，人

们只能交换孩子吃，并将枯骨劈开当柴烧。壮年人全都战死，老人、病人、儿童上城楼防守，顽强抵御，使楚军迟迟攻克不下。这时楚王大怒，在城被攻破之后，将上城楼防守的人全部杀死。唯独这户人家因父子均失明而没上城楼防守，得以保全性命。当楚军撤走以后，这父子两人的眼睛又重放光明了。

【原文】

夫祸福之转而相生，其变难见也。近塞上之人有善术者，马无故亡而入胡，人皆吊之。其父曰："此何遽不为福乎！"居数月，其马将胡骏马而归，人皆贺之。其父曰："此何遽不能为祸乎？"家富良马，其子好骑，堕而折其髀[①]，人皆吊之，其父曰："此何遽不为福乎！"居一年，胡人大入塞，丁壮者引弦而战，近塞之人，死者十九，此独以跛之故，父子相保。故福之为祸，祸之为福，化不可极，深不

可测也。

【注释】

①髀（bì）：大腿骨。

【译文】

这正是祸福互相转化互相促成，其中的变化难以预见。靠近长城一带的居民，有一个擅长术数的人，他家的马无缘无故跑到了匈奴一边，人们都去慰问他。这位长者却说："这事难道就不能变成好事吗？"过了一段时间，跑走的马领着一匹胡地的骏马回来了，人们都去祝贺他。这位长者说："这事难道就不可能变为坏事吗？"他家里很富有，又得了良马，他的儿子爱好骑马，一次从马背上摔下来而折断了大腿，人们都去安慰他。这位长者说："怎么知道这事不会变成好事呢？"过了一年，匈奴人大举入侵边塞地区，青壮年男子都拿起武器参战，结果边塞上的人十分之九都战死了，他的儿子独独因为腿跛的原因没有参战，父子俩保全了性命。因此好事可以变成坏事，坏事也可以变成好事，这其中的变化难以穷尽，深不可测。

第十九卷　修务训

【原文】

或曰："无为者，寂然无声，漠然不动①，引之不来，推之不往②；如此者，乃得道之像③。"吾以为不然。

【注释】

①漠然：淡漠的样子。②推：推动。③像：原则。

【译文】

有的人说："无为，就是静寂地没有声音，淡漠地没有行动；招引它不来，推动它不去。像这样才是掌握了道的法则。"我认为不是这样。

【原文】

尝试问之矣：若夫神农、尧、舜、禹、汤，可谓圣人乎？有论者必不能废。以五圣观之，则莫得无为明矣。古者民茹草饮水①，采树木之实，食蠃蚌之肉，时多疾病毒伤之害，于是神农乃始教民播种五谷，相土地宜②，燥湿肥墽高下，尝百草之滋味，水泉之甘苦，令民知所辟就。当此之时，一日而遇七十毒。尧立孝慈仁爱，使民如子弟。西教沃民，东至黑齿。北抚幽都，南道交趾。放讙兜于崇山③，窜三苗于三危，流共工于幽州，殛鲧于羽山。舜作室，筑墙茨屋，辟地树谷，令民皆知去岩穴，各有家室。南征三苗，道死苍梧。禹沐浴霪雨，栉扶风，决江疏河，凿龙门，辟伊阙，修彭蠡之防，乘四载④，随山栞木，平治水土，定千八百国。汤夙兴夜寐以致聪明，轻赋薄敛以宽民氓，布德施惠以振困穷，吊死问疾以养孤孀，百姓亲附，政令流行，乃整兵鸣条，困夏南巢，谯以其过⑤，放之历山。此五圣者，天下之盛主，劳形尽虑，为民兴利除害而不懈。奉一爵酒不知于色⑥，挈一石之尊则白汗交流，又况赢天下之忧，而海内之事者乎？其重于尊亦远也！且夫圣人者，不耻身之贱，而愧道之不行，不忧命之短，而忧百姓之穷。是故禹之为水，以身解于阳盱之河，汤旱，以身祷于桑山之林。圣人忧民，如此其明也，而称以"无为"，岂不悖哉！

【注释】

①茹草：吃草。②相：观察。③讙（huān）兜：传说为尧时的佞臣，"四凶"之一。④四载：古代四种交通工具。⑤谯：责罚。⑥爵：古代一种盛酒器。

【译文】

试试说一说我的考察结果：如果说到神农、尧、舜、禹、汤，可以说是圣人了吧？提出论题的人必定都不能否认他们的观点。从这五位圣人身上来看，他们都没有做到无为这是很明显的。古时候人们吃野草喝生水，采树上的果实充饥，吃生的蚌蛤肉果腹，经常得疾病和受到有毒食物的伤害。这个时候，神农便开始教导人们播种五谷，察看土地的情况，根据干旱燥湿肥沃贫瘠高丘平原因地制宜；品尝百草的滋味，以及水泉的甘苦，指导百姓避开有害的而接近有益的。这个时候，神农一天遇到有毒的植物和水源七十次。尧建立孝慈仁爱的道德规范，对待百姓就像对待自己的子弟一样。他亲自西临沃民国，东方到达黑齿，北边安抚幽都，南方到达交趾，亲自以仁义教导他们。把讙兜流放到崇山，将三苗驱逐到三危，把共工流放到幽都，把鲧处死在羽山。舜教民造屋，筑起墙壁，用茅草盖房，开辟土地种植五谷，使百姓离开岩洞，各自建立家室。他又去南方征讨作乱的三苗，死在经过苍梧山的路途之中。禹冒着淫雨、顶着疾风，劳苦奔波，疏通长江、黄河，凿通龙门，劈开伊阙；修筑彭蠡的堤防，乘着四种交通工具，顺着山势砍削大木作标志，整治水土，安定了天下一千八百多个诸侯国。商汤起早摸黑，用尽智慧思考国家大事；减轻赋税少征财物，以便使百姓富裕；布施德惠，以救济贫困；凭吊死者，又宽慰病人，供养孤儿寡妇，因此百姓亲近归附，政教法令通行天下。在这样的德政下，汤王在鸣条整治军队，把夏桀围困在南巢，谴责夏桀的罪行，然后把他流放到历山。这五位圣王，都是天下威望很高的君王，他们劳累身体，绞尽脑汁思虑国事，为百姓兴利除害不敢有丝毫的松懈。捧一爵酒，脸上不会显出吃力的样子，但要提起重一石的酒樽，就非得出汗不可，更何况现在是承担天下的忧虑、担负海内外的事情呢？这一副担子要比一樽酒重得多了！况且对于圣人，不以自身低贱为耻辱，而以大道没有推行为羞愧；不担心生命的短暂，倒是忧虑百姓的穷苦困窘。因此大禹治水，是拿自己的身体为牺牲，在阳盱河边祈祷神灵消除灾难；商汤时面临七年干旱，汤王他亲自到桑林向天神祈求降雨。圣人忧虑百姓的疾苦这样清楚明白，而用无为来称说他们，这难道不是十分荒谬吗？

【原文】

且古之立帝王者，非以奉养其欲也；圣人践位者①，非以逸乐其身也。为天下强掩弱②，众暴寡，诈欺愚，勇侵怯，怀知而不以相教，积财而不以相分，故立天子以齐一之。为一人聪明而不足以遍照海内，故立三公九卿以辅翼之。绝国殊俗③，僻远幽闲之处，不能被德承泽，故立诸侯以教诲之。是以地无不任，时无不应，官无隐事，国无遗利，所以衣寒食饥，养老弱而息劳倦也。若以布衣徒步之人观之，则伊尹负鼎而干汤，吕望鼓刀而入周，百里奚转鬻④，管仲束缚，孔子无黔突，墨子无暖席。是以圣人不高山，不广河，蒙耻辱以干世主，非以贪禄慕位，欲事起天下利而除万民之害。盖闻传书曰：神农憔悴，尧瘦臞⑤，舜黴黑⑥，禹胼胝。由此观之，则圣人之忧劳百姓甚矣！故自天子以下至于庶人，四肢不动，思虑不用，事治求澹者，未之闻也。

【注释】

①践位：继承王位。②掩：压迫。③绝：荒远。④百里奚转鬻：百里奚原为虞国大夫，先后到了晋国和秦国，后来在楚国为奴，最后被秦国以五张黑羊皮赎回。转鬻：转卖。⑤臞（qú）：瘦弱。⑥黴黑：又脏又黑。

【译文】

况且古代拥立帝王的目的，不是用来供养他们的嗜欲；圣人承袭君位的目的，不是用来使他们的身子安乐。这是因为天下出现以强凌弱、以多欺少、以诈骗愚、以勇侵怯、满腹经纶不能互相用来教导，积财满堂不肯给济别人的现象，所以才拥立天子来使天下平等团结。因为一个人的聪明才智不足以遍照天下海内，所以设置三公、九卿来辅佐帝王天子；还因为遥远异邦、偏僻地区无法受到帝王天子的德泽，所以又分封诸侯来教诲那里的民众。以尽量做到地势无不利用、天时无不协调、官吏无不尽职、国家无不获益，以便用来使寒冷的人有衣穿，饥饿的人有食物，老弱的人得以供养，劳累疲倦的人得以休息。如果用普通百姓的身份来看，那么伊尹曾以烹调技术取得商汤的重用，吕望是由操刀屠牛入仕周朝，百里奚曾多次被转卖为奴，管仲被囚禁于桎梏之中，孔子长年周游列国，家中的烟灶没有被熏黑过，墨子四处奔走，炕席都没有坐暖过。因此圣人不怕山高河宽，甘愿蒙受耻辱以求得国君的任用，他们不是贪图利禄、羡慕地位，而是想担当兴起天下之利，消除万民之害的重任。曾经听到书传中说："神农面色憔悴，尧帝清瘦，舜身上霉黑，而禹王手足长茧。"由此看来，圣人君王为百姓忧虑劳累是多么深重啊。因此从天子到平民百姓，四肢不勤劳，思虑不使用，而政事得到治理，需求得到满足的，这还从来没有听说过。

【原文】

夫地势，水东流，人必事焉，然后水潦得谷行；禾稼春生，人必加功焉，故五谷得遂长。听其自流，待其自生，则鲧、禹之功不立，而后稷之智不用。若吾所谓"无为"者。私志不得入公道，嗜欲不得在正术，循理而举事，因资而立，权自然之势，百曲故不得容者，事成而身弗伐，功立而名弗有，非谓其感而不应，攻而不动者。若夫以火熯井①，以淮灌山，此用己而背自然，故谓之有为。若夫水之用舟，沙之用鸠②，泥之用輴，山之用樏③，夏渎而冬陂，因高为田，因下为池，此非吾所谓为之。

【注释】

①熯（hàn）：烘烤。②鸠：鸠车，古代一种运输工具。③樏：古代登山的一种工具。

【译文】

按照地势水是向东流的，人们必须根据地势来治理它，然后流水才能沿着低洼山谷穿行；禾苗庄稼在春季生长发育，但必须要人加以耕耘管理，到秋天五谷才能丰收。假若听任水自流，等待苗自然生长，那么鲧和禹的功绩也就无从建立，后稷的智慧也就无用了。我所说的无为，指的是个人的意志思想不能掺杂进入到普遍真理之中，嗜欲爱好不能使正道歪曲；要根据道理做事，根据实际情况成就事业，权衡依顺自然之势，巧伪奸诈不得参与其中，事情成功了不夸耀，功业树立了不占为己有。而不是所说的感动而不响应，攻其而不活动的情形。至于像用火去烤干井水，将淮河水引上八公山，这些都只是根据自己的意愿想象而违背自然规律的，因此称它叫有为。而像在水中乘船，在沙地行走用鸠车，在沼泽地行走用輴，在山地行走用蔂；夏天形成川流而冬天蓄为陂塘；按照高低而建成梯田，在低洼处修建池塘，这些做法就不是我所说的有为。

【原文】

世俗废衰，而非学者多："人性各有所修短，若鱼之跃，若鹄之驳①，此自然者，不可损益。"吾以为不然。夫鱼者跃，鹄者驳也，犹人马之为马，筋骨形体，所受于天，不可变。以此论之，是不类矣。夫马之为草驹之时②，跳跃扬蹄，翘尾而走，人不能制③；龁咋足以噆肌碎骨④，蹶蹄足以破卢陷匈。及至围人扰之，良御教之，掩以衡扼⑤，连以辔衔，则虽历险超堑弗敢辞。故其形之为马，马不可化，其可驾御，教之所为也。马，聋虫也，而可以通气志，犹待教而成，又况人乎？

【注释】

①驳：毛色混杂不一。②草驹：刚出生的小马。③制：阻止。④龁：

用牙齿咬透。咋：咬到。⑤衡：古代车辕上的长木。扼：通"轭"，古代套在牲口头的弯曲的木头，即轭头。

【译文】

世俗日益颓废衰败，非议学习的人也很多，他们认为："人的天性各自都有高低的差别，就像鱼的跳跃高度不同，喜鹊的羽毛混杂不一，这都是自然生成的，不能减少也不能增加，因此不必要学习。"我认为不是这样。鱼的跳跃、喜鹊的羽毛驳杂，就像人就是人、马就是马一样，它们的筋骨形体，都是天生的，确实无法改变。但用这种观点来讨论学习，就显得不伦不类了。当马还是马驹未加调教之时，它是扬蹄蹦跳，翘起尾巴奔跑的，人不能控制它，它用牙咬人足以咬烂人的肌肉、骨头，用蹄踢人足以踢破人的头颅、胸膛。但等到养马人驯服它后，优秀御手调教驾御它后，给它套上轭头、系上缰绳后，那么就是让它经历险境、跨越壕沟，它都不会躲避。因此它的形体是马，马的样子不能够变化；但是它能够被人驾御，这是驯化它的结果。马，是个无知的动物，但是都可以通达人的气志，经过调教而改变它的野性，使之驯服对人有用，更何况有意识的人呢？

【原文】

且夫身正性善，发愤而成仁，帽凭而为义①，性命可说，不待学问而合于道者，尧、舜、文王也；沉湎耽荒，不可教以道，不可喻以德，严父弗能正，贤师不能化者，丹朱、商均也②。曼颊皓齿③，形夸骨佳④，不待脂粉芳泽而性可说者，西施、阳文也⑤。嗜月癸哆嗄⑥，蘧蒢戚施⑦，虽粉白黛黑弗能为美者，嫫母、仳倠也。夫上不及尧舜，下不及商均，美不及西施，恶不若嫫母，此教训之所谕也，而芳泽之所施。且子有弑父者，然而天下莫疏其子，何也？爱父者众也，儒有邪辟者，而先王之道不废，何也？其行之者多也。今以为学者之有过而非学者，则是以一饱之故，绝谷不食，以一蹪之难，辍足不行，惑也。

【注释】

①怫凭：忧虑，愤慨。②丹朱：尧的儿子。商均：舜的儿子。③曼：形容皮肤细嫩。④夸：美丽。⑤阳文：楚国美人。⑥龃（quán）：豁牙。月癸：斜视。哆噅：嘴巴不正。⑦蘧（qú）蒢（chú）：前胸凸起不能弯腰。

【译文】

至于那些身心端正性情美好，发愤而成就仁惠，慷慨而成就大义，善性能使人欢悦，不需要学习便能够合乎大道的人，就只有尧、舜、周文王少数几位；那些沉湎酒色放纵无度，不能够用大道来教诲，不能够以德仁来晓谕，严父都不能使他正派，良师都不能使他感化的，只有丹朱、商均这样几位；肤色细腻、牙齿洁白、体态柔美、骨架均称、不施粉脂就能让姿态容貌迷人的，只有西施、阳文；而齿缺眼斜嘴歪、鸡胸驼背，即使用白粉扑面、黛青画眉也不能变美的，只有嫫母、仳倠。至于高贵

不如尧、舜，卑下不像商均，绝美不如西施，丑陋不像嫫母的普通人，都是能教化开导，训导美化的。而且，虽然有儿子杀父亲的逆子存在，但天下的父母并不因此疏远自己的孩子，这是为什么呢？因为杀父亲的只是少数，大多数子女还是敬爱父母的。同样，儒生中也有邪僻之人，但先王之道却始终不曾废弃，这是为什么呢？因为躬行先王之道的人还是多数。现在认为学习的人有过错而非难学习，这样就像因为一次饭吃噎了，便永远拒绝进食，一次绊倒摔疼就一辈子不走路那样，真是太糊涂了。

【原文】

昔者，谢子见于秦惠王①，惠王说之。以问唐姑梁②。唐姑梁曰："谢子，山东辩士，固权说以取少主③。"惠王因藏怒而待之，后日复见，逆而弗听也。非其说异也，所以听者易。夫以徵为羽，非弦之罪；以甘为苦，非味之过。楚人有烹猴而召其邻人，以为狗羹也而甘。后闻其猴也，据地而吐之，尽写其食。此未始知味者也。邯郸师有出新曲者，托之李奇④，诸人皆争学之。后知其非也，而皆弃其曲。此未始知音者也。鄙人有得玉璞者，喜其状，以为宝而藏之。以示人，人以为石也，因而弃之。此未始知玉者也。故有符于中，则贵是而同今古；无以听其说，则所从来者远而贵之耳。此和氏之所以泣血于荆山之下。

【注释】

①谢子：墨家辩士。秦惠王：又称惠文王，名驷，战国时秦国国君，秦孝公之子。②唐姑梁：秦国大夫。③权说：善于辩论。少主：指秦惠王。④李奇：古代善于作曲的人。

【译文】

从前墨子信徒谢子西行见秦惠王，惠王非常高兴，并就此询问唐姑梁的意见。唐姑梁说："谢子是山东地区有名的巧辩之士，本来是想凭游说而讨得少主的欢心。"秦惠王信以为真，便压起怒气等待谢子。后天，谢子又来拜见惠王，惠王背朝着他而不再听他的意见了。不是他所说的内容变了，而是听的对象思想起了大的变化。把徵音作为羽音，这不是弦的过错；把甜的作为苦的，这不是味道的过错。楚国有个人煮了猴肉请邻居来吃，邻居都以为是狗肉，吃得十分香美；后来听说是猴肉，就纷纷蹲在地上呕吐起来，把吃进的猴肉都吐了出来，一直到全部吐光。这说明邻人并不懂得真正的味道。邯郸的乐师创作了一首新歌，假托是音乐家李奇创作的，于是许多人都争着去学唱，后来知道不是，便把那曲谱抛弃了。这说明那些人并不懂得真正的音乐。有个乡下人得到一块未雕琢的美玉，喜爱它的外貌，认为是宝贝而珍藏起来。一次他拿出来给人看，人们认为是石头，因此他把玉璞扔掉了。这说明这个人并不懂得真正的美玉。因此心中有明确的标准，那么就能尊重实际，把今天与古代的等同看待；心中没有辨别是非的标准，就会只把来历久远的东西当宝贝，这就是卞和在荆山之下啼哭出血，却无人识宝的原因。

第二十卷　泰族训

【原文】

天设日月，列星辰，调阴阳，张四时①，日以暴之②，夜以息之，风以干之，雨露以濡之。其生物也，莫见其所养而物长；其杀物也，莫见其所丧而物亡③。此之谓神明。圣人象之，故其起福也，不见其所由而福起；其除祸也，不见其所以而祸除。远之则迩，延之则疏；稽之弗得，察之不虚；日计无算，岁计有余。

【注释】

①张：安排。②暴：同"曝"，曝晒，照耀。③丧：败坏。

【译文】

上天设置了日月，摆列了星辰，协调阴阳变化，设立了一年四季；用阳光来照射万物，用黑夜来使万物休息，用风使他们干燥，用雨露使它们滋润。上天化育万物，看不到是怎样养育，但万物茁壮成长；上天杀灭万物，看不到是怎样杀灭，但万物凋落死亡。这种无形的生灭手段，叫作神明。圣人仿效大自然，所以他在给人们带来福祉时，看不见他有什么行动，但幸福却降临了；他在为人们除去祸害时，看不见他在采取什么措施，但祸害却消除了。这正是远离之却靠近之，延近之却疏远之。考察它又不能得到，观察它又不是虚幻；用日计算它无法算出来，以年来计算又感到有余。

【原文】

夫湿之至也,莫见其形,而炭已重矣①;风之至也,莫见其象,而木已动矣。日之行也,不见其移,骐骥倍日而驰,草木为之靡;县燧未转②,而日在其前。故天之且风,草木未动而鸟已翔矣;其且雨也,阴曀未集而鱼已噞矣③;以阴阳之气相动也。故寒暑燥湿,以类相从;声响疾除,以音相应也。故《易》曰:"鸣鹤在阴,其子和之。"

【注释】

①炭:古代测量湿度的方法是悬土炭,因为炭的吸水性很好,所以称炭的重量就可以测量湿度。②县燧:指边疆报警的烽火。县:通"悬"。③阴曀(yì):快下雨的时候天色阴沉的样子。噞:鱼因为呼吸困难张开嘴巴呼吸的样子。

【译文】

当湿气来到的时候,没有人见到它的形迹,而平衡物上的木炭已经重了;大风到来的时候,没有人见到它的迹象,而树木已经摇动了;太阳不停地运行,看不到它在移动位置,草木却因之而枯萎;千里马以比太阳运行加倍的速度奔驰,悬挂燃烧的烽燧还没转到下一站,而太阳已经行到了马的前面。因此天空将要起风的时候,草木还没有反应,鸟儿却已经从树上飞离;天将要降雨的时候,乌云还没有聚集遮盖天空,鱼儿却已经浮出水面喘气了,这是阴阳二气互动交感的缘故。因此,寒暑、燥湿,按照类别而相随从;声音回响的疾速、缓慢,按照音类而相呼应。所以《易经》说:"老鹤在树荫下鸣叫,它的子女便来应和。"

【原文】

高宗谅暗①,三年不言,四海之内寂然无声;一言声然,大动天下。是以天心呿唫者也②,故一动其本而百枝皆应,若春雨之灌万物也,浑然而流,沛然而施,无地而不澍③,无物而不生。

【注释】

①高宗:殷王武丁,庙号高宗。谅暗:指天子居丧。②天心:人的本真。呿(qū)唫(jìn):呼吸。③澍(shù):湿润。

【译文】

殷高宗守孝住在凶庐,三年不说话,四海之内随之寂然无声;但一旦他发布号令,便震动天下,这是遵循天意而使天下像呼和吸那样感应。因此草木动摇一下根本千枝万叶都会随之摇晃,就像春雨浇灌万物一样,混混浊浊地奔流着,源源不断地施予万物,没有什么地方不被润泽,没有什么生物不能生长。

【原文】

故知性之情者,不务性之所无以为;知命之情者,不忧命之所无奈何。故不高官室者,非爱木也①;不大钟鼎者,非爱金也。直行性命之情,而制度可以为万民仪②。今目悦五色,口嚼滋味③,耳婬五声,七窍交争以害其性,日引邪欲而浇其身夫调,身弗能治,奈天下何!故自养得其节,则养民得其心矣。

【注释】

①爱:吝惜。②仪:表率。③滋味:泛指各种美味。

【译文】

因此懂得生命真性的人，不会去追求性命所没有办法达到的东西；知道命运真情的人，不会忧虑命运中没有办法实现的目标。因此不去建筑高大宫室的人，原因不是爱惜木材；不去铸造大型钟鼎的人，原因不是珍惜铜铁等金属，只不过是遵循天性命运的真情来做事而已，这样的制度就可以成为万民的仪表了。现在人是眼睛爱看五色、嘴巴爱尝五味、耳朵沉溺于五音，这眼、耳、鼻、口争着享受、舒服，以至伤损了人的本然天性，每天招引邪恶的欲念来侵蚀自身。调节自身都不能做到，又能把天下治理的怎么样呢？因此自己养身能够得到调节，那么保养万民就会得到他们的真心了。

【原文】

所谓有天下者，非谓其履势位①，受传籍②，称尊号也，言运天下之力，而得天下之心。纣之地，左东海，右流沙，前交趾，后幽都，师起容关，至浦水，士亿有余万，然皆倒矢而身，傍戟而战。武王左操黄钺、右执白旄以麾之③，则瓦解而走，遂土崩而下。纣有南面之名，而无一人之德，此失天下也。故桀、纣不为王，汤、武不为放。周处酆镐之地，方不过百里，而誓纣牧之野，入据殷国，朝成汤之庙，表商容之间，封比干之墓，解箕子之囚，乃折抱毁鼓，偃五兵，纵牛马，搢笏而朝天下，百姓歌讴而乐之，诸侯执禽而朝之，得民心也。

【注释】

①势位：天子的权势和地位。②传籍：世代相传的地位。③麾：通"挥"，指挥。

【译文】

所说的据有天下，并不是说他掌握了天子的权势和地位，得到传国玉玺和图籍、获得帝王之尊号，而是说还要能够充分运用天下的力量并得到民众的支持。商纣王的土地，左边到达东海，右边到达流沙，南面是交趾，后边是幽都，军队从容阅出发一直可以达到浦水，士卒有上亿人，可是这些士兵最终调转弓箭、倒戟攻打纣王。周武王左手握着黄钺，右手拿着白旄来指挥他们，而纣军像瓦解般逃散，像土崩而倒下。商纣王虽然有天子的名号，却没有一人称誉他，就这样失去了天下。因此桀、纣如果不担任天子，商汤、周武王也不会流放他们。周人处在酆、镐之间，面积不过百里，可是在牧野誓师讨伐纣王，占领了商朝的领土，接着朝拜商汤的宗庙，旌表商容的里闾，修固比干的坟墓，将箕子从囚禁中释放出来，推翻纣王的统治以后就折断鼓槌、毁坏战鼓、收起各种兵器，放走从军的战马，解放运输的牛，使之能用到生产劳动中去，使官员身插上笏板接受天下朝拜。老百姓纵情歌唱庆贺，诸侯带着珍禽前来朝贡，这就是周武王得民心的缘故。

【原文】

阖闾伐楚①，五战入郢，烧高府之粟②，破九龙之钟③，鞭荆平王之墓④，舍昭王之宫⑤。昭王奔随，百姓父兄携幼扶老而随之，乃相率而为至勇之寇⑥，皆方命奋臂而为之斗。当此之时，无将卒以行列之，各致其死，却吴兵，复楚地。灵工作章华之台，发乾黔之役，外内搔动，百姓罢敝，弃疾乘民之怨而立公子比，百姓放臂而去之，饿于乾谿，食莽饮水，枕块而死。楚国山川不变，土地不易，民性不殊，昭王则相率而殉之，灵王则倍畔而去之⑦，得民之与失民也。

【注释】

①阖闾：春秋时期吴国国君，名光。②高府：国家贮存粮食的地方。③九龙之钟：楚国的宝物，雕刻有九龙图案的编钟。④荆平王：即楚平王。⑤昭王：楚平王的儿子。⑥至勇之寇：奋力拼战。⑦倍畔：通"背叛"。

【译文】

吴王阖闾讨伐楚国，经过五次战斗打入郢都，焚烧粮仓中的粮食，砸破铸有九龙的巨钟，鞭打楚平王的尸骨，驻扎在楚昭王的宫殿里；昭王狼狈逃往随国，百姓父兄扶老携幼跟着昭王逃难，于是大家互相鼓励与敌人吴军对抗，同心协力为昭王拼命战斗。这个时候，没有将领统帅布阵指挥，百姓们都拼死搏击，最终击退吴军，从而收复了楚国的土地。楚灵王修建了豪华的章华台，又发动乾溪之战，引起国内外骚动不安，百姓疲惫不堪，其弟弃疾利用百姓怨声载道的机会，拥立灵公之弟公子比为楚王，百姓甩开手背而离开楚灵王，楚灵王在乾溪之宫饥饿难忍，只得吃野草、喝路边的污水，最终倒在田野里死去。楚国的江山没有改变，土地面积也没有缩小，百姓的性情也没有大的改变，在楚昭王统治时代，人们愿意为昭王这样的君主献身，但在灵王统治时期，人们却背弃了灵王，这是因为一个得民心一个不得民心的缘故。

【原文】

故天子得道，守在四夷；天子失道，守在诸侯。诸侯得道，守在四邻；诸侯失道，守在四境。故汤处亳七十里①，文王处酆百里，皆令行禁止于天下。周之衰也，戎伐凡伯于楚丘以归。故得道则以百里之地令于诸侯，失道则以天下之大畏于冀州。故曰：无恃其不吾夺也，恃吾不可夺。行可夺之道而非篡弑之行，无益于持天下矣。

【注释】

①亳：商汤的国都，位于今安徽亳州。

【译文】

因此天子得到道义，边远的四夷都成为天子的藩卫；天子失去道义，把守的人在诸侯国。诸侯得到道义，四周的邻国也都会保护他；诸侯失去道义，守护的人在四方境内。因此商汤处在亳这个地方时，土地方圆只有七十里，文王占有酆这个地方时面积不过百里，但他们都能使天下人令必行禁必止。到了周王室衰败的时候，戎人在楚丘拦截报聘鲁国的凡伯，并掳劫凡伯而去。所以得道的君王能凭借仅有的百里之地对诸侯发号施令；失道的君王就是占据整个天下还会害怕像冀州这样的一个州的诸侯。因此说：别指望人家不侵夺你的天下，如果自己站稳了，你所治理的社会就不易被人侵夺。反过来说，你自己走的是一条通向死亡的绝路，却还要非议别人的反抗行为是篡位弑君作乱，这对于保护天下到底有何益处呢？

【原文】

故仁、知，人材之美者也。所谓仁者，爱人也；所谓知者，知人也。爱人则无虐刑矣，知人则无乱政矣。治由文理，则无悖谬之事矣；刑不侵滥①，则无暴虐之行矣。上无烦乱之治，下无怨望之心，则百残除而中和作矣②，此三代之所昌。故《书》曰："能哲且惠，黎民怀之。何忧讙兜③，何迁有苗。"智伯有五过人之材，而不免于身死人手者，不爱人也。齐王建有三过人之巧，而身虏于秦者，不知贤也。故仁莫大于爱人，知莫大于知人。二者不立，虽察慧捷巧，劬禄疾力，不免于乱也。

【注释】

①侵滥：烂施刑罚。②中和：中正平和。③讙兜：传说是尧帝时期的佞臣，"四凶"之一，被放逐到崇山。

【译文】

因此仁慈、智慧，是人才中的优美品质。所说的仁慈，是爱护别人；所说的智慧，就是能够了解别人。爱护别人那么就没有暴虐的刑法了，了解别人那么就没有混乱的政治了。治国根据礼仪，那么就没有背理和错误的事情了；不滥用刑法，那么就不会有残暴的行为了。国君没有烦琐杂乱的管理，臣民没有怨恨的心情，那么各种残酷的法令可以解除，而和平就会产生了，这就是三代昌盛的原因。所以《书》中说："能够聪明而有恩惠，百姓就会怀念他，哪用为讙兜忧虑，哪用迁徙有苗呢？"智伯有五种过人的才能，但仍免不了死在他人手里，不爱护百姓是根本原因；齐王建有三方面过人的巧技，但仍被秦国俘虏，不知道贤人是主要原因。因此仁慈没有比爱护他人更重大的了，智慧没有比了解他人更重要的了。这两方面如果不能够确立，即使能明察秋毫、才华过人、敏捷灵巧、勤劳政事、用力辛苦，也免不了要出乱子。

第二十一卷　要略

【原文】

夫作为书论者①，所以纪纲道德②，经纬人事③，上考之天，下揆之地④，中通诸理。虽未能抽引玄妙之中才⑤，繁然足以观终始矣。总要举凡⑥，而语不剖判纯朴，靡散大宗⑦，惧为人之惛惛然弗能知也，故多为之辞，博为之说；又恐人之离本就末也，故言道而不言事，则无以与世浮沉，言事而不言道，则无以与化游息。故著二十篇，有《原道》，有《俶真》，有《天文》，有《地形》，有《时则》，有《览冥》，有《精神》，有《本经》，有《主术》，有《缪称》，有《齐俗》，有《道应》，有《氾论》，有《诠言》，有《兵略》，有《说山》，有《说林》，有《人间》，有《修务》，有《泰族》也。

【注释】

①书论：著述。②纪纲：整理，整治。③经纬：规划整理。④揆：揆度，测度。⑤抽引：抽取，提炼。⑥总要举凡：提纲挈领。⑦靡散：分解剖析。

【译文】

著书立说的目的，是用来整治道德，规划人事。向上考察天道的变化规律，向下研究大地上的万事万物，在中间能够把许多事理贯通起来。即使这部书不能把深奥玄妙的道理提炼出来，但涉猎广泛也完全能够观察事物的变化了。如果只是提纲挈领地说明大概的意思，而文章中不去剖析最基本的材料，分清事物的本来面貌，那么就担心别人会对基本理论糊里糊涂地搞不清楚，因此增加了一些文字，广泛加以阐述说明。又害怕别人脱离根本而去追求末节，所以如果只谈论大道而不谈人事，那么便没有办法和社会一起共处；光谈论人事而不谈大道，那么便不能和自然变化一起行止。因此著作二十篇，有《原道》，有《俶真》，有《天文》，有《地形》，有《时则》，有《览冥》，有《精神》，有《本经》，有《主术》，有《缪称》，有《齐俗》，有《道应》，有《氾论》，有《诠言》，有《兵略》，有《说山》，有《说林》，有《人间》，有《修务》，有《泰族》。

【原文】

凡属书者，所以窥道开塞[1]，庶后世使知举错取舍之宜适[2]，外与物接而不眩，内有以处神养气，宴炀至和[3]，而已自乐所受乎天地者也。故言道而不明终始，则不知所仿依；言终始而不明天地四时，则不知所避讳；言天地四时而不引譬援类，则不知精微；言至精而不原人之神气，则不知养生之机；原人情而不言大圣之德，则不知五行之差；言帝道而不言君事，则不知小大之衰；言君事而不为称喻，则不知动静之宜；言称喻而不言俗变，则不知合同大指；已言俗变而不言往事，则不知道德之应；知道德而不知世曲，则无以耦万方；知记论而不知诠言，则无以从容；通书文而不知兵指，则无以应卒；已知大略而不知譬喻，则无以推明事；知公道而不知人间，则无以应祸福；知人间而不知修务，则无以使学者劝力。欲强省其辞，览总其要，弗曲行区入[4]，则不足以穷道德之意。故著书二十篇，则天地之理究矣，人间之事接矣，帝王之道备矣。

【注释】

①窥：探究。②庶：希望。错：通"措"，举措。③宴炀至和：祥

和安逸。④曲行区入：指《淮南子》一书婉转曲折的叙述方法。

【译文】

　　大凡著书的目的，是用来观察大道的开启和闭藏，希望后代能够懂得举止取舍的适当做法，在外部和万物交接而不致迷惑，在内部能够静处精神颐养元气，温煦最高的和气，而自己也能够从中得到快乐，这些都是从天地之中得到的。因此谈论大道而不明白事物的始终变化，便不知道所学习效仿的对象；谈论事物的始终转化，而不明了天地四时的变化，便不知道回避灾祸和忌讳的事情；谈说天地四时之间的变化，而不去引用譬喻援引类似的例证，便不知道精微奥妙的事物；谈论人的最微妙的精气而不探索人的神气发生的原因，便不知道养生的机变；探索人之常情而不谈论最高的道德，便不知道在五种行为方面的差失，谈论天子之道而不说诸侯国君之事，便不知道大小的等次；谈论国君之事而不去陈说譬喻，便不知道掌握动静的适度以及如何是适宜的；只引证譬喻，而不谈世间事务的变迁，就没有办法知道与世间他人相处的原则指向；只谈世俗的变迁而不谈以往的事情，就没有办法知道道德的应验；只懂得道德而不知世间事务的曲折，就无法应对大千世界；只知道广泛地叙述而不详细对其进行诠释，就无法做到完整透彻地理解万种事务的规律；只通晓典籍书本但不懂军事用兵，就无法应对突发事件；只知道事物的一些大略要旨而不知加以譬喻引证，就没有办法真正推论明白事理；只知空洞的大道理而不知人间琐碎杂事，就无法应对祸福的转换变化；知道人间之事而不了解修业进取，便不能使学习的人勤奋努力。想尽力减少它的文字，概括它的要点，如果不经过委婉曲折地引入境地，便不能够穷尽道德的旨意。因此著书二十篇，这样天地之间的道理便探究清楚了，人世间的事情业已齐全了，帝王统治天下的方法已经全备了。

【原文】

其言有小有巨，有微有粗，指奏卷异①，各有为语。今专言道，则无不在焉，然而能得本知末者，其唯圣人也。今学者无圣人之才，而不为详说，则终身颠顿乎混溟之中，而不知觉寤乎昭明之术矣。今《易》之《乾》《坤》，足以穷道通意也，八卦可以识吉凶、知祸福矣，然而伏羲为之六十四变，周室增以六爻，所以原测淑清之道②，而摅逐万物之祖也。夫五音之数，不过宫、商、角、徵、羽，然而五弦之琴不可鼓也，必有细大驾和③，而后可以成曲。今画龙首，观者不知其何兽也，具其形，则不疑矣。今谓之道则多，谓之物则少，谓之术则博，谓之事则浅，推之以论，则无可言者，所以为学者，固欲致之不言而已也。夫道论至深，故多为之辞以抒其情；万物至众，故博为之说以通其意。辞虽坛卷连漫，绞纷远缓，所以洮汰涤荡至意④，使之无凝竭底滞⑤，卷握而不散也。夫江河之腐胔不可胜数⑥，然祭者汲焉，大也。一杯酒白，蝇渍其中，匹夫弗尝者，小也。诚通乎二十篇之论，睹凡得要，以通九野，径十门，外天地，挟山川，其于逍遥一世之间，宰匠万物之形，亦优游矣。若然者，挟日月而不姚，润万物而不耗。曼兮洮兮，足以览矣！藐兮浩兮，旷旷兮，可以游矣！

【注释】

①指奏：旨趣，宗旨。②原测：探究所谓本源的道。淑清：清明纯净。③驾和：相应和。④洮汰涤荡至：清除，清理。⑤底滞：滞留，不流通。底，通"抵"，阻塞，阻碍。⑥腐胔：腐烂的尸首、骨肉。

【译文】

书中的论说有的谈论小事，有的涉及大事，有细微之说，也有粗疏之言，每卷旨趣都是不同的，各自都有论述的文字。现在如果专门谈论道，那么是没有地方不存在的。但是能够得到道的根本而且能知道事物末节的，恐怕只有圣人了。现在的学习的人没有圣人之才，如果不替他们详细解说，那么就会终身困顿在杂乱昏暗之中，而不知道行进在光明道路上的方法。现在《周易》中的《乾》和《坤》，完全能够穷尽道术通达旨意，八卦可以识别吉凶、知道祸福；但是伏羲氏还将它演变成六十四个卦象，周文王又增加了六爻，用来探究测度清明之道，而远溯万物的本源。五音的数量，不过宫、商、角、徵、羽，但是五弦的琴不能够弹奏，必须有高音、低音相应和，然后才能成为曲子。现在只画一个龙头，观看的人不知道是什么野兽，画完它的全部形状，那么就不会有疑惑了。现在说到"道"就会谈得很多，说到万物就会谈得很少，谈到统治之术议论很广泛，而谈到具体事物就很浅薄，如果从理论来推求，便觉得无话可说了。所以从事教学的人，本来想要指引他们，如此也只好不言罢了。

大道的学问是最深的，所以要多多地替它说明，以便表达它的实际情况；万物是纷纭复杂的，所以要广博地为它论说，以便通达它的意旨。言辞即使很曲折散乱，纷纭交错而又遥远松缓，但用来淘汰清除个人牢固的意念，使之没有凝结闭塞，那么在掌握之中就不会松散了。长江黄河里的腐烂尸骨是数不清的，但是祭祀的人会从中汲水，因为它广大；一杯白酒，苍蝇淹没在其中，人都不去品尝，因为它狭小。果真能够通达二十篇的论述，看到大概，得到要领，可以用来通达九野，经历十门，把天地排除在外，抛开山川，对于逍遥于人世之间，执宰万物之形，也可以说能悠闲自得了。如果能像这样，就可以包容日月而不会有间隙，润泽万物而不会有消耗。漫布大地，润泽万物，完全可以纵情观览一切。深远无边，无比旷远，可以遨游在广阔无垠的天宇。

【原文】

文王之时，纣为天子，赋敛无度，杀戮无止，康梁沉湎[1]，宫中成市，作为炮烙之刑，刳谏者，剔孕妇，天下同心而苦之。文王四世累善[2]，修德行义，处岐周之间，地方不过百里，天下二垂归之[3]。文王欲以卑弱制强暴，以为天下去残除贼而成王道，故太公之谋生焉。文王业之而不卒，武王继文王之业，用太公之谋，悉索薄赋，躬擐甲胄，以伐无道而讨不义，誓师牧野，以践天子之位。天下未定，海内未辑[4]，武王欲昭文王之令德，使夷狄各以其贿来贡，辽远未能至，故治三年之丧，殡文王于两楹之间[5]，以俟远方。武王立三年而崩，成王在襁褓之中，未能用事，蔡叔[6]、管叔辅公子禄父，而欲为乱。周公继文王之业[7]，持天子之政，以股肱周室，辅翼成王。惧争道之不塞，臣下之危上也，故纵马华山，放牛桃林，败鼓折枹，搢笏而朝，以宁静王室，镇抚诸侯。成王既壮，能从政事，周公受封于鲁，以此移风易俗。孔子修成康之道，述周公之训，以教七十子，使服其衣冠，修其篇籍，故儒者之学生焉。墨子学儒者之业，受孔子之术，以为其礼烦扰而不说，厚葬靡财而贫民，服伤生而害事，故背周道而用夏政。禹之时，天下大水。禹身执蔂垂，以为民先，剔河而道九岐，凿江而通九路，辟五湖而定东海。当此之时，烧不暇㸑，濡不给扢，死陵者葬陵，死泽者葬泽，故节财、薄葬、闲服生焉。齐桓公之时，天子卑弱，诸侯力征，南夷北狄，交代中国，中国之不绝如线。齐国之

地，东负海而北障河，地狭田少而民多智巧。桓公忧中国之患，苦夷狄之乱，欲以存亡继绝，崇天子之位，广文武之业，故《管子》之书生焉⑧。齐景公内好声色⑨，外好狗马，猎射亡归，好色无辩，作为路寝之台⑩，族铸大钟，撞之庭下，郊雉皆响，一朝用三千钟赣，梁丘据、子家哙导于左右，故晏子之谏生焉。晚世之时，六国诸侯，谿异谷别，水绝山隔，各自治其境内，守其分地，握其权柄，擅其政令。下无方伯，上无天子，力征争权，胜者为右，恃连与国，约重致，剖信符，结远援，以守其国家，持其社稷，故纵横修短生焉。申子者，韩昭厘之佐；韩，晋别国也，地墽民险，而介于大国之间，晋国之故礼未灭，韩国之新法重出，先君之令未收，后君之令又下，新故相反，前后相缪，百官背乱，不知所用，故刑名之书生焉。秦国之俗，贪狼强力，寡义而趋利，可威以刑，而不可化以善；可劝以赏，而不可厉以名。被险而带河，四塞以为固，地利形便，畜积殷富，孝公欲以虎狼之势而吞诸侯，故商鞅之法生焉。

【注释】

①康梁：沉溺于淫乐之中。②文王四世：指太王、王季、文王、武王，共四代人。③二垂：三分之二。④辑：安定，和平。⑤楹：厅堂上的柱子。⑥蔡叔：周初三监之一，名度，周武王之弟。⑦周公：周文王第四子，名旦，西周初期杰出的政治家、军事家和思想家，因全心全力辅助成王，博得美名。⑧《管子》：成书于战国，假托管仲之名所作。内容极丰富，包含道、名、法等家的思想以及天文、舆地、经济和农业等方面的知识，是研究我国先秦农业和经济的珍贵资料。⑨齐景公：春秋时齐国国君，名杵臼，在位五十八年，在位时得到名臣晏婴的辅政。⑩路寝：天子、诸侯的正室。

【译文】

周文王的时候，商纣王是天子，搜刮民财没有限度，杀戮不止，沉溺于淫乐美酒之中，宫廷之中就像集市一样，制造了炮烙之刑，挖掉劝谏的贤人之心，剖开孕妇的肚子，天下的人没有不痛恨他的；周文王四代积累善事，修治德行，推行大义，处在岐周之地，土地方圆不过百里，但是天下西、北二地的诸侯归向了他。周文王打算以卑下弱小的地位战胜强暴的纣王，而为天下人民除去凶残之君，以便成就王道，因此姜太公的兵谋便产生了。周文王从事讨伐的事业刚开始便去世了，周武王继承周文王的大业，采用太公的谋略，倾注全国的兵力，亲自穿上甲胄，来讨伐无道之君。在牧野会合天下诸侯，誓师伐纣，终于登上了天子之位。这时天下没有平定，海内没有安宁，武王打算使文王的美德昭明天下，使夷狄各自带着他们的财物前来进献。道路遥远的地方不能按时到达，于是便规定三年之丧，把文王尸体殓在大堂两个楹柱之间，用来等待远方之人。周武王立国三年而驾崩，周成王还在襁褓之中，不能执政。蔡叔、管叔，辅助纣公子禄父，想要发动叛乱。周公旦继承文王的事业，代行天子的职权，以安定周王室，辅佐成王，平定天下叛乱。周公担心争斗不停止，臣下危及天子，因此便把军马释放到华山，把牛散放到桃林；把战鼓打破，鼓槌折断，身插笏板而朝见，以便安定周王室，镇压安抚天下诸侯。成王已经长大，能够处理政事，周公便到鲁国受封，用这个办法转移风气改变习俗。孔子修治成、康的治国理念，祖述周公的教训，来教导七十个学生，使他们穿戴起周王朝的衣冠，研究遗留下来的典

籍，于是儒学便产生了。

墨子学习儒家的学说，接受孔子的思想，认为他的礼节烦琐而不简易；丰厚的葬礼，耗费了资财，而使百姓贫困；长久的服丧伤害生命而妨碍政事。因此不用周朝的法规而使用夏朝的法令。夏禹的时候，天下发了大水，禹亲自拿着畚箕和木锹，来给百姓作出表率，疏通黄河并分成九个支流，凿通长江而沟通众多的河流，开通五湖而注入东海。在这个时候，烧火的余烬来不及排除，衣服沾湿了来不及擦拭，死在山陵葬在山陵，死在湖泽葬在湖泽，因此节省财物、简单的葬礼和简易的服丧制度便产生了。齐桓公的时候，周天子的地位卑下势力弱小，诸侯用武力互相征伐，南夷北狄，交互侵伐中原，中原各国没有断绝，仅像细丝一样，十分危急。齐国之地，东边背靠大海，北面有黄河作阻塞，土地狭小，田地很少，而百姓多有智术和巧诈，桓公忧虑中原的祸患，苦于夷狄的战乱，想来保存灭亡的国家，继续绝嗣的宗族，使天子的地位尊崇起来，增广文、武的事业，因此管子的著作便产生了。齐景公在宫廷内贪恋音乐美色，在外爱好走狗跑马，射打箭猎时常忘记归来，虽然喜欢贤人但是常常不能辨别真伪，建立起豪华的路寝之台，聚集铜铁铸起了大钟，在庭下撞击之后，引起远郊的野鸡鸣叫。一个早上便赐给群臣三千钟粮食，梁邱据、子家哙等佞臣在左右引诱齐景公，因此晏子的讽谏便产生了。战国的时候，六国诸侯，地域各不相同，大水阻断，高山隔绝，各自治理自己的境内，守卫着各自分割的土地，掌握大权，擅自发布政令，下面没有诸侯之长，上面没有天子统治，用武力争夺权力，胜利者为尊，依仗联合之国，约定能够招致的重兵，剖开符契，联结远方的援兵，防守他们的国家，护卫他们的社稷。因此纵横长短之术便产生了。申不害，是韩昭侯的辅佐。韩，原是由晋分割而建立的。其国土地贫瘠，民风险恶，而又介于大国之间。晋国原来的礼仪没有废止，韩国的新法又重新出现；先君的命令没有收回，后君的命令又接着而下。新旧相反，前后抵触，百官相背而混乱，不知如何使用。因此刑名之学便产生了。秦国的习俗，贪狼如狼竭尽武力，缺少大义，而追逐利益；可以用刑法来施行威严，而不能够用教化让他们行善；可以用奖励来勉励他们，而不能用名誉来劝勉他们。覆盖险阻而以黄河为带，四周有险关堵塞；地理形势极为有利方便，积蓄充足。秦孝公想以虎、狼般优势，而吞并天下诸侯，因此商鞅的法家思想就产生了。

【原文】

若刘氏之书①，观天地之象，通古今之事，权事而立制，度形而施宜。原道之心，合三王之风，以储与扈冶②，玄眇之中，精摇览靡③，弃其畛契，斟其淑静，以统天下，理万物，应变化，通殊类，非循一迹之路，守一隅之指，拘系牵连之物，而不与世推移也，故置之寻常而不塞，布之天下而不窕。

【注释】

①刘氏之书：指《淮南子》一书。②扈冶：宽阔，广大。③精摇：精神自由无拘束地畅游。

【译文】

至于像刘氏的著述，观察天地的形象，通达古今的学说，权衡事理而建立法规，度量形势而施行合宜的措施。探索人们的道德规范，使之符合三王的风气，以便扩大道旨。在幽深微妙之中，探索精妙美好的东西；抛弃它的混浊，斟取它的精髓，以此统一天下，治理万物，适应变化，通达不同的方面。不是依循一个车轨形成的路子，恪守一个角落的偏见，拘泥牵制于具体的事物，而不随世道的变迁转移。因此放置到狭小之地而不会有阻塞，布散到天下而不会有空隙。

参考文献

[1] 刘安. 淮南子[M]. 北京：中华书局，2012.

[2] 刘安. 淮南子[M]. 沈阳：万卷出版公司，2009.

[3] 刘安. 淮南子[M]. 长沙：岳麓书社，2015.

[4] 刘安. 淮南子[M]. 南京：凤凰出版社，2009.

[5] 刘安. 淮南子[M]. 重庆：重庆出版社，2007.

[6] 刘安. 淮南子[M]. 郑州：中州古籍出版社，2010.

[7] 刘安. 淮南子[M]. 南京：江苏美术出版社，2015.

[8] 刘安. 淮南子[M]. 哈尔滨：北方文艺出版社，2013.